내면의 방

옮긴이 / 김승욱

성균관대학교 영문학과를 졸업하고 뉴욕시립대학교 대학원에서 여성학을 공부했다. 《동아일보》 문화부 기자로 근무했으며, 현재 전문 번역가로 활동하고 있다. 옮긴 책으로 『모스트 원티드 맨』, 『살인자들의 섬』, 『나보코프 문학 강의』, 『소설 11, 책 18』, 『먼 북으로 가는 좁은 길』, 『분노의 포도』, 『유발 하라리의 르네상스 전쟁 회고록』, 『신은 위대하지 않다』, 『푸줏간 소년』, 『그들』 등 100여 권이 있다.

THE SCAR by Mary Cregan

Copyright ⓒ 2019 by Mary Cregan

All rights reserved

Korean translation rights arranged with Anne Edelstein Literary Agency LLC, c/o Aevitas CreativeManagement, New York through Danny Hong Agency, Seoul.

이 책의 한국어판 저작권은 대니홍 에이전시를 통해
저작권사와 독점 계약한 (주)지학사에 있습니다. 저작권법에 의해 한국 내에서
보호를 받는 저작물이므로 무단전재와 복제를 금합니다.

내면의 방

우울의 심연에서 쓰다

메리 크리건
Mary Cregan

김승욱 옮김

"자초지종을 말하는 것이 어떤가?"

― 로버트 로웰, 「에필로그」

C O N T E N T S

◇ 일러두기

1. 본문에 나오는 인명과 지명 등의 표기는 원칙적으로 국립국어원이 정한
   외래어 표기법을 따랐으나, 관례로 굳어진 몇몇 경우는 예외로 했다.

2. 도서명은 국내에 번역된 도서의 경우 한국어판 제목을 그대로 따랐으며,
   번역되지 않은 도서의 경우에는 옮긴이가 번역한 제목과 원서 제목을 함께 표기했다.

3. 본문에서 일련번호가 붙은 부분은 원서의 주석이며 미주로 처리했다.

4. 옮긴이의 주석은 본문 괄호 속에 넣고 '옮긴이'라고 표기했다.

5. 저자가 이탤릭체로 강조한 단어나 문장은 한국어판에서 볼드체로 처리했다.

6. 신문, 잡지 등 정기간행물은 《 》, 단행본은 『 』, 시, 에세이는 「 」, TV 프로그램,
   영화, 미술 작품은 〈 〉를 써서 묶었다.

서문

얼마 전 상자에 모아 둔 옛날 사진들을 훑어보다가 오래전 뉴욕의 친구 아파트에서 열린 베이비샤워(출산을 앞둔 임신부에게 아기용 선물을 주는 파티-옮긴이) 때 찍은 사진을 발견했다. 나는 회색 겨울 원피스 차림으로 사진 중앙에 앉아 있었는데, 무릎에 놓인 선물 상자 덕분에 임신 8개월의 부른 배가 대부분 가려져 있었다. 당시 내 나이는 스물일곱 살. 발치에는 작은 곰 인형이 구겨진 포장지와 나란히 놓여 있고, 왼편의 남편은 맥주를 손에 들고 편안한 표정을 짓고 있었다. 우리 대학 친구들 몇 명도 저마다 술을 마시거나, 음식을 먹거나, 자기들 선물을 열어 보는 나를 지켜보는 모습으로 사진 속에 담겨 있었다. 나는 방금 포장을 푼 선물 하나를 들어 올린 참이었다. 위아래가 붙은 신생아 옷. 하얀 바탕에 분홍색과 파란색 선으로 그려진 작은 곰들이 여기 저기 흩어져 있었다. 세월이 흐른 지금 이 젊은 모습을 바라보고 있자니 두려움과 연민이 밀려온다. 몇 주 뒤 아기를 잃고 자신에게 닥칠 일들에 저토록 무방비한 모습이라니.

지금 내가 글을 쓰고 있는 책상에는 또 다른 사진 한 장이 놓여 있다. 13년 뒤, 즉 이혼과 재혼을 겪은 뒤 어느 봄에 애리조나에 갔다가 찍은 사진이다. 배경에는 산, 사시나무, 파란 하늘이 흐릿하게 찍혀 있고, 그 앞에 장밋빛 뺨의 생후 9개월짜리 아들을 안는 내 모습이 클로즈업으로 찍혀 있다. 넓은 이마와 어두운 색 머리카락이 나와 비슷한 아이는 아빠가 찰칵 사진을 찍는 순간 눈을 반짝이며 미소를 지었다. 그날 산길을 걸으면서 나는 아이의 다리가 얼마나 튼튼해졌는지 시험해 보려고 아기띠에서 내려놓았다. 아이는 길가에 놓여 있는 크고 둥근 바위들을 손으로 붙잡았다. 사진은 그 직후 내가 아이를 안아 올렸을 때 찍은 것이다. 야외에서 햇빛이 화창한 날씨를 즐기는 표정이 우리 모두의 얼굴에 가득하다. 내가 책상에 이 사진을 놓아둔 것은 행복과 위안을 느낄 수 있기 때문이다. 이 사진을 보면서 나는 그동안 누릴 수 있었던 것을 되새기고, 남편과 아들을 향한 사랑 덕분에 내가 계속 뿌리를 내리고 살아갈 수 있음을 다시 느낀다.

이 책은 첫 번째 사진에서 두 번째 사진까지의 세월 동안 내가 걸은 힘든 길을 기록한 것이다. 갓 태어난 딸이 세상을 떠난 뒤 나는 정신병원에 입원할 정도로 심한 우울증에 빠졌고, 도무지 기세가 수그러들지 않는 그 병 때문에 병원에서 자살을 시도해서 거의 성공할 뻔했다. 그 뒤로 나는 내가 살아 있다는 사실을 단 한 번도 당연하게 받아들이지 않았다. 지금 나는 학생들을 가르치고, 글을 쓰고, 가족이나 친구들과 함께 시간을 보내고, 아들이 자라는 모습을 즐겁게 지켜보며 살고 있지만, 하마터면 슬프고 절망적인 상황에서 일찌감치 세상을 떠나 지금쯤 사람들의 머릿속에 희미한 기억으로만 남게 될 수도 있었다. 태어날 아기를 기다리며 선물을 주고받던 오래전 그 날을 떠올리면서 나는 지금의 내 인생 또한 선물임을, 내게 주어진 또 한 번의 기회임을 자각한다. 그런데도 그때 아주 선명하게 모습을 드러냈던 우울증은 지금도 완전히 내 곁을 떠나지 않았다. 그 뒤로 내게 다가온 수많은 행운들 가운데 그것은 불운의 흔적으로 끈질기게 남아 있다.

지금은 우울증이 널리 받아들여지고 있지만, 그때는 달랐다. 요즘은 어디서나 '우울증'이라는 말을 들을 수 있고, 질병 형태와 진단명이 다양하긴 하지만 어디서나 볼 수 있는 매우 흔한 질환이다. 2016년에 18세에서 26세 사이의 미국인 중 거의 11퍼센트가 주요우울증 에피소드(우울증에서 우울한 기간과 우울하지 않은 기간이 뚜렷하게 구분된다는 의미로 'episode'라는 단어를 쓰는데, 비정상적 우울 상태를 우울증 에피소드라고 한다─옮긴이)를 겪은 적이 있었다(12세에서 17세 사이의 청소년은 9퍼센트, 전체 성인 인구 중에서는 6.7퍼센트였다).[1] 우울증과 자살 사이의 상관관계는 충격적이다. 기분장애를 지닌 사람들은 자살 위험이 현저히 높으며, 입원 경험이 있는 환자들 가운데서는 그 위험이 가장 높다.[2]

첫 아이를 잃은 뒤 주요우울증 에피소드 진단을 받았을 때 나는 그 병이 장기적으로 내게 어떤 영향을 미칠지 짐작도 하지 못했다. 애당초 이 병이 장기적인 영향을 미칠 것이라는 생각 자체를 하지 못했다. 내가 우울증을 앓게 된 것이 유전적 영향인지, 내 기질이나 직접 겪은 일 때문인지, 이 모든 것이 한데 합쳐진 결과인지 분명하게 아는 사람도 전혀 없었다. 누구보다 헌신적이고 내게 공감해 주는 의사들조차 아주 간단하고 다급한 내 질문들에 확실한 대답을 내놓지 못했다. 우울증이란 **정확히 무엇인가**? 왜 어떤 약들이 유난히 이 병에 효과를 보이는가? 내가 이 병에서 언젠가 벗어날 수 있을까?

5년 전 나는 스스로 이 질문들의 해답을 찾아다니기 시작했다. 처음에는 내가 몇 년 동안 복용 중이던 항우울제가 그저 값비싼 플라세보(위약僞藥)에 불과하다는 주장과 그렇지 않다는 주장을 이해해 보고 싶어서였다. 그 전에도 우울증을 다룬 수많은 회고록과 여러 대중 서적을 읽어 본 적이 있지만 그때부터는 더 널리 더 철저하게 이 주제를 조사했다. 나는 영문학으로 박사 학위를 받았으며, 내 전공이 아닌 다른 분야의 문헌들을 읽고 조사하는 데에도 어려움이 없었다. 또한 직접 우울증을 앓으며 최악의 순간들을 경험해 본 사람으로서 이 병과 치료법에 대한 의학적, 사회적, 문화적 의문들에 내부자의 관점으로 접근할 수 있었다. 이미 이 주제에 대해 글을 쓴 역사가들과 과학자들에게서는 쉽게 찾아볼 수 없는 관점이다.

나 자신의 경험을 이 조사에 포함시키기로 결정하고 보니, 이 글을 출판했을 때 나 역시 사람들 앞에 노출될 것이라는 점이 걱정스러웠다. 아일랜드 출신의 가톨릭 신자인 우리 집안에서는 사람들의 시선을 많이 끌지 않는 것이 최선이라는 생각이 암묵적으로 받아들여지고 있었다. 나는 20년 동안 대학에서 문학 강의도 하고 토론도 이끌어 보았기 때문에 교단에서 어쩔 수 없이 나 자신이 드러나는 부분에 대해 다른 사람들보다 더 편안해졌지만, 이 책에서 하고자 하는 이야기(나의 과거, 내가 앓은 병, 재발의 가능성, 한 번에 몇 달씩 우울해질 때마다 지속적으로 조용히 대처해야 한다는 점)가 대단히 개인적인 것이라는 점에는 변함이 없다.

이 프로젝트를 시작하고 2년쯤 지났을 때, 친한 친구가 인생 최악의 시기를 왜 굳이 되돌아보려 하느냐고 물었다. 이 질문에 내놓을 수 있는 가장 간단한 답변은, 수십 년 동안 이 병을 숨기면서 과거 일로 치부하려고 애썼지만 이제는 과거를 향해 돌아서서 이 문제를 정면으로 마주보고 싶어졌다는 것이다. 정신적으로 심한 충격을 받아 본 사람이라면 내 말이 무슨 뜻인지 알 것이다. 나는 내게 일어난 일들을 이해하고 싶었다. 지금까지 살아남아 이런 이야기를 남에게 들려줄 수 있을 정도가 되었으니, 당시 일들에 대해 뭔가 말할 필요가 있다고 오래전부터 확신하고 있었다.

이 책에서 가장 쓰기 힘든 부분은 1장과 2장이었다(여기에서 느껴지는 슬픔 때문에 어쩌면 가장 읽기 힘든 부분일지도 모르겠다). 그러나 이 두 장을 다 쓰고 나서 주제의 무게를 실감하게 되자, 나의 이야기를 글로 써서 많은 사람들과 나누는 것이 곧 정신병과 자살이라는 주제에 아직도 달라붙어 있는 수치심과 낙인을 거부하는 방법이기도 하다는 점을 깨달았다. 그날 베이비샤워 때의 그 젊은 여자는 오래전부터 느끼던 막연한 기분을 도와줄 수 있는 사람들이 존재한다는 것, 갓난아기를 잃은 엄마가 절망에 빠지는 것은 정상적인 반응이지만 자살을 생각하는 것은 그렇지 않다는 것을 몰랐다. 나는 어떻게 하면 그녀의 상황이 달라질 수 있었을지 자주 생각해 본다. 그래서 그녀를 위해, 그리고 나와 같은 문제를 유전적으로 물려받은 우리 집안의 다른 젊은 여자들을 위해 이 책을 썼다. 이 책은 자신의 내면에서 느껴지는 어떤 힘 때문에 고군분투하는 수많은 사람들을 위한 것이기도 하다. 그런 힘이 우리를 압도해 버릴 것 같지만, 이 책에서 열심히 설명한 것처럼 우리는 그 힘을 이기고 살아남을 수 있다.

이 책은 단순한 회고록이 아니다. 나는 이 책을 통해 문학, 문화사, 과학이라는 넓은 땅과 나의 개인적인 이야기를 이어 주는 다리를 만들고자 했다. 그 땅에서는 나보다 앞서 살았던 수많은 사람들, 작가, 시인, 정신과 의사, 역사가, 화학자, 신경과학자 등이 내가 오래전부터 품고 있던 의문들에 응답해 주었으므로, 나는 그들의 글을 읽으며 깊은 만족감과 일종의 동지 의식을 느꼈다. 그들이 살던 때는 지금처럼 과학이 밝혀낸 부분적인 설명조차 없었는데도, 수백 년 전의 글에 이미 자살을 부르는 비참한 기분이 정확하게 묘사되어 있다. 나는 나를 괴롭히는 병이 시대를 막론하고 대단히 일관성 있게 묘사되어 있다는 사실을 그들의 글에서 확인할 수 있었다. 과거 멜랑콜리아 melancholia라고 불리던 이 병의 오랜 역사를 시야에서 놓친다면, 이 같은 연속성을 느낄 수 없게 된다. 우울증은 철저히 고립된 경험이지만, 나는 독서를 통해 이 병을 이해하려는 사람들의 노력과 환자들의 공동체에 연결될 수 있었다. 멜랑콜리아 특유의 광기를 견뎌 낸 사람들, 전기충격치료에 처음으로 자신을 맡긴 사람들, 아무것도 없는 허무 속으로 자꾸만 쓰러지면서도 머뭇머뭇 돌아오는 길을 찾아내려 애쓴 사람들에게서 나와 같은 경험을 찾아내고 인식함으로써, 역사 속에 나 자신을 포함시켜 나의 경험을 이해하게 되었다.

3장부터는 아기를 잃은 슬픔, 멜랑콜리아, 전기충격치료, 정신병원, 항우울제 개발과 관련된 나 자신의 경험을 효과적인 치료법을 찾아내려는 오랜 노력과 결부시켜 설명했다. 사람들은 이런 치료법에 대해 희망을 품고 있지만, 아직은 치료법이 완전하지 않다. 나는 병원 진료 기록, 수첩의 메모, 당시 나와 가까웠던 사람들의 기억에 도움을 받아 20대와 30대 때의 내 모습을 다시 돌아볼 수 있었다. 그러나 나이를 먹은 지금의 시각에서 과거의 일들이 남긴 영향과 지난 30년 동안 계속 이어지고 있는 우울증 에피소드의 존재를 돌아보는 내용도 동시에 존재한다. 과거의 기억과 전체적인 시각을 교직해 놓은 부분도 있고, 나란히 늘어놓은 부분도 있다. 어떤 경우든 전문가가 아닌 사람들, 즉 우울증으로 고통받는 사람들뿐만 아니라 그들 주변의 사랑하는 사람까지도 과거의 경험과 앞으로 가야 할 길을 더 많이 이해할 수 있게 되었으면 좋겠다는 것이 나의 바람이다. 또한 우울증 치료에 헌신하는 이들이 환자의 시각에서 환자의 경험을 바라볼 수 있게 되면 좋겠다는 바람도 갖고 있다.

1

문제의 시작

도무지 알 수 없는 이유로 오른쪽 어깨가 아파 오기 시작했다. 몇 달 뒤에는 어깨가 어찌나 뻣뻣해졌는지 팔을 거의 움직일 수 없을 정도였다. 밤에 잠을 이루지 못할 만큼 통증도 심했다. 병원에서 사진을 찍어 보니 밝은 고리 모양의 염증 때문에 어깨가 굳어 버렸다고 했다. 나는 처음 들어 보는 병이었지만, 중년 여성들에게는 드물지 않은 일인 듯했다. 그 뒤로 몇 차례에 걸친 물리치료가 이어졌다. 처음에는 생면부지의 남이었던 사람이 아주 가까이에서 내 몸을 마음대로 주무르는 상황에 한참 놓여 있어야 하는 것이 이상했다. 내가 일주일에 두 번씩 민소매 셔츠 차림으로 침상에 누우면, 물리치료사 프랭크가 손가락으로 내 어깨 관절을 꾹꾹 눌러 대며 팔을 어르고 달래서 예전처럼 편안히 움직이게 만들려고 애를 썼다. 프랭크는 20대의 독신 남성이고, 나는 그의 어머니뻘이었다. 우리는 서로 공통점이 별로 없는 사람들이 나눌 만한 대화를 나눴다. 주말에 했던 일들에 대해, 지금까지 여행으로 가 본 곳에 대해, 가족에 대해, 일에 대해 등등. 우리는 서로를 편하게 해 주려고 노력했다. 그래서 프랭크가 나를 마주 보는 자세로 어깨가 찌릿 하고 아파 올 만큼 팔을 잡아당기며 "목의 이 흉터는 어쩌다 생긴 거예요?"라고 물었을 때는 분위기가 어색해지고 말았다. 나는 순간적으로 머뭇거리다가 가볍게 대답했다. "음, 그 얘기는 별로 하고 싶지 않네요." 우리는 시선을 마주치며 둘 사이의 거리를 인식하고는, 곧바로 다른 화제로 넘어가 버렸다.

그렇게 6주 동안 치료를 받았는데도 어깨가 좀처럼 나아지지 않아서 나는 새로운 의사를 찾아갔다. 의사는 관절에 스테로이드를 주사한 뒤 또 물리치료를 처방했다. 이번에 내 물리치료를 맡은 사람은 전직 발레리나 제시였다. 그녀는 동업자와 함께 시내 발레단의 무용수들을 주로 치료하고 있었다. 우리가 처음 만난 날, 그녀가 침상에 누워 있는 내게 말했다. "목의 이 흉터는 어쩌다 생긴 거예요?" 작은 치료실 안에 우리 둘뿐이어서 나는 간단히 대답했다. "아이를 낳았는데 아이가 죽어서 심한 우울증이 왔어요. 그 상처는 자살 시도 때문에 생긴 거예요." 제시의 얼굴이 붉어졌다. "어머, 죄송해요." 나는 "괜찮아요. 오래전 일인걸요."라고 대답했다. 공연히 제시에게 미안한 마음이 들어서 차라리 거짓말을 할걸 그랬다 싶었다. 그 다음번 치료 시간에는 우리가 다시 서로 불편하지 않은 분위기를 만들기 위해 좀 더 노력을 기울여야 했다.

지금도 나는 목의 흉터에 대한 질문을 받을 때마다 그럴 듯한 거짓말을 준비해 놓지 않은 나에게 놀란다. 왼쪽 경동맥을 대각선으로 가로지르는 확연한 흉터를 남길 만한 부상으로 어떤 것이 있을까? 칼을 든 강도를 만났다고 할까? 아니면 자동차 사고? 거짓말을 쉽게 지어낼 수 있을 것 같은데도, 나는 항상 서툴렀다. 질문하는 사람이 의사일 때는 사실대로 이야기해 준다. 의사가 내 몸을 진찰하면서 병력을 알아보려 한다고 생각하기 때문이다. 하지만 물리치료사도 해부학 전문가들이다. 어쩌면 내가 만난 두 물리치료사가 모두 그 흉터에 대해 물어본 것은 그것이 위험한 부상의 흔적이라는 점을 알기 때문이었는지도 모른다. 그래도 그것은 어깨 치료와는 상관이 없고 내 사생활을 지나치게 파고드는 질문이었다. 제시에게도 프랭크에게 했던 것처럼 "그 얘기는 별로 하고 싶지 않아요."라고 대답할 수 있었겠지만, 그때의 결과도 그리 좋지는 않았다. 나는 사람들에게 합리적이고, 믿음직하고, 정상적인 사람처럼 보이기를 바라면서 살아왔다. 그리고 그렇게 보이는 가장 쉽고 좋은 방법은 그 이야기를 전혀 하지 않는 것이다.

그것은 정말로 오래전 일이었다. 이제 나는 왜 지금도 그 일의 충격이 줄어들지 않았는지 의아하게 생각할 수 있을 만큼 나이를 먹었다. 그 일을 과거의 일로 확실하게 치부하고 안심할 수 있으면 좋겠다. 아예 잊어버릴 수 있으면 좋겠다는 생각도 간절하다. 하지만 흉터는 매일 아침 이를 닦을 때 욕실 거울 속에서 과거 정신병 속으로 빠져들어갔던 나의 비현실적인 과거를 일깨워 준다. 갓 태어난 딸이 세상을 떠나고 3개월 뒤 나는 우울증이 너무 심해서 입원할 수밖에 없었다. 폐쇄병동에서 두 번째로 맞은 아침, 나는 유리로 된 로션 병을 들고 샤워실로 들어가 바닥에 떨어뜨렸다. 그리고 왼쪽 목을 더듬어 동맥이 강하게 뛰고 있는 자리를 찾아낸 다음 깨진 유리 중 큰 조각을 들어 단호하게 그었다. 병원 보고서에 적힌 말을 인용하자면, 그것은 내 삶을 끝내기 위한 "대단히 치명적인" 시도였다. 나는 미래를 향해 계속 살아갈 생각이 전혀 없었다. 그 순간을 이기고 살아남아 또렷한 흉터가 남을 것이라는 생각도, 모든 게 허무하다는 생각도 없었다. 오로지 이 세상을 떠나고 싶다는 생각뿐이었다.

내게 익숙하던 삶은 나를 산산이 부숴 버린 아이의 죽음, 온 힘을 기울인 자살 시도, 오랜 정신병동 생활, 몇 주에 걸친 전기충격치료로 끝나 버렸다. 그러나 정신과 의사와의 동행으로 삶이 다시 시작되었다. 마음의 평형을 회복하고, 내가 그렇게까지 형편없는 인간은 아니라고 스스로를 설득하기 위한 장기적이고 불안한 노력도 함께 수반되었다. 하지만 흉터는 지금도 존재하고, 매일 약을 먹어야 하는 생활도 바뀌지 않았다. 실제로 일어났던 모든 일들, 그 끔찍한 일들을 할 수만 있다면 없었던 일로 되돌리고 싶다. 내 마음속에는 여전히 경계를 늦추지 않는 부분이 존재한다. 일종의 내적인 감시자라고 할 수 있는 이 부분은 혹시 내 기분이 우울하게 요동치더라도 계속 인생을 살아가는 데 필요한 범위를 벗어나지 않게 관리해 준다.

그렇게 짧은 간격으로 흉터에 대해 두 번이나 질문을 받은 것이 당시에는 불편했다. 그 일을 이미 과거로 치부하고 있었기 때문이다. 내 딸이 살았다면 벌써 내가 아이를 잃었을 때의 나이가 되었을 만큼 세월이 흐른 뒤였다. 우리 가족들이 겪은 일과 뉴스에서 본 여러 사건들 때문에 이 책을 쓸까 하는 생각도 이미 진지하게 하고 있었다. 바로 그해에 열일곱 살짜리 조카가 주요우울증 진단을 받았다(그 아이의 진단명은 나중에 제2형 양극성장애로 변경되었다).

친가와 외가의 할아버지 두 분이 모두 심한 우울증을 겪었고, 우리 아버지도 마찬가지였다. 부모님 세대와 내 세대의 친척들 중 몇 명 역시 내가 보기에는 우울증 에피소드를 겪은 것 같다(내가 아는 한, 이 사람들 중 두 명만이 정신과 진료를 받았다. 따라서 다른 사람들이 공식적인 진단 기준에 부합하는지 섣불리 추측하고 싶지 않다). 최근에는 우리 집안에서 가장 어린 세대에 속하는 친척이 열아홉 살에 주요우울증 진단을 받았다. 나는 스물일곱 살 때 진단을 받았지만, 고등학교 때부터 우울증 에피소드가 시작되어 아이를 낳은 뒤 병원에 입원할 때까지 쭉 이어졌다는 사실을 나중에 알게 되었다. 이 모든 사실들이 내가 보기에는 유전적인 취약성을 보여 주는 증거인 것 같다.[1] 하지만 우리 집안 사람들은 최근까지도 이 주제에 대해 별로 이야기를 나누지 않았다. 2013년에 유전적 변이와 특정 형질간의 연관성을 분석하는 연구에서 주요우울증, 양극성장애, 자폐증, ADHD(주의력결핍 과잉행동장애), 조현병 등 다섯 가지 장애가 공통적인 유전적 뿌리를 갖고 있음이 밝혀졌다.[2] 그런데 3대에 걸친 우리 집안사람들 중 현재 살아 있는 사람들만 따졌을 때, 마지막 한 가지를 제외한 네 가지 장애가 모두 우리 집안에 존재한다.

나는 젊은 나이의 친척들이 그런 병을 진단받은 것이 그들에게 장기적으로 어떤 영향을 미칠지 알고 싶었다. 나의 경우와는 달리, 기분 장애를 안고 살아가는 삶의 번거로움을 덜어 줄 새로운 사실들이 밝혀졌는가? 30년 전에 비해 목숨을 위협하는 우울증 증상들을 대부분의 사람들이 더 잘 알게 되었는가? 여러 면에서 그동안 그리 큰 변화가 있었던 것 같지는 않다. 그동안 계속 수정을 거친 정신과의 공식적인 진단 지침에는 기분장애의 분류 방법과 정의를 개선하기 위한 의사들의 노력이 반영되어 있지만, 심리치료와 향정신성의약품을 병행하거나 약물치료만 하는 치료법은 과거와 거의 비슷하다. 위험한 중증 환자들은 지금도 병원에 입원해서 전기충격치료를 받는다. 가장 의미심장한 변화라면, 효과가 뛰어난 정신 질환 치료제의 연구 개발을 지원하는 파이프라인이 말라 버렸다는 점이 있을 뿐이다. 대부분의 약에 대한 특허 기간이 끝나서 복제약이 나와 있지만, 대형 제약 회사들이 새로운 치료제 개발에 착수할 만큼 정신 질환에 대해 새로 밝혀진 사실들이 많지 않다. 학자들은 케타민, MDMA(엑스터시), 사일로사이빈 버섯, LSD, 아야와스카, 대마초 등의 환각제로 소규모 시험을 하고 있다.[3] 이런 환각제들이 유도하는 의식 상태의 변화가 우울증뿐만 아니라 중독, PTSD(외상후스트레스장애), 암 치료에 따른 심리적 고통을 완화하는 데 도움이 될지도 모르기 때문이다. 케타민은 자살 충동처럼 치료가 잘 듣지 않는 우울증 증상들을 몇 시간 안에 완화해 주는 것으로 증명되었다. 그러나 반드시 주사 또는 정맥주사로 주입해야 하고, 작용시간이 짧고, 부작용이 만만치 않다는 점이 문제다. 경두개자기자극법, 뇌심부자극술처럼 기술적으로 복잡한 혁신적 치료법은 일반적인 항우울제로 효과를 보지 못한 사람들에게 적용할 수 있다. 그러나 이 새로운 기법들의 효과에 논란의 여지가 있고, 이런 치료에 대해 보험금 지급을 거절하는 보험사들이 많다. 최근 국립정신보건연구소의 조슈아 고든 소장은 우리가 뇌에 대해 아직 잘 모르기 때문에 "미래에 어떤 혁신적인 치료법이 나올지 짐작조차 할 수 없다"고 말했다.[4]

항우울제를 오랫동안 사용한 사람으로서 나는 그 약이 정말로 효과가 있는지 아니면 득보다 실이 더 많은 약인지를 놓고 점점 논란이 많아지는 것이 걱정스러웠다. 6세 이상의 미국인 중 적어도 10퍼센트가 항우울제를 복용하고 있었으나, 2008년의 권위 있어 보이는 한 연구 결과에 따르면 복용자들 중 75퍼센트가 플라세보효과 때문에 좋은 결과를 얻었다고 한다. 나는 이런 내용을 '정신병 대유행'이라는 글에서 읽었는데, 이 글은 미국에서 정신 질환을 앓는 사람의 수가 걱정스러울 만큼 증가하는 현상에 대해서도 의문을 제기했다. 이 글의 저자인 마셔 에인절은 과거 《뉴잉글랜드 의학저널》을 이끌었으며, 오래전부터 제약 업계의 천적이었다. 그녀는 정신병이 유행하는 것처럼 보이는 현상은 비교적 경미한 증상에도 정신과 약을 먹는 사람이 크게 늘어나고 누구에게나 정신과 진단을 내리는 경향이 늘어났기 때문은 아닌지 의문을 제기했다.[5] 에인절은 공중 보건에 나타난 거슬리는 경향들을 여러 가지 언급했다. 지난 25년 동안 제약 업계의 마케팅이 정신의학계에 얼마나 영향을 미쳤는가 하는 점도 여기에 포함된다. 에인절은 또한 『유행병 해부Anatomy of an Epidemic』라는 책의 저자인 로버트 휘터커의 말을 인용했다. 휘터커는 항우울제 같은 정신과 약들을 장기간 복용하면 뇌에 음의 되먹임 사이클이 생겨난다고 주장한다. 체내에 신경전달물질이 추가로 존재하는 상태에 익숙해진 몸이 자체적인 신경전달물질 생산량을 줄이기 때문에, 약을 먹다가 중단한 사람은 다시 우울증에 빠져 약을 찾게 된다는 것이다. 휘터커는 항우울제가 몸의 항상성에 간섭해서 오히려 만성적인 우울증을 유발한다고 말한다. 우리가 약을 먹는 것이 오히려 스스로를 해치는 행동이 될 수 있다는 것이 휘터커의 무서운 주장이다. 그렇다면 성실하게 꼬박꼬박 약을 먹은 나는 바보였던 건가. 다른 전문가들은 심한 우울증을 앓는 사람들 대다수에게 항우울제가 실제로 **효과를 발휘한다**고 응수했다. 나는 어떻게 판단해야 하는지 알 수 없었다.

내가 이런 고민에 빠진 것은 하필 모처럼 상태가 좋을 때였다. 자신감과 마음의 평화가 오랫동안 지속되고 있었다. 어쩌면 다른 '정상적인' 사람들과 같은 상태가 되었을지도 모른다고 생각하니 그저 놀라울 뿐이었다. 오랫동안 나를 붙들고 놓아주지 않던 그 병이 마침내 손을 놓으려는 것일까. 매일 먹는 항우울제를 중단해도 될지 고민스러웠다. 병이 자주 재발한 역사가 길기 때문에 복용을 중단하는 것이 쓸데없는 위험을 무릅쓰는 일이 될 수도 있었다. 데이비드 포스터월러스가 생각났다. 그는 오랫동안 복용하던 약인 나딜을 끊었다. 새로 나온 약이 나딜의 부작용을 줄여 줄지도 모른다고 생각했기 때문이다.[6] 나딜은 과거 항우울제로 쓰이던 MAOI(모노아민산화효소억제제)로, 이 약을 복용하는 사람이 특정 음식을 먹으면 혈압이 심하게 높아진다. 월러스도 때로 이 위험한 부작용을 겪었다. 그러나 그는 이 약을 장기적으로 복용하면서도 몸을 상당히 잘 관리하는 편이었다. 그래도 어쨌든 새로 나온 여러 종류의 항우울제를 시도해 보았으나 하나같이 효과가 없었다. 게다가 다시 나딜로 돌아갔더니 이제는 이 약마저도 효과가 없었다. 적어도 그의 목숨을 구할 수 있을 만큼 신속하게 효과가 나타나지는 않았다. 결국 월러스는 2008년 9월에 스스로 목을 맸다. 그의 아내인 미술가 캐런 그린이 그의 시신을 발견하고, 예술 작품을 통해 자신의 슬픔과 분노를 표현했다. 그중 하나가 "괴상한 플라스틱 조각들이 잔뜩 있는, 7피트 길이의" 용서 기계다.[7] 사람들이 종이에 용서하고 싶은 것들을 적으면 기계가 그 종이를 빨아들여 가늘게 잘라서 반대편으로 내보낸다. 캘리포니아이 하랑에서 이 기계를 사용하려는 사람들이 엄청나게 몰려들었으나, 그린 자신은 사용하지 않았다. "용서는 결코 우리가 원하는 것처럼 쉽지 않다. 아주 많은 사람들이 울었던 것 같다." 그녀는 이렇게 말했다. 월러스의 절친한 친구 조너선 프랜즌은 월러스의 자살이 자신에게 미친 영향과 좀처럼 사라지지 않는 분노에 대한 글을 썼다. 그는 화장을 마친 친구의 유골을 들고 남아메리카 끝까지 여행했는데도 친구의 죽음에 대한 분노를 떨칠 수 없었다.[8]

월러스가 세상을 떠나고 1년 뒤 독일의 골키퍼 로베르트 엔케가 집 근처에서 달려오는 고속 열차 앞으로 걸어 들어갔다.[9] 그의 아내는 그가 정신과 의사에게 치료를 받고 있었으며, 6년 전부터 심한 우울증을 앓았다고 말했다. 골키퍼가 팀에서 마지막 방어를 책임진다는 사실, 패배의 책임을 흔히 골키퍼가 떠안는다는 사실이 엔케에게 참을 수 없는 불안과 압박이 되었지만 팀의 선수들을 돌보는 심리학자나 감독 앞에서는 자신이 우울증을 앓고 있다는 사실을 인정하지 않았다. 2006년에 그는 두 살짜리 딸을 선천적인 심장 기형의 합병증으로 잃었다. 그동안 수차례 수술을 거치며 가족들은 아이가 살 수 있을 것이라는 희망을 품었으나 소용이 없었다. 2009년 엔케는 아내와 함께 딸을 입양했으나, 자신이 우울증을 앓고 있다고 인정하면 이 아이도 잘못될지 모른다는 두려움에 시달렸다.

월러스와 엔케의 죽음은 우울증이 낳을 수 있는 최악의 결과를 보여 준다. 그들은 인생에서 많은 것을 이룩했는데도 마음과 자아가 서서히 무너지는 것에, 절망과 자기혐오에, 죽고 싶다는 충동에 취약했다. 나 역시 그런 끔찍한 일들을 겪으면서 오래 살 수 있을 것 같지 않다는 걱정을 오랫동안 품고 있던 터라 이렇게 유명한 사람들이 자살했다는 소식을 읽을 때면 마음이 좋지 않다. 마치 함께 고생하며 투쟁하던 동료를 잃은 심정이다. 하지만 우울증으로 사망한 이들 중 대다수의 소식은 사실 우리 귀에까지 들어오지 않는다. 진단도 받지 못한 채 죽은 사람들, 보험이 없어서 치료를 받지 못한 사람들, 약물중독이나 알코올중독에 빠진 사람들, 가족들이 이상을 알아차리지 못해 치료받지 못한 사람들, 의사와 가족들이 최선을 다해 도우려고 애썼는데도 죽어 버린 사람들. 심한 우울증을 앓는 사람은 자신의 생각이 왜곡되어 있다는 사실을 알아차리지 못한다. 그렇게 계속 아래로 추락하다가 어느 시점이 지나면, 자신에게 아직 창창한 미래가 남아 있으니 어떻게든 버텨 보라고 말하는 주변 사람들의 말을 듣지도, 이해하지도 못한다.

내 정신이 가파르게 추락하기 시작한 것은 첫 아이를 잃은 다음부터였다. 첫딸 애나는 어느 일요일 새벽 동이 트기 직전에 태어났다. 임신 기간 중에는 이렇다 할 문제가 없이 편안했고, 나와 남편 제이크는 애나를 보자마자 사랑에 빠졌다. 아주 약해 보이는 우리 예쁜 딸에게 우리가 이토록 강렬한 애정을 느낀다는 사실이 놀라울 정도였다. 우리는 사진을 두어 장 찍고 아이를 보며 감탄하다가, 아이를 목욕시키려고 데리러 온 간호사에게 넘겨주었다. 그러나 애나의 아프가 점수(신생아의 건강 상태를 평가하는 방법－옮긴이)가 낮고, 목욕을 마친 뒤 체온이 정상으로 돌아오지 않았다는 사실이 알려지면서 우리의 안도감은 금방 불안감으로 변했다. 병원에서는 아이를 신생아실의 보온 침상 위에 놓아두겠다고 했다. 우리는 불안했지만, 모두 괜찮아질 줄 알았다. 그날 오후 우리 부모님이 첫 손주를 보려고 펜실베이니아에서 차를 몰고 오셨다. 어머니는 당시 내가 알지 못했던 사실 하나를 기억하고 있다. 간호사가 아이를 안고 신생아실 창문을 통해 부모님에게 보여 줄 때, 아이의 다리가 힘없이 늘어져 있었다는 것이다. 아이가 맥없이 늘어져 있어서 젖을 먹이기 힘들었던 것은 나도 기억한다. 그러나 병원 측이 아이를 특별 신생아실에 두고 지켜보는 중이었기 때문에 나는 아이와 많은 시간을 보낼 수 없었다. 저녁이 되자 여러 가지 새로운 사실들이 알려졌지만, 좋은 소식은 하나도 없었다. 아이의 혈당이 너무 낮고, 호흡은 너무 빠르고, 뭔가 감염이 있을지도 모른다는 얘기였다. 우리는 척추천자 동의서에 서명했다. 이름만 들어도 무서운 검사였으나, 다행히 감염은 발견되지 않았다.

다음 날에는 상황이 심상치 않다는 것을 부정할 수 없었다. 애나의 피부가 푸르스름했다. 피 속에 산소가 모자라서 발생한 청색증이었다. 심장 전문의가 내 병실로 찾아왔다. 의사 뒤쪽의 창문을 통해 타르를 칠한 지붕들과 계단식으로 배열된 아파트 단지의 급수탑이 보였다. 낮게 드리워진 구름 아래에서 모든 것이 완전히 정상적인 모습이었다. 의사는 심장에 문제가 있는 것 같다고 말했다. 그의 조심스러운 말투를 보니 문제가 뭔지는 몰라도 하여튼 아주, 아주 심각하다는 사실을 확실히 알 수 있었다. 의사는 소식을 전한 뒤 최대한 빨리 나가 버렸다. 하지만 그가 미처 문을 닫기도 전에 슬픔에 잠긴 우리 입에서 이상한 짐승 같은 소리가 터져 나왔다. 그 순간 모든 것이 아래로 미끄러졌다. 현실이 깨지고 쪼개져서 정체를 알 수 없는 위험한 파편으로 변하고 있는 것 같았다.

이때는 1983년이었다. 임신 중 나는 초음파검사를 받은 적이 없었다. 많은 병원이 초음파 기계를 갖추게 된 것은 몇 년 뒤의 일이었기 때문이다. 내가 아이를 낳은 뉴욕시의 베스이스라엘병원은 애나의 심장을 들여다볼 방법이 없었으므로, 심장 초음파검사를 위해 아이를 마운트사이나이병원으로 보냈다. 제이크가 아이와 함께 구급차에 올랐다. 나는 아직 산부인과병동의 환자였으므로, 병실에서 혼자 기다렸다. 비 내리는 밤에 제이크가 다시 돌아올 때까지 몇 시간은 흐른 것 같았다. 제이크는 빗물에 흠뻑 젖어서 흐느끼고 있었다. 심장 초음파검사 결과 애나에게서 형성저하성 좌심 증후군이라는 것이 발견되었다고 했다. 심장 왼쪽이 제대로 형성되지 못해서 몸에 피를 보내지 못하는 병이었다. "아이가 죽을 거래." 제이크가 말했다. "당신을 퇴원시켜서 마운트사이나이로 데려가려고 왔어." 간호사가 외음부 절개 부위의 실밥을 확인하고 나서 옷을 갈아입고 나가도 좋다고 말했다. 거리는 어두웠다. 머리가 혼란스러워서 무슨 요일인지도 알 수 없었다. 억수같이 쏟아붓는 빗속에서 우리는 스타이버선트 광장의 긴 철제 손잡이를 지나갔다. 내가 병원으로 들어올 때 진통 때문에 움켜쥐었던 그 손잡이였다. 아이가 금방 나올 것만 같던 그때도 사방이 어두웠다. 바로 전날 동이 트기 전이었기 때문에. 그런데 지금 우리는 빗속을 급히 달려가고 있었다. 크리스마스 장식의 빨간색 초록색 불빛들이 차창을 타고 흘러내렸다. 제이크에게 아이의 병명을 알려 준 의사는, 보스턴의 아동 병원에 가면 혹시 치료할 수 있을지도 모르지만 거기에 도착할 때까지 아이가 버티지 못할 것이라고 말했다. 그 이야기를 할 때 의사의 태도는 상당히 가차 없었다.

신생아 집중치료실에 근무하는 아주 친절한 간호사가 우리를 인큐베이터로 데려다주었다. 기저귀 차림으로 그 안에 누워 있는 애나의 몸은 창백하고, 팔다리는 파란색이었다. 눈을 감고 꼼짝도 하지 않는 아이는 여리고 아름다웠다. 의사가 인공호흡기를 제거했다. 아이

를 좀 더 편안하게 해 주기만 할 뿐 별다른 역할을 하지 못하기 때문
이라는 것이 그의 설명이었다. 간호사가 애나를 담요로 싸서 내 품
에 조심스레 안겨 주었다. 우리는 아이를 안고, 점점 생명이 꺼져 가
는 아이의 얼굴을 바라보았다. 어느 순간, 제이크가 애나를 안고 있을
때, 아이가 죽었다는 분명한 깨달음이 왔다. 전혀 움직임이 없던 몸이
힘없이 늘어지고, 거의 알아차릴 수 없을 만큼 약하던 호흡이 아예 끊
어졌다. 우리는 아이를 안은 채 조금 더 가만히 서 있다가 간호사에게
다시 넘겨주었다. 서류에 서명하고, 아이의 사망 진단서를 받아 집으
로 돌아가는 것 외에는 할 수 있는 일이 하나도 없었다.

　　1980년대 이전에 애나처럼 심장 기형을 지니고 태어난 아이들은
모두 일주일이 안 돼서 세상을 떠났다. 애나가 죽고 1년이 채 되기 전
에, 베이비 페이Baby Fae라고 불리게 된 아이가 형성저하성 좌심 증후
군을 갖고 태어나 개코원숭이의 심장을 이식받았다. 유아에게 다른
생명의 장기를 이식한 세계 최초의 사례였다. 그러나 베이비 페이는
거부 반응 때문에 3주 뒤 세상을 떠났다. 지금은 아이가 태어나기 전
에 미리 병을 진단해서 3단계에 걸친 대단히 위험하고 복잡한 수술
을 통해 혈액의 흐름을 바꾸는 것이 생존율을 높일 수 있는 최선의
방법인데, 첫 번째 수술은 출산 며칠 안에 시행되어야 한다.[10] 그러나
이렇게 목숨을 건진 아이들도 완전히 정상적인 생활을 하기 힘든 경
우가 있어서, 일부 아이들은 나중에 심장이식 수술을 받아야 한다.

　　죽음을 생각도 해 본 적이 없는 우리가 난데없이 장례에 대해 빨
리 결정을 내려야 하는 처지가 되었다. 제이크의 아버지는 유대교 율
법에 따라 애나를 다음 날 일몰 전까지 땅에 묻어야 한다고 강력히
주장하며, 뉴저지 공동묘지의 묏자리를 애나에게 내어 주겠다고 했

다. 제이크의 조부모님이 장례비 보험 조합을 동해 사 둔 가족묘였다. 하지만 공동묘지 측에서 필연적인 질문을 우리에게 던졌다. 이 아이도 유대교 신자입니까? 아니었다. 내가 가톨릭 신자였으므로, 공동묘지 측은 애나를 받아 줄 수 없다고 했다. 그래서 우리는 그날 부모님들과 함께 웨스트체스터카운티의 어느 공동묘지를 찾아갔다. 억수같이 내리는 빗속에서 자그마한 대머리 남자가 빨간색 나비넥타이 차림으로 우리에게 여섯 명을 묻을 수 있는 묏자리를 팔려고 갖은 수를 쓰는 동안 우리는 줄무늬 골프 우산을 받쳐 들고 서 있었다. 남자는 우리가 방금 어떤 일을 겪었는지 알면서도 열띤 태도를 감추지 않았다. 애나를 여기에 묻기로 **지금 당장** 결정을 내려야 하며, 커다란 가족묘 자리이기 때문에 나중에 우리도 여기에 묻힐 수 있다고 그는 주장했다. 나는 그 자리를 벗어나 조금 떨어진 곳에서 우산을 받쳐 들고 그의 적극적인 영업을 지켜보았다. 지금 이 장면이 어이없고 잔인하다는 생각을 떨칠 수 없었다. 몇 분 뒤 제이크와 나는 결론을 내렸다. 두말할 것도 없이 화장을 하기로.

다음 날 우리는 엄숙한 옷을 차려입고, 검은 장의차의 뒷좌석에 올라 웨스트사이드 고속도로를 달렸다. 제이크의 아버지가 감사하게도 우리의 결정에 따른 실무를 모두 맡아서 처리해 주셨다. 장의차 기사는 군청색 양복 차림의 조용한 남자였는데, 그의 뒤통수를 바라보며 우리끼리 이야기를 나누는 것이 좀 어색했지만 사실 할 말도 별로 없었다. 우리 부모님들은 다른 두 대의 차에 나눠 타고 뒤를 따라오셨다. 12월치고는 따뜻한 날씨였지만 폭우가 그치지 않았다. 습기 찬 공기 속에서 허드슨 강물이 넘실거리는 모습을 보니, 고속도로 위로 강물이 넘쳐흐를 것 같았다. 자동차 와이퍼가 정신없이 유리창을 착

착 오가는 가운데, 나는 오늘이 지난 뒤 어떻게 될 것인지 몹시 두려워졌다. 나는 하얀 바탕에 작은 곰들이 그려져 있는 그 작고 예쁜 신생아복을 애나에게 입혀 달라고 장의사에게 넘겼다. 베이비샤워 때 찍은 사진 속에서 내가 들고 있던 바로 그 옷이었다. 우리의 여린 아이는 시신이 되어 우리 뒤편 좌석에 놓인 작은 하얀색 관 속에 누워 있었다. 나는 아이를 다시 만져 보고 싶다는 충동을 이기지 못하고 뒤로 손을 뻗어 관을 만졌다가 스티로폼처럼 올록볼록한 느낌에 움츠리고 말았다. 원래 장의사가 화장할 아기들 용으로 이런 관을 추천하는 건지 궁금했다. 십중팔구 그런 품목이 있을 것 같았다. 죽음이라는 슬픈 세계가 그 세계에 필요한 서비스 및 제품들과 함께 아무것도 모르는 내 눈앞에 펼쳐지고 있었다.

우리는 곧 또 다른 공동묘지에 도착했다. 시부모님이 다니는 유대교회당의 랍비가 추도를 위한 아름다운 카디시(유대교에서 죽은 이를 위한 기도-옮긴이)를 읊은 뒤, 우리는 부모님들과 함께 서서 작은 관이 컨베이어 벨트에 실려 금속 커튼을 통과해 소각로 안으로 들어가는 모습을 지켜보았다. 소각로 문이 열린 짧은 몇 초 동안 활활 타오르는 오렌지색 불꽃이 드러났다. 곧 문이 닫히고, 우리는 모두 집으로 돌아갔다.

몇 시간 뒤 제이크가 유골을 받으러 다녀오겠다고 했다. 나는 멍한 상태여서 이미 모든 게 끝났는데 왜 그리 서둘러야 하는지 이해할 수 없었다. 유골은 나중에 받아 와도 되지 않나. 하지만 제이크는 우리 아이의 흔적이 낯선 곳이 아니라 우리 곁에 있어야 한다고 생각했다. 맞는 생각이었다. 우리는 다시 그곳으로 갔다. 그곳 사람들은 굳이 '화장한 유골'이라는 말을 쓰면서 평범한 커피 통처럼 생긴 것을 우리에게 주었다. 뚜껑에 애나의 이름이 붙어 있었다. 우리는 차를 몰고 다시 집으로 돌아왔다. 그러고 나니, 애나가 태어난 뒤 처음으로 무엇을 해야 할지 아무 생각이 나지 않았다. 내가 애나의 짧은 생애에 대해 기억하고 싶은 것을 글로 적자고 제안하자, 제이크가 자리에 앉아 그 이틀 동안의 일들을 여러 페이지에 상세히 적었다. 나는 두어 문장을 쓴 뒤 더 이상 나아갈 수 없었다. 내가 아이를 살게 해 주던 내 몸에서 아이를 밀어낸 뒤 흐른 시간들이 굳어져 이루 말로 표현할 수 없는 어떤 것이 되었다. 그러나 에밀리 디킨슨은 이런 것을 말로 표현할 수 있었다.

납덩이같은 시간
만약 살아간다면 기억하겠지
살을 에는 추위 속에서 눈을 회상하듯이
먼저 차가움, 그다음에는 망연함, 그리고 놓아 보내기.[11]

사산, 임신 말기의 유산, 출산 중 아기의 죽음 등 비슷한 경험을 한 여자들은 몸과 마음이 모두 급격한 변화를 겪는다. 우리가 이해할 수조차 없는 원초적인 의미에서 아이를 낳을 준비를 하고 있었는데, 갑자기 아이가 사라졌기 때문이다. 애나가 죽은 그날 밤 우리는 자정이 넘어 병원을 나와서 시내에 있는 시부모님의 아파트에서 잤다. 그 길고 긴 밤의 어느 시점에 나는 변화히는 호르몬의 흐름 때문에 밤에 흠뻑 젖어 깨어났다. 내 젖가슴이 생전 처음으로 퉁퉁 불어 고통스러웠다. 이런 터무니없는 일에 미처 대비하지 못한 나는 무력한 분노에 빠져들었다.

모든 일이 참을 수 없을 만큼 잔인한 것 같았다. 당시 나는 나 자신과 내 몸에 대해 별로 연민을 느끼지 못했다. 내 몸은 우스꽝스러운 괴물이 되어 있었다. 가슴은 퉁퉁 붇고, 뱃가죽은 늘어졌고, 호르몬 때문에 감정을 주체할 수 없었다. 뭔가가 분명히 잘못되었는데, 그것이 내 탓인지도 모른다는 생각이 들었다. 나는 애나의 심장이 형성되는 과정에서 과연 무엇이 그런 재앙을 초래했을지 생각나는 것을 모두 되돌아보았다. 내가 임신 사실을 알기 전에 마신 포도주 한 잔이 문제였을까? 버스의 배기가스? 걸어서 출근하다가 들이마신 세탁소의 드라이클리닝 연기? (임신 중 나는 세탁소 앞을 지날 때나 배기가스를 내뿜는 디젤엔진 버스가 지나갈 때 숨을 참는 버릇이 생겼다.) 이렇게 내가 되짚어 본 잠재적인 원인들 중에는 제이크가 고등학교와 대학교 시절에 가끔 사용했던 대마초와 환각제도 포함되었다. 신생아 집중치료실의 의사는 형성저하성 좌심 증후군의 원인은 아직 알려지지 않았으며, 대략 신생아 1만 명 중 한 명꼴로 이런 기형이 발생한다고 우리에게 말해 주었다. 배 속에서 아이가 만들어질 때 완벽하게 진행되어야 할 모든 과정 중 어떤 것이 잘못될 수도 있는 법이라고 그는 말했다. 맞는 말이었다. 부모들은 자기 아이가 분명한 이유 없이 선천적인 병이나 기형을 지니고 태어난 것을 알면 충격을 받는다. 그러나 살다 보면 그런 일을 겪을 수도 있는 법이니 어떻게든 그냥 받아들이는 수밖에 없다.

그래도 부모들은, 특히 엄마들은 임신 중 뭔가가 잘못된 것에 대해 책임감을 떨치지 못한다. 비이성적인 생각이라는 것을 알아도 어쩔 수 없다. 이런 식으로 아이를 잃은 여자들이 독특한 형태의 상실감으로 힘들어하는 데에는 이 같은 책임감과 자책이 큰 역할을 하는 것 같다. 수치심과 사회적인 당혹감도 이 상실감에 포함되어 있다. 사산, 신생아 시절의 죽음, 영아 돌연사 증후군 등으로 아이를 잃은 여성 300명과 건강한 아이를 낳은 여성 300명을 비교한 연구에서, 아이를 잃은 엄마들은 적어도 2년 반 동안 상당히 강한 심리적 고통을 겪는 것으로 드러났다.[12] 다섯 살 이하의 아이를 잃은 경험이 있는 부모들을 대상으로 한 밴쿠버의 연구에서는 부모 모두 아이의 죽음 전후에 있었던 일들을 지극히 선명히 기억하며, 오랫동안 슬픔에서 벗어나지 못한다는 사실이 드러났다.[13] 결혼 생활에 어려움을 겪는 경우도 많았다. "정신적으로 아이를 '놓아 보내는' 과정은 몹시 힘들고 몹시 느리다." 이 논문의 저자들은 이렇게 썼다. "부모들은 아이의 죽음을 설명할 수 있는 이유, 삶과 죽음의 의미를 몇 달 또는 몇 년 동안 찾아 헤매기도 한다." 제이크와 나도 마찬가지였다. 애나를 잃은 뒤 우리의 결혼 생활은 결코 옛날로 돌아가지 못했다. 이미 존재하던 균열들이 더욱 넓어진 탓이었다. 고통스러운 별거와 재결합을 몇 년 동안 여러 번 반복한 끝에 우리는 이혼을 결정했다.

결혼 생활 4년째, 삶에 점점 불만이 많아진 나는 아이를 낳으면 행복해질 것이라는 희망을 품고 있었다. 임신 말기에 우리는 맨해튼의 비좁은 방 하나짜리 아파트에서 북쪽으로 반 시간쯤 올라간 곳에 있는 주택으로 이사했다. 창밖으로 허드슨강이 보이는 집이었다. 나는 시내의 방 두 개짜리 아파트로 가고 싶었지만, 도시를 별로 좋아하지 않는 제이크는 경제적 선택을 해야 한다고 주장했다. 시내에서 방 두 개짜리 아파트를 구할 돈의 절반도 안 되는 가격으로 교외에서 마당이 딸린 주택을 구할 수 있다는 것이었다. 마당이 있으면 아이가 밖에서 놀 수도 있을 것이라고 했다. 나는 제이크의 말에 마음이 들뜨면서도, 친구들을 만나기 힘들어질 것 같아서 걱정스러웠다. 그런 생활을 하기에는 우리 나이가 아직 너무 젊은 것 같다는 생각도 강하게 들었다. 하지만 대부분의 경우에 그랬던 것처럼 그때도 역시 내가 뜻을 굽혔다.

교외에서 사는 것이 내게는 전혀 편안하지 않았다. 우리 둘 다 직장을 그만두고 버몬트로 이사하는 편이 더 나았을 것이다. 어차피 우리는 항상 그런 계획을 갖고 있었으니까. 우리는 버몬트의 미들베리 대학에서 처음 만났다. 내가 열여덟 살이고 제이크는 스물한 살 때였다. 제이크는 월스트리트에 있는 아버지의 회사에서 하계 아르바이트를 하다가 나중에는 정직원이 되었다. 내가 대학을 졸업할 무렵에는 제이크가 그 회사의 파트너가 되어 있었기 때문에 나는 마지못해 맨해튼으로 와서 출판사 쪽의 일자리를 알아보았다. 특별히 출판에 관심이 있는 것은 아니었지만, 영문학 전공자들이 출판사에 취직하는 것이 보통이었기 때문이다. 원래 제이크는 바람이 잘 통하는 시골집을 구입한 비용을 갚을 때까지만 아버지 회사에서 일할 생각이었다. 그 시골집은 우리가 결혼식을 올린 곳이기도 했다. 하지만 제이크의 일이 점차 우리 삶을 휘두르게 되었다. 그와 나의 수입 차이도 너무 엄청나서 나는 무력감이 들었다. 다른 파트너들은 대부분 컨트리클럽 회원권을 갖고 있었고, 아내들은 전업주부였다. 제이크와 나는 주말마다 뉴욕과 버몬트를 오가며 예전 같은 생활 방식을 고수했다. 버몬트에서 우리는 커다란 텃밭을 가꾸며 언젠가 땅으로 돌아가겠다는 꿈을 계속 꾸었다. 이 모든 일들이 내 소외감을 더욱 부채질했다. 내 인생이 왜 이렇게 되었나? 이렇게 되도록 나는 뭘 한 거지? 처음부터 양면적인 감정을 가지고 시작한 결혼 생활에 회의가 들었고, 내가 새로운 것을 탐험해 볼 수 있는 독립적인 삶을 너무 일찍 포기해 버리는 것 같아서 몹시 걱정스러웠다. 하지만 제이크를 사랑했기 때문에 모든 일이 잘 풀리기를 바랄 뿐이었다. 우리는 출산 예정일을 겨우 두 달 앞두고 교외로 이사했다. 아기 침대와 작고 예쁜 아기 옷도 사고, 침실에 페인트칠도 새로 하며 아기를 이 집으로 데리고 올 날을 고대했다.

아기를 잃었을 때의 충격은 어느 부부에게나 견디기 힘든 일이겠지만 우리는 특히 더 힘들었다. 둘의 감정이 서로 아주 다른 형태로 나타났기 때문이다. 나는 태아가 발달하는 과정에서 발생한 우연한 실수로 인해 내 딸의 생사가 결정되었다는 생각을 도저히 머리에서 떨쳐 버릴 수 없었다. 하지만 제이크는 우리가 이 일을 극복해야 한다면서 나중에 또 아이를 가지면 되지 않겠느냐고 주장했다. 나는 유연하게 상황을 헤쳐 나가려는 그의 노력에 동참할 수 없었다. 마치 내 머릿속의 스위치가 꺼져서 불이 전부 나가 버린 것 같았다. 지금 생각해 보면 그것이 정상적인 슬픔의 표현과 동떨어진 반응이었음을 쉽게 알 수 있다. 산후 우울증에는 여러 가지 위험 요인이 작동하는데, 그중에는 과거에 겪었던 우울증 에피소드, 사회적 고립, 사회적 지원 부족 등이 포함된다. 아이가 태어나기 직전에 아는 사람 하나 없는 교외로 이사한 우리는 필연적으로 어느 정도 사회적 고립을 경험할 수밖에 없었다. 게다가 아이를 기르는 가정이나 아이들을 다 키워서 독립시킨 어르신들이 가득한 동네에서 아이가 없는 채로 계속 살게 된 뜻밖의 상황 또한 사회적 고립을 더욱 부채질했다. 아이를 낳기 전의 기억을 더듬어 보면, 나는 임신 중에 이미 우울증을 겪고 있었던 것 같다. 출산 예정일이 임박했는데 나는 텅 빈 집에 혼자 있었다. 너무나 낯설고 비참한 기분인 동시에 그런 기분을 느끼는 것에 죄책감이 느껴졌다. 그런 감정을 이기지 못해 계단에 주저앉아 울음을 터뜨릴 정도였다.

크리스마스에 우리는 친정으로 갔다. 나는 임신 때 늘었던 체중이 다 빠져서 깡마른 몸에 눈은 퀭하고, 얼굴은 멍한 상태로 부엌에서 대부분의 시간을 보내며 요리나 청소를 했다. 사람들과의 대화를 피하기 위해서였다. 내 형제들은 내 심정을 잘 이해해 주지 못했다. 다들 집을 떠나 대학에 다니거나 먼 곳에서 살고 있었기 때문에 장례식에도 참석하지 못했다. 애나를 직접 본 사람은 내 부모님과 제이크의 부모님뿐이었다. 오빠 부부는 6월에 첫 아이를 낳을 예정이라고 발표했지만, 겨우 2주 전에 내가 겪은 일 때문에 모든 일에 어두운 장막이 덮인 것 같았다.

나는 삶이 허무하다는 생각을 떨치지 못했다. 임신도, 결혼 생활도, 내 인생도 모두 무의미했다. 가장 시급한 문제는 내가 새로운 일자리를 찾아야 한다는 것이었다. 나는 맨해튼의 출판사에서 책을 디자인하고 만드는 일을 하고 있었으나, 막다른 길에 몰린 기분이었다. 내가 속한 부서가 워낙 작아서 위로 올라갈 수 있는 자리가 없었다. 그래서 나는 산후휴가를 이용해 좀 더 만족스러운 일자리, 즉 내가 앞으로 나아가고 있다고 느낄 수 있는 일자리를 찾으면 이런 끔찍한 기분에서 벗어날 수 있을 것이라고 믿게 되었다. 영문과 교수가 되려면 박사 학위가 필요했으므로, 지금과 같은 상태로는 대학을 졸업할 때보다 훨씬 더 불가능한 일처럼 보였다. 그래서 다른 일들을 고려해 보기로 하고 일단 GRE 시험을 치렀다. 조경이 나한테 잘 맞는 일일 것 같다는 생각이 들었지만, 좋은 대학원에 진학하려면 2년 동안 집을 떠나 있어야 했기 때문에 그것이 내 결혼 생활에 어떤 영향을 미칠지 생각해 보아야 했다. 임신과 출산을 겪으면서 경외와 매혹을 느꼈던 것을 계기로 나를 진찰해 주던 산파처럼 개업 간호사가 되는 것도 생각해 보았다. 내 친한 친구 한 명은 그런 시기에 그 직업을 진지하게 생각한 것은 슬픔에서 비롯된 행동일 가능성이 크다고 지적해 주었다. 하지만 당시 나는 그 사실을 깨닫지 못하고 근처 대학에서 곧 시작하는 화학 강의에 등록했다. 간호사가 되려면 일부 과학 과목 강의를 미리 이수해야 하기 때문이었다. 2주 동안 나는 전하를 띤 이온들이 세포벽을 오가는 움직임을 비롯해서 한 번도 배워 본 적이 없는 복잡한 현상들을 꼼꼼히 필기해 가며 공부했다. 그러나 내가 지금 공부를 할 상태도, 대학원 진학에 대해 중요한 결정을 내릴 수 있는 상태도 아니라는 사실을 금방 깨달았다. 눈물이 터질 것 같을 때가 많았고, 수업 시간에 만나는 사람들과 대화를 나누기도 힘들었으며, 집중하는 것도 점점 힘들어졌다. 내 정신이 분해되고 있는 것 같았다. 많은 노력을 기울여야 하는 새로운 도전을 시작할 때가 아니었다.

하지만 아무것도 하지 않고 빈둥거리는 것이 훨씬, 훨씬 더 나빴다. 제이크는 자신의 슬픔과 우울한 나에게서 정신을 분산시켜 줄 것을 찾아 곧바로 일터로 돌아갔다. 일하는 시간을 늘리기 위해 추가로 프로젝트를 맡을 정도였다. 나는 화학 강의를 들을 때만 빼고 하루 종일 가구도 별로 없는 집이나 공립 도서관에서 시간을 보내며 어떻게 하면 새로운 일을 시작할 수 있을지 고민했다. 그렇게 몇 주가 흐르면서 텅 빈 집 안의 공기가 긴장되고 갑갑하게 느껴지기 시작했다. 심지어 악의까지 느껴졌다. 사실 나는 집을 새로 산 사람들이 사야 하는 물건들, 즉 가구, 커튼, 깔개 등을 보러 다니며 결정을 내려야 했다. 하지만 무엇을 해야 할지 알 수 없어서 멍한 상태로, 창백한 겨울 햇빛을 받고 있는 벌거벗은 나무와 강만 바라볼 뿐이었다.

어느 날 아침 내가 이렇게 머뭇거리며 멍하니 서 있을 때 현관문의 금속 편지 구멍으로 우편물 하나가 시끄러운 소리를 내며 들어왔다. 공문서처럼 보이는 봉투 안쪽에 작은 검은색 발자국들이 보였다. 애나의 출생증명서였다. 나는 허리를 숙여 봉투를 들고 아무렇게나 찢어 열었다. 그리고 짧은 생애였지만 세상에 하나뿐이었던 애나의 신분을 표시한 복잡한 서류를 빤히 바라보았다. 이런 서류가 지금 도착한 것이 너무 잔인해서 충격적이었다. 죽은 아이의 출생증명서를 배달 불능 우편물 담당 부서로 보내 주는 감수성 관리 위원회 같은 것이 있어야 하지 않겠는가…. 하! 며칠 뒤 시내의 도서관에 들렀다가 나오는 길에 나는 걸음을 멈추고, 벽돌 선반 위에 반쯤 빈 채로 놓여 있는 아기 우유병을 빤히 바라보았다. 겨울 햇빛 속에서 그 뒤편의 담장에 날카롭게 드리워진 검은 그림자가 가늘게 떨고 있는 것 같아서 호퍼의 그림이 생각났다. 언제든 이런 위험한 광경들이 아무 예고도 없이 내 앞에 나타날 수 있었다. 나는 어떤 미지의 세력이 내 인생을 차지하려 한다는 사실을 알려 주는 충격적인 증거로 이런 일들을 받아들였다. 하지만 이제는 거기서 한발 더 나아가 내 머리가 모든 것에서 악의를 읽어 내거나, 아니면 뭔가 심오한 저주의 의미 같은 것을 읽어 내는 것 같았다. 부엌 싱크대 앞에 서서 차를 마시다가도 나는 맞은편 집의 잔디밭에 불쑥 서 있는 거대한 가문비나무를 바라보며 검은색으로 늘어진 가지들에서 불길함을 읽었다. 어느 날 거대한 까마귀 세 마리가 나타나 까맣게 반짝이는 몸으로 한가로이 걸어 다니며 그 나무 아래 땅을 쪼는 모습을 보았을 때는 두려움 때문에 온몸이 부르르 떨리기도 했다.

　내가 우유병과 새 같은 것에서 모종의 메시지를 읽어 냈다는 뜻은 아니다. 아직 그 정도까지 미치지는 않았다. 하지만 눈에 보이는 모든 것을 부정적으로 해석하면서 열심히 자신을 상처 입히고 있었다. 우리가 겪은 일은 흔한 일이 아니었다. 그래서 나는 애나의 죽음이 왜 일어났느냐는 고통스러운 의문에 계속 답을 찾아내려고 했다. 애나의 죽음이 나를 향한 일종의 심판이었다는 상상. 마치 애나가 스스로 내 아이가 되기를 거부한 것 같았다. 어렸을 때 성당에 다니며 믿었던 하느님을 되살린 나는 지금까지 잘 숨겨 왔던 내면의 악으로 인해 이런 벌을 받은 것이며, 이 벌로 인해 내 내면의 악이 이제 모두의 눈앞에 드러나게 되었다고 확신했다. 애나의 죽음이 내 결혼 생활의 불행한 결말을 예고하는 징조라는 생각도 들었다. 또한 애나의 심장에 문제가 생긴 것은 내가 사랑을 모르는 차가운 사람이기 때문인 것 같았다. 그것은 자기 강박적이고 왜곡된 생각, 아니 솔직히 말해서 미친 생각이었다. 애나를 잃은 직후부터 내 정신은 균형을 잃었다. 하지만 나는 완전히 병적인 우울증을 향해 내가 서서히 나아가고 있다는 사실을 알지 못했다. 제이크는 지극히 멀쩡한 목소리로 내게 계속 말했다. 애나의 죽음은 순전히 우연의 산물이었다고. 우리에게 끔찍한 일이 **일어난 것은 사실**이지만, 그 일에는 **아무 의미가 없다**고. 그러나 당시에는 그가 전적으로 옳다는 사실을 도저히 납득할 수 없었다.

한시라도 빨리 집에서 나가야 할 것 같은 생각이 점점 강렬해졌다. 2월 초, 그러니까 아마 애나를 낳은 지 8주쯤 되었을 때 나는 다시 출근하기 시작했다. 동료들은 내가 넋 나간 얼굴로 침울하게 행동하는 것을 너그럽게 봐주었다. 나는 엘리베이터를 피해 계단을 이용하기 시작했다. 사람들이 내게 어떻게 지내느냐고 한마디 질문을 던진 뒤 그 폐쇄된 공간에 내려앉는 침묵이 몹시 어색했기 때문이었다. 사실 이런 식의 재앙은 누구라도 견디기 힘들다. 주위 사람들도 마음이 좋지 않기 때문에 일단 위로의 뜻을 전한 뒤에는 무슨 말을 건네야 할지 알 수가 없다. 그때 나는 내 몸에서 불운의 기운이 무슨 막처럼 뿜어지고 있는 것 같은 기분이었다. 내 책상은 유리벽을 통해 널찍한 사무 공간을 바라볼 수 있는 위치에 있었고, 제도용 책상은 뒤쪽의 단단한 벽 앞에 있었다. 나는 가능한 한 제도용 책상에서 시간을 보냈다. 지나가는 사람들에게 아무렇지도 않은 표정을 지어 주기가 힘들었기 때문이다. 그때는 우리 사무실이 바쁜 시기가 아니었는데도, 나는 별로 쓸모 있는 일을 하지 못했다. 가끔 점심시간에는 우리 건물 안의 서점으로 내려가 내게 도움이 될 만한 심리학책을 찾아보기도 했다. 왜 나였는지, 어떻게 이런 상태에서 벗어날 수 있는지 자문하며 자꾸만 나 자신에게 집착하는 것이 걱정스러웠다. 진열대에서 가장 눈에 띄는 책은 크리스토퍼 라시의 『나르시시즘의 문화』였다. 나는 1980년대의 자기중심적 문화를 한탄한 이 책을 훑어보다가 단 한 장章도 집중해서 읽는 것이 완전히 불가능하다는 사실을 깨달았다. 그래도 내가 바로 라시가 말하는 나르시시즘이라는 풍토병의 한 사례라는 확신은 얻을 수 있었다. 그래서 우울한 사람에게 남들이 자주 하는 충고를 나 자신에게 해 주었다. '내 자신의 고민 대신 다른 사람의 고민

에 주의를 집중해 보자.'

그다음 토요일 오후에 나는 인근 병원의 소아과병동에 자원봉사를 나갔다. 분홍색 제복 비슷한 옷을 입고 놀이방에서 아주 작은 아이 하나를 맡았던 기억이 어렴풋이 난다. 아마 세 살쯤 되어 보이는 그 사내아이는 내가 안아 주고, 책을 읽어 주고, 아무리 달래 주어도 울음을 그치지 않았다. 눈물과 콧물이 계속 줄줄 흘러내려서 계속 닦아 주어야 했다. 우리 둘 다 몰골이 엉망이었다. 나는 남을 돕는 데에는 재주가 없었다. 내가 그날을 마지막으로 병원 자원봉사를 중단했음은 말할 필요도 없다. 내게는 어려운 사람에게 내어 줄 수 있는 것이 별로 없었다. 먼저 나 자신부터 고쳐야 했다. 또 다른 토요일에는 아무 생각 없이 동네 성당까지 걸어가서 게시판을 보며 슬픔에 빠진 사람들을 돕는 모임에 들어갈까 생각해 보았다. 내 슬픔에 대해 신부님과 이야기를 나눌 수 있게 나 자신을 북돋우려는 노력이었지만, 마침 성당에 사람이 없었다. 그 뒤로는 성당을 다시 찾아가지 않았다.

일반적인 삶으로 돌아가려고 건성으로나마 기울였던 모든 노력은 전혀 효과가 없었다. 불안감은 이제 내 몸을 압도하는 신체적인 증상이 되어, 배 속에서부터 뭔가가 솟아올라 갈비뼈를 꽉 쥐고 있는 것처럼 숨을 쉬기가 힘들어졌다. 때로는 근육이 저절로 꽉 조여들었다가 풀어지기를 반복하기도 했다. 잠도 한 번에 몇 시간 이상 자지 못했다. 아직 어두운 새벽 서너 시에 깨어 일어나 앉으면, 심장이 미친 듯이 뛰고 몸은 공황 상태에 빠졌다. 그러다가 무서운 일은 일어나지 않는다는 것을 깨달으면, 오늘도 그냥 너무 일찍 일어났을 뿐이라고 자신을 타이르며 다시 누워 애써 잠을 청했다. 그러나 내 머리는 허공에 붕 떠 있는 것 같은 내 상황을 어떻게 하면 바로잡을 수 있을지 터무니없는 방법들을 생각해 보며 고뇌 속에서 허우적거렸다. 직장을 옮겨 볼까, 대학원에 원서를 내 볼까, 다시 뉴욕으로 돌아갈까, 시골로 이사할까. 이런 여러 가지 방안들 사이로 자살이 점점 비집고 들어오기 시작했다. 강력한 상실감이 다른 것으로 변해서, 나는 나 자신에게 집착하며 안으로 무너지고 있었다. 내 머릿속에서는 두려움이 끊임없는 음악처럼 울리고, 자꾸 안으로만 움츠러들다 보니 숨이 막힐 것 같았다. 내가 세상과 영원히 단절되어 지옥 같은 내 의식 속에 붙잡혔다는 확신도 들었다. 살아가는 것이 곧 고통이었다. 하루하루가 끝나지 않을 것처럼 길게 느껴지고, 앞으로 나아간다는 느낌이나 미래에 대한 기대는 전혀 없었다. 내가 나아질 것이라는 생각도 전혀 들지 않았다. 시간을 견딜 수가 없어서 멈춰 버리고 싶었다. 어느 날 아침 나는 차라리 죽는 편이 낫겠다고 단언했다.

내가 어느 시점부터 직장 근처의 심리 상담사에게 상담을 받기 시작했는지는 기억나지 않는다. 그때에 관한 내 기억에는 여기저기 뻥 뚫린 곳이 수두룩하다. 하지만 내가 죽음에 대해 말하기 시작한 무렵이었던 것은 분명하다. 상담 시간에 뭘 했는지는 전혀 기억나지 않는다. 어느 날 상담사가 제이크와 내게 병원에 가 보라고 강력히 권유한 기억밖에 없다. 제이크의 기억에 따르면 그때 나는 수면제를 먹어야 하는 상태였는데, 상담사는 심리학 전공자라서 내게 약을 처방해 줄 권한이 없었다. 하지만 나는 내가 자살 성향을 보였기 때문에 그 상담사가 우리를 병원으로 보냈다고 기억하고 있다. 우리 둘 중에 누가 옳은지는 모르겠다. 우리는 루스벨트병원 응급실에 들렀다가 그날 저녁 어둡고 텅 빈 집으로 돌아갔다. 웨스트체스터에 있는 어느 병원의 이사인 제이크의 아버지가 나중에 그 병원 정신과 의사를 소개해 주었다. 나는 매일 저녁 퇴근 후 그 의사와 상담하기 시작했지만, 내가 보기에는 그가 내게 공감해 주지 못하고 냉정한 것 같아서 마음에 들지 않았다. 나는 상담 시간에 말을 별로 하지 않았다. 나 역시 공감하지 못하고 냉정했다. 의사는 항우울제를 처방해 주었다. 그렇게 2주가 지난 뒤에도 차도가 없자, 의사는 입원을 권했다. 그러나 우리는 그 조언을 받아들이지 않았다. 정신병에 관한 부정적인 인식과 두려움이 가장 큰 이유였다.

어머니는 애나의 죽음 직후 내가 지독한 절망에 빠졌다고 기억한다. 어머니 자신도 망연한 상태였지만, 어머니 눈에는 내가 지나치게 절망하는 것처럼 보였기 때문에 이해할 수 없었다. 어머니는 그 일이 있기 전부터 이미 힘든 상태였다. 내 외할아버지가 10월 말에 뇌중풍으로 쓰러져 계속 의식을 차리지 못했기 때문이다. 나중에 어머니는 내가 병원에서 전화를 걸어 애나가 곧 죽을 것 같다고 말했을 때, 수화기를 내려놓고 "왜 엉뚱하게 아이를 데려가는 거예요!"라고 하느님께 소리를 질러 댔다고 내게 말해 주었다. 내가 점점 깊이 우울증으로 빠져들던 그 몇 주 동안 어머니는 일주일에 며칠씩 필라델피아의 병원까지 직접 차를 몰고 가서 외할머니와 함께 외할아버지의 병상을 지켰다. 어느 날 두 분은 애나의 죽음과 내 상태에 대해 이야기하다가 외할아버지의 얼굴에 눈물이 흘러내리는 것을 발견했다. 외할아버지의 의식이 아직 살아 있어서 주변의 말소리를 들을 수 있다는 사실을 두 분이 처음으로 깨달은 순간이었다.

외할아버지는 3월 1일에 돌아가셨다. 장례식에서 나는 예전의 내 모습을 흉내조차 낼 수 없음을 깨달았다. 아주 오랫동안 본 적이 없는 수많은 사람들을 한꺼번에 만나야 하는 자리가 너무 힘들었다. 어떻게든 이야기를 나눠 보려고 했지만, 내 말이 너무 느린 것 같았다. 몸도 느리게 움직이는 것 같았다. 미사와 장례식이 모두 끝난 뒤, 외할아버지의 집에서 손님들을 대접했다. 나는 2층으로 올라가 어느 침실에서 벽에 걸린 십자가 밑에 앉았다. 어머니의 기억에 따르면, 어머니가 나를 찾으러 올라와 봤더니 내가 아무 말 없이 멍하니 앞만 바라보고 있었다고 한다.

점점 감정이 둔해졌다. 커다란 슬픔도, 커다란 분노도, 커다란 죄책감도 없었다. 그러다 아예 감정이라는 것이 사라져 버리고 말았다. 내 몸은 그저 찌꺼기일 뿐이라는 확신이 들었다. 인간이 인간이기 위해 꼭 필요한 본질이 무엇인지는 모르겠지만, 하여튼 내 마음과 영혼이 모두 죽어 버렸기 때문에 내 몸은 완전히 무의미해졌다는 확신이었다. 내 의식은 항상 삶에서 쫓겨난 채로 나를 에워싸고 있었다. 내가 나 자신에게 느끼는 부정적인 감정이 다른 사람들에게까지 연장되지는 않았다. 다른 사람들은 착하고, 아무 이상이 없었다. 그들은 인생을 사는 법을 아는 사람들이었다. 나만 가장 기본적인 인간의 본능을 이해하지 못했다. 이렇게 보편적이고 필수적인 것이 내게 없다니, 당황스러운 동시에 저주에 빠진 것 같은 기분이었다. 이 몸이 반드시 죽어야 한다는 나의 강렬한 확신은 도무지 미래를 상상할 수 없다는 무력감, 그리고 내 삶이 부서져서 돌이킬 수 없을 지경이라 아주 끝나 버렸다는 믿음의 산물이었다.

그 뒤 몇 주 동안 날이 점점 따뜻해졌다. 성패트릭성당 옆 공원에는 벤치가 있었는데, 나는 가끔 점심 때 거기 가서 앉아 있곤 했다. 어느 날 나는 낡은 T. S. 엘리엇 시집 한 권을 들고 가서 「마리나」라는 시를 처음으로 읽어 보았다. 내게 감정이 모두 사라진 줄 알았는데, 그시의 아름다움을 느낄 수 있었다. 나는 성당 안으로 들어가 애나와 외할아버지를 위해 촛불을 켠 뒤 신도석에 무릎을 꿇고 기도를 해 보려고 했다. 대학에 진학하면서 집을 떠난 뒤로 나는 미사에 나간 적이 별로 없었지만, 이번에는 하느님이 내 기도를 들어주었으면 했다. 며칠 뒤, 어떻게든 삶을 놓치지 않으려고 애쓰던 나는 내 앞의 선반에서 시편을 꺼내 들고 23편을 펼쳤다. "내가 사망의 음침한 골짜기로 다닐지라도 해를 두려워하지 않을 것은 주께서 나와 함께하심이라. 주의 지팡이와 막대기가 나를 안위하시나이다." 나는 이 시편을 여러차례 읽으며, 내 마음에 기적적인 변화가 일어나 내가 계속 살아갈 수 있게 되기를 소망했다. 하지만 아무런 변화도 없었고, 하느님이 나와함께하신다는 느낌도 들지 않았다.

어둑한 성당에서 밖으로 나오니 밝은 3월의 오후가 펼쳐져 있었다. 봄이 돌아오고 있었으므로, 그날 아침 내 방 창문 밖의 커다란 느릅나무 가지에는 빨간 봉오리들이 흐드러지게 맺혀 있었다. 밝은 초록색의 작고 깔쭉깔쭉한 이파리들이 곧 활짝 펼쳐질 것이다. 나는 그때 아마 봄까지 버텨 보자고 생각했던 것 같다. 공식적으로 봄은 그전날부터 시작이었지만, 내 안에서는 어느 것도 되살아나지 않은 것같았다. 나는 사무실로 돌아가 제도용 책상에서 내가 편집할 때 매일사용하는 은색 이그잭토 칼을 들었다. 사용하기에 간단하고 정확해서 내가 좋아하는 도구였다. 아직 오후 두 시경이었지만 나는 아무에게도 말하지 않고 그냥 사무실을 나서서 맨해튼 중심부 건물들 지하에 뚫린 터널을 통해 그랜드센트럴역까지 걸어갔다. 그리고 트랙으로 서서히 들어왔다가 다시 빠져나가는 기차들을 불안한 눈으로 바라보았다. 『안나 카레니나』의 마지막 장면이 생각났지만, 사실 기차에 뛰어들어 죽겠다는 생각을 진지하게 하지는 않았다. 그건 너무 공개적이고 너무 지저분한 죽음이 될 것 같았다. 몇 주 전부터 자살이 아주 불가피한 일이라는 생각이 점점 강해졌기 때문에, 나는 매일 자살을 피하는 법과 그 끔찍한 일을 마침내 완수해 내는 법을 동시에 찾아내는 데에 골몰했다. 내가 그 일을 해내고 나면 내 부모님과 제이크가 어떻게 될지도 고민스러웠다. 가족들에게 영원히 지속될 고통이 남을 것이라는 생각을 하면 죄책감이 너무 커서, 할 수만 있다면 그냥 수증기처럼 흔적 없이 사라져 버리는 길을 선택했을 것이다.

나는 평소 때처럼 맨해튼 북쪽 방향 기차를 타고 왼쪽 좌석에 앉아 반짝이는 강물이 나타났다 사라지는 모습을 지켜보았다. 역에서 내린 뒤 주차장 너머를 보니 허드슨강이 언제나 그렇듯이 웅장하게 펼쳐져 있고, 반대편에는 팰리세이즈 암벽이 솟아 있었다. 널찍한 태편지 다리도 보였다. 이 땅과 이런 아름다움을 뒤에 두고 떠나는 것은 전혀 아쉽지 않았다. 하지만 역에서부터 800미터쯤 비탈길을 터벅터벅 올라가는 동안 크로커스가 만발한 모습을 보았던 것은 기억난다. 이제부터 내가 하려는 일, 즉 지루하지만 꼭 필요한 그 일에 정신을 집중하려고 애쓰는데도 이상하게 다른 생각이 들었다. 그래, 그때의 기분이 분명히 기억난다. 더 이상 피할 수 없게 된 이 일이 지루하고 고약하다고 생각했던 것. 집으로 돌아온 나는 공연히 이리저리 돌아다니면서 무엇을 해야 할지 생각해 보려고 했다. 집은 좁은 땅에 옆으로 서 있었다. 부지 한쪽이 강을 향해 가파른 비탈을 그리고 있어서,

우리 집 출입문은 길보다 조금 낮은 반면 뒤편의 지하실은 오히려 지상보다 한참 위에 있었다. 나는 계단을 통해 뒷마당으로 내려갔다. 처음 이사 왔을 때 내가 계단을 따라 심어 둔 수선화는 죽은 이파리들을 뚫고 나오기 시작했지만, 저 아래쪽 계단식 잔디밭은 여전히 겨울이 끝날 무렵 같은 풍경을 하고 있었다. 집의 북서쪽 귀퉁이에는 문이 없는 작은 방이 하나 있었다. 벽에 치장 벽토가 발라진 그 방을 우리는 한 번도 사용한 적이 없었지만, 어쨌든 그 위에 있는 포치를 지탱하는 것이 주목적인 일종의 창고 같은 공간이었다. 그 방의 다져진 흙바닥 위에는 전 주인이 두고 간 장작 한 더미가 먼지를 뒤집어쓴 채 한쪽 벽 앞에 놓여 있었다. 나는 여기가 그 일을 하기에 좋은 장소일 것 같다는 생각을 어렴풋이 하고 있었다. 외진 공간이니만큼 누구든 내 시체를 곧바로 발견하고 충격을 받는 일은 없을 것이다. 장작더미 앞에 몸을 둥글게 말고 누워 있는 내 모습이 눈에 보이는 듯했다. 하지만 결국 언젠가 내 시체가 발견되기는 할 것이다. 그건 얼마나 끔찍한 광경일까. 사람이 스스로 목숨을 끊더라도 남겨질 사람들에게 예의를 지키려 애쓴다면, 온갖 종류의 힘든 문제들을 해결해야 한다.

시인 앤 섹스턴은 이렇게 썼다. "자살은 특수한 언어./목수처럼 그들은 **어떤 도구**가 좋은지 알고 싶어 한다."[14] 그날 직장에서 좋은 도구를 하나 가져왔지만, 그보다 더 좋은 도구가 있을 것 같다는 생각이 들었다. 그래서 지하실의 미닫이문을 통해 안으로 들어가 끌, 톱, 비료, 가지치기용 톱 등을 눈에 담으며 계단으로 2층에 올라가서 욕실 수납장을 뒤졌다. 뭔가 이럴 때 먹을 만한 약은 하나도 없었다. 나는 삼환계 항우울제를 복용 중이었으나, 제이크가 정신과 의사의 지시대로 어딘가에 숨겨 두었다. 또한 당시는 아직 인터넷이 없던 시절이라, 삼환계 약물을 과용하면 목숨을 잃을 수도 있다는 사실을 내가 알지 못했다. 내가 욕실에서 찾아낸 것은 내 알레르기를 치료해 주는 의사가 휴가 중에 주사제가 필요해지면 쓰라고 준 주사기 몇 개뿐이었다. 알레르기 담당 의사는 주사기에 약을 채우는 법을 가르쳐 주면서, 맨 끝의 공기 방울을 반드시 제거해야 한다고 강조했다. 그리고 연습 삼아 오렌지에 물을 주사했는데, 그때만 해도 내게는 그것이 재미있는 일이었다. 하지만 지금은 혈관에 공기를 주입하면 사람이 죽을 수도 있다는 사실이 생각나서, 주사기 하나를 꺼냈다. 그리고 침실 서랍을 열어 내 일기장을 꺼냈다. 내 친구 엘리즈의 것과 똑같이 하드커버로 제본된 구식 부름&피즈 다이어리였다. 내가 대학 2학년을 마치고 여름에 엘리즈를 만나러 케임브리지에 갔을 때, 엘리즈가 그 다이어리를 사야 한다면서 하버드 협동조합 매점으로 나를 데려갔었다. 일기장을 마련하는 것이 내게는 항상 조금 민망한 일이었다. 우리 집에 일기를 쓰는 사람이 없기 때문이었다. 제이크도 대학 시절에 일기를 쓰는 친구를 놀린 적이 있었다. "아, 네 생각을 거기에만 적어 두는 거야?" 그래서 나는 일기장이 있다는 말을 제이크에게 하지 않았다. 대학 시절 이후로는 일기장뿐만 아니라, 가끔 시나 책에서 기억할 만한 구절을 적어 두는 수첩으로도 이용했다. 일기장은 남들에게 이야기할 수 없는 온갖 고민과 **생각들**을 적어 두는 장소였다. 나 자신에 대한 불행하고 불편한 생각들, 내 결혼 생활이나 식구들에 대한 반항과 미안함, 그리고 그들을 배반하는 것 같은 생각들. 많은 일기가 그렇듯이, 내 일기에도 부정적인 이야기가 가득했다. 내가 이 일기장을 펼치는 것도 주로 불행할 때였다. 나는 일기장을 들고 아래층으로 내려가서 페이지를 전부 찢어 낸 다음, 그것을 다시 조각조각 찢어서 차고의

쓰레기봉투에 깊숙이 묻어 버렸다. 내가 두고 떠날 사람들에게 상처가 될 만한 것들을 모두 반드시 없애 버려야 할 것 같았다. 그래서 유서도 쓰지 않았다.

그다음에는 부엌 조리대에서 주사기 피스톤을 잡아당겨 주사기에 공기를 채운 다음, 팔오금의 연한 파란색 혈관에 주사했다. 아무 일도 일어나지 않았다. 그래서 이번에는 이그잭토 칼을 꺼내 엄지손가락 밑동의 혈관을 수직으로 잘랐다. 처음에는 왼쪽, 그 다음에는 오른쪽. 사이비 종교 집단을 다룬 어느 웃기는 영화에서 제대로 하려면 이렇게 해야 한다는 말을 들은 적이 있기 때문이었다. 너무 어렵고 아파서 그만두고 싶을 정도였다. 종이에 베었을 때처럼 가늘게 베인 여러 줄의 상처에서 피가 배어 나왔다. 그보다 더 깊게 베려면 더 많은 용기가 필요했지만, 엄두가 나지 않았다. 그렇게 피를 흘리며 부엌에 서 있자니 점차 꼴이 우스꽝스럽다는 생각이 들었다. 이런 건 원래 욕조에서 해야 하는 거 아냐? 하지만 나는 욕조를 감당할 수 없었다. 알몸으로 피가 섞여 분홍색을 띤 물속에 잠긴 모습이라니.

나는 제이크의 직장으로 전화를 걸어 내가 무엇을 했는지 이야기했다. 지금은 눈에 잘 띄지도 않는 손목의 그 흉터를 볼 때마다 그날 내가 정말 조심스러웠다는 생각이 든다. 아마도 나는 실제로 죽고 싶었다기보다는 누군가가 날 도와줬으면 좋겠다는 마음이 더 강했을 것이다. 제이크가 정신과 의사에게 전화로 사실을 알리자 정신과 의사가 경찰에 신고했고, 몇 분 뒤 경찰관 두 명이 와서 나를 가까운 병원으로 데려갔다. 경찰관들과 함께 순찰차까지 걸어갈 때의 심정은 말로 표현할 수 없이 창피했다. 품행이 불량한 아이가 된 것 같았다. 이웃들이 이걸 보고 있을까? 교외에서는 이웃들이 아주 가깝게 느껴졌다. 도시에서 살 때와는 전혀 다르게, 이웃들의 창문을 의식할 수밖에 없었다. 내가 그날 창피한 꼴이 된 것은 맞았지만, 당시 내가 처한 상황에서 품위를 지키는 것은 불가능했다. 애당초 내가 더 이상 자신을 통제할 수 없게 된 것이 문제였다. 응급실 의사는 경찰관이 지켜보는 가운데 내 손목에 붕대를 감아 주었다(꿰맬 필요는 없다고 했다). 제이크가 직장에서 급히 달려왔고, 의사는 다른 병원으로 가겠다고 약속해야만 나를 퇴원시킬 수 있다고 말했다. 가로수가 늘어선 도로가 이제는 아주 어두워져 있었다. 차 안에 함께 앉은 우리 사이에 무거운 침묵이 자리했다. 우리는 불확실한 미래를 위한 나의 새집이 될, 뉴욕 병원의 웨스트체스터 정신과 분원으로 곧장 차를 몰았다. 나는 그 병원에 입원하는 것은 고사하고 아예 들어가고 싶지도 않았다. 입원 담당 의사는 내게 스스로 입원할 것을 강력히 권고했다. 그러지 않으면 자신이 법원의 명령을 얻어 내 나를 입원시키겠다고 했다. 그래서 나는 결국 이렇게 되고 말았다는 사실에 굴욕감을 느끼며 입원 서류에 서명했다. 여기서 영원히 나가지 못할 것 같았다.

2

그 뒤에 일어난 일

내가 아이를 낳으려고 병원에 간 날과 폐쇄병동에 입원하기 위해 간 날 사이에 흐른 시간은 100여 일이었다. 예상과 달리 아이가 없어져 버린 상황에 적응하려고 애쓰는 동안에는 시간이 너무 느리게 흐르는 것 같았다. 그러나 계절은 여느 때와 똑같이 흘러가고 있었다. 어둠이 점점 일찍 몰려오더니 크리스마스가 되고, 다시 밤이 점점 짧아지기 시작해서 밤과 낮의 길이가 같은 춘분이 되었다. 인간의 몸은 빛과 계절 변화에 맞춰져 있기 때문에, 봄이 되면 기분과 활력이 좋아지는 경향이 있다. 하지만 내가 보기에는 시간이 텅 비어서 전혀 앞으로 나아가지 않는 것 같았다. 봄이 왔어도 달라진 것은 없었다. 나는 살아 있으나 죽은 것 같은 상태였다.

그 기간 중 어느 시점, 충격과 슬픔이 한창이어서 내 머릿속 통신 통로의 일부가 점점 닫히고 있을 때, 나는 수전 손택이 '병자들의 왕국'이라고 명명했던 곳에 장기간 머무르게 되었다. 손택은 자신이 암에 걸려 앓아누웠을 때의 기묘한 상태를 적은 책에서 "병病은 삶의 어두운 밤"[1]이라고 썼다. "이 세상에 태어난 이상 누구나 건강한 자들의 왕국과 병자들의 왕국이라는 이중국적을 갖고 살아간다. 비록 우리는 건강한 나라의 여권만 쓰고 싶어 하지만, 누구라도 언젠가는 하다 못해 짧은 기간만이라도 병자 나라의 시민이 될 수밖에 없을 때가 있다." 이제 내가 그 나라의 시민이 될 차례였다.

적어도 정신병에 관한 한, 병자 나라의 시민이 되었다는 증거 중 하나는 정신병동 생활이다. 의사의 진단서, 즉 전문가인 의사가 내 증상을 보고 판단한 결과가 바로 공식적인 여권 역할을 한다고 해 두자, 나중에 알았지만 내 여권에는 "주요우울증 에피소드, 멜랑콜리아 동반"이라는 스탬프가 찍혀 있었다. 병원에 있을 때는 누구도 멜랑콜리아라는 말을 언급하지 않았다. 나는 그들이 내게 우울증 치료를 하고 있다는 사실만 알고 있었다. 물론 나는 우울했다. 하지만 나의 진짜 문제는 성격상의 심한 결함이라는 것이 내 생각이었다. 우울증은 나의 열등하고 부족한 부분들이 겉으로 드러난 현상에 불과할 뿐이었다. 이렇게 부정적으로 자신을 책하다 못해 망상에 빠지는 사고방식에 압도적으로 짓눌리는 것이 바로 2,000여 년 전부터 인류에게 알려져 있던 질병 멜랑콜리아의 고전적인 증상이라는 사실은 한참 나중에야 알았다. 시간이 느려진 것 같은 느낌도 마찬가지였다. 이 병을 앓는 사람의 시간 감각이 왜곡되고 잠을 잘 이루지 못하는 것은 24시간 주기의 생체리듬이 깨진 탓이다.[2] 그러나 이런 사실들을 내가 이해하게 된 것도 역시 한참 뒤의 일이었다.

여러 해가 흐른 뒤, 오래전 병원에서 퇴원한 다음에 나를 담당한 정신과 의사에게 내 퇴원 서류를 한 부 복사해 달라고 부탁했다. 병원에서 그 의사에게 보내 준 퇴원 서류에는 내 상태가 요약되어 있었다. 타자기로 작성된 진료 기록 첫 번째 페이지에는 밑줄이 그어진 제목 '환자가 호소하는 증상들' 아래로 내가 한 말들이 그대로 인용되어 있었다. "지난 두 달 동안 스스로 목숨을 끊어야 할 것 같은 기분이었는데 지금까지는 잘 참을 수 있었어요." 내가 이 말을 한 것은 입원 절차 중 상담을 받을 때였다. 이것이 내 차트의 첫 번째 페이지가 되었다.[3] 그 뒤로 날짜가 흐를 때마다 간호사, 주치의, 치료사, 사회복지사 등이 각각 기록을 덧붙이면서 차트가 점점 두꺼워졌다. 내가 호소한 증상을 감안할 때, 이제는 자살 충동에 저항할 수가 없어서 결국 입원하게 되었다는 내 말을 왜 병원 측이 진지하게 받아들이지 않았는지 궁금할 따름이다.

내 입원 절차를 책임진 사람은 당직 근무 중이던 레지던트 리드 선생[4]이었는데, 그날 밤 이후로는 한 번도 그를 만나지 못했다. 그의 학위 날짜를 근거로 판단하건대, 십중팔구 나와 같은 해에 학사 학위를 받았을 것이다. 내가 입원하기 전에 상담을 받던 정신과 의사 베넷 박사가 미리 병원에 전화를 걸어 입원 준비를 해 주었다. 내가 내인성 우울증을 앓고 있다는 자신의 판단도 입원 담당 의사에게 전달했다. '내인성endogenous'[5]이란 '환자 내부에 원인이 있다'는 뜻이다. 즉 내 몸에 생긴 문제로 인해 이런 증상이 생겼으므로, 단순히 상실에 대한 심리적이고 정서적인 반응으로만 보면 안 된다는 뜻이었다. 이런 종류의 우울증을 옛날에는 멜랑콜리아라고 불렀다. 리드 선생도 이 의견에 동의하고, 베넷 박사의 진단명인 "주요우울증 에피소드, 멜랑콜리아 동반"을 그대로 기록했다.

정신과에서는 이런 유형의 우울증을 설명할 때 '내인성'이라는 용어를 썼다. 이와 대비되는 용어인 '심인성'과 '반응성'은 서로 같은 의미로 사용되었다. 지금 보기에는 지나치게 간단한 이런 유형 구분은 몸과 마음이 모두 우울증의 원인이 될 수 있다는 생각을 반영한다. 순전히 심인성이라는 진단을 정신분석 틀로 해석한다면, 환자가 처해 있는 상황에 대한 반응으로 병이 생겼다는 뜻이 된다. 즉 나의 경우 애나의 죽음에 심리적으로 적응하지 못한 것이 과거의 다른 상실들에 대한 무의식적인 기억을 자극했고, 그로 인해 일어난 분노가 내면으로 향해 나 자신을 공격하게 되었다고 할 수 있다. 이런 병을 치료하는 이상적인 방법은 이 모든 것을 의식으로 끌어내서 많은 치료 상담을 통해 해결하는 것이었다. 지그문트 프로이트의 유명한 글 「애도와 멜랑콜리아」는 멜랑콜리아를 상실에 적응하지 못했을 때의 반응으로 본다. 프로이트는 이렇게 썼다. "멜랑콜리아에서 뚜렷이 나타나는 정신적 특징은 심히 고통스러운 우울, 외부 세계에 대한 관심 상실, 사랑할 수 있는 능력 상실, 모든 활동 억제, 자신을 질책하고 욕하는 말을 하다 못해 처벌을 기대하는 망상으로까지 이어질 정도의 자존감 저하."[6] 프로이트의 설명이 정확하다. 질병의 원인은 물론 최상의 치료법에 대해, 그는 몸에 생긴 병을 멜랑콜리아의 뿌리로 본 사람들과 다른 생각을 갖고 있었다.

생물정신의학은 멜랑콜리아를 몸의 시상하부-뇌하수체-부신(HPA) 축에 발생한 기능부전과 관련된 심각한 기분장애로 본다. 멜랑콜리아를 앓는 사람들에게서는 스트레스 호르몬인 코르티솔 수치가 매우 높게 나타나며, 수면 주기 장애, 말과 행동이 느려지는 현상, 낮 동안의 심한 기분 변화도 함께 나타난다. 기분 변화의 경우, 아침

에 가장 어두웠다가 시간이 흐를수록 조금씩 나아진다. 환자에게서
는 절망감, 자신이 부족하다는 의식, 죄책감이 압도적으로 나타나며,
정신이상 증세를 보이는 환자도 간혹 있다. 심한 자살 충동은 아주 자
주 나타난다. 최근에 나온 교과서에서는 이 병을 "자주 재발하고, 몸
을 쇠약하게 하며, 광범위한 영향을 미치는 뇌의 장애로, 기분, 운동
기능, 사고 기능, 인지능력, 많은 기본적 생리 과정을 바꿔 놓는다"[7]고
정의한다. 산후 우울증과 양극성장애(조울증)도 역시 이런 형태를 띨
수 있다. 우울한 기분이 사라지지 않고, 환자의 기분을 북돋우려는 노
력도 소용이 없다. 환자는 총체적으로 부정적인 생각 속에 갇혀 있기
때문에, 합리적인 사고로 그들에게 다가가기가 힘들다. 증세가 심해
서 망상에 빠진 환자에게는 심리치료가 아무 소용이 없다. 약점, 도덕
적 결함, 열등한 부분이 겉으로 드러나서 병이 생긴 것이 아니라 이것
이 틀림없는 **진짜** 질병이라는 사실을 알면 환자에게 도움이 될지도
모른다. 그러나 이것도 그들이 진실에 귀를 기울일 수 있을 때의 이야
기다. 대부분의 환자들은 그러지 못한다.

　　주요우울장애(MDD)가 진단명으로 처음 등장한 것은 1980년, 새
로 개정된 『정신장애 진단 및 통계 편람』 3판(『DSM-III』)을 통해서
였다. '멜랑콜리아 동반'이라는 구절은 하위 유형을 구분하기 위해
MDD에 덧붙여진 것이다. 일부 생물정신의학자들은 멜랑콜리아를
하위 유형으로 떨어뜨림으로서, 정신과에서 가장 오래된 용어이자
가장 쉽게 알 수 있는 병명이 사람들의 시야에서 사라지게 되었다고
주장한다.[8] 그러나 멜랑콜리아는 그전부터 사람들의 시야는 물론 일
반적인 지식에서도 점차 사라지고 있었다. MDD라는 우산 아래 구체
적인 하위 유형을 덧붙이는 방법은 『DSM』 가장 최신판인 『DSM-5』에

도 그대로 사용되고 있다. 이 편람에 MDD의 하위 유형으로 불안형, 멜랑콜리아형, 혼재성 양상 등의 용어가 쓰여 있다는 사실은 다양한 무리의 증상들과 다양한 치료법이 있음을 의미한다. 학자들은 또한 장애별로 서로 다른 생물학적 경로가 있다고 주장하지만, 이 경로들이 무엇인지는 아직 불분명하다.

20세기 초에 영향력 있는 정신과 의사 아돌프 마이어는 내인성과 반응성 멜랑콜리아에 대해 모두 '우울증'이라는 용어를 쓰자고 제안했다. 그때까지 미국인들은 멜랑콜리아라는 병명과 이 병이 때로 초래하는 치명적인 결과에 대해 잘 알고 있었다. 19세기와 20세기 초의 《뉴욕타임스》를 뒤져 보면, 절망 속에서 자살을 시도한 사람의 소식을 알리는 기사에 '멜랑콜리아'라는 단어가 거의 항상 등장한다는 사실을 알 수 있다.[9] 간단히 '브루클린'이라는 제목만 붙은 기사에는 내 경우와 비슷한 사례가 실려 있었다. 겉으로 보기에는 조용하고 고분고분하던 환자가 돌보던 사람들을 깜짝 놀라게 만든 행동을 취했다는 이야기였다.

정신병자로 플랫부시의 정신병원에 감금된 마거릿 슈미트(55)가 화요일 오전 자신의 방에서 침대보를 찢어 만든 끈으로 목을 매 자살했다. 밤에 간호사들이 여러 번 슈미트를 살펴보았으나, 주로 멜랑콜리아를 앓고 있는 슈미트가 언제나 조용하고 무해한 모습을 보여 주었기 때문에 자살 시도를 할 것이라는 생각은 하지 못했다.

주요우울장애가 뚜렷한 질병이라기보다는 몇 가지 증상들을 다소 임의적으로 헐겁게 묶어 놓은 것에 불과하다는 공격을 받고 있을 때, 역사가 스탠리 잭슨은 멜랑콜리아가 2,000년 넘게 뚜렷한 특징을 "놀라울 정도로 일관되게" 드러냈다는 글을 썼다.[10] 그는 이렇게 썼다. "중요한 것은 증상과 징조, 환자가 입증할 수 있거나 다른 사람이 알아볼 수 있는 관찰 결과 등 임상적인 특징이다." 잭슨의 책을 비롯한 여러 책을 읽으면서 나는 진단서에 적힌 '멜랑콜리아 동반'이 내 경험을 가장 훌륭하게 표현하는 말이며, 멜랑콜리아는 주요우울장애라는 말에서 일반적으로 느껴지는 것보다 더 구체적이고 무서운 질병임을 깨달았다. 멜랑콜리아가 주요우울장애라는 서랍 속에 슬쩍 들어가 있는 꼴이었다. 멜랑콜리아에 대한 설명을 읽다 보니, 시대를 막론하고 헤아릴 수 없이 많은 사람들이 나와 똑같은 것을 느꼈음을 알 수 있었다. 환자들과 의사들의 설명은 모두 같았다. 수면장애, 정신적 고통, 절망감, 병적인 죄책감, 자살 충동 등 일관된 증상과 징조가 자꾸만 반복된다는 것. 이들의 목소리 덕분에 나는 내 인생의 당혹스러웠던 기간을 더 장기적이고 더 일반적인 시각에서 바라볼 수 있었다.

　멜랑콜리아에 대한 최초의 설명은 기원전 5세기 고대 그리스에서 찾아볼 수 있다. 히포크라테스와 그의 제자들[11]은 당시 오랫동안 지속되는 두려움과 불안감, 음식에 대한 혐오감, 수면장애와 성마름 등 멜랑콜리아의 증세는 비장의 검은 담즙 과다로 인해 나타나는 것이라고 설명했다.[12] 멜랑콜리아라는 단어는 그리스어를 라틴어로 번역해서 만들어진 것이다(melan은 '검은, 어두운, 흐릿한'이라는 뜻이고, khole

는 '담즙'이라는 뜻). 고대인들은 우울한 사람의 기질을 결정하는 데 비장이 지배적인 역할을 한다고 보았으나, 멜랑콜리아가 뇌에 영향을 미쳐 정신을 어지럽힌다는 사실 또한 알고 있었다. 2세기 그리스 의사 갈레노스는 이 질병이 생각, 감정, 사회적 관계를 왜곡시킨다는 점을 분명히 하면서, 우울한 환자들이 "눈에 보이는 모든 사람을 싫어하고, 깊은 어둠 속에 잠긴 아이들이나 배움이 얕은 성인들처럼 항상 부루퉁하거나 겁에 질린 것처럼 보인다"[13]고 썼다. 17세기 영국에서 새뮤얼 버틀러는 멜랑콜리아 환자를 가리켜 자신의 왜곡된 정신이라는 메아리 방에 갇힌 사람이라고 비슷하게 설명했다.[14] "우울한 사람은 세상에서 가장 나쁜 말동무, 즉 자기 자신과 계속 어울린다. 그는 항상 자신과 사이가 틀어져 싸움을 벌이면서도 다른 사람들과의 대화를 견딜 힘이 없다. 귀신 들린 집처럼 그의 머릿속에도 사악한 영과 유령이 출몰하기 때문에 그는 혼이 달아날 정도로 겁을 먹은 나머지 결국 기댈 곳 하나 없는 공허한 사람이 되어 버린다."

신앙심이 깊은 사람들의 경우에는 멜랑콜리아에 동반되는 자신의 내적 사악함에 대한 확신이 하느님에게 버림받았다는 믿음으로 너무나 쉽게 이어진다. 17세기 영국 여성 해너 앨런의 사례에서는 멜랑콜리아로 인한 심한 망상이 영적인 시련의 형태를 띠었다.[15] 집을 자주 비우는 뱃사람인 남편이 바다에서 사망했다는 소식을 들었을 때 그녀는 이미 우울증을 앓고 있는 상태였다. 그렇지 않아도 심각하던 증세가 그 소식으로 인해 급격히 악화되는 바람에 그녀는 자살을 시도했다. 그리고 나중에 영적인 조언자에게 그때의 경험을 다음과 같이 묘사했다. "저는 제가 악마보다 1,000배는 더 나쁘다고 자주 말하곤 했습니다… 저의 죄가 너무나 크기 때문에, 지옥에서 저주받은 자들과 악마들의 죄, 그리고 지상에서 하느님께 버림받은 사람들의 죄가 모두 단 한 사람에게 나타난다 해도 저의 죄가 더 큽니다. '나는 피조물 중의 괴물이라.' 이 말만큼 저의 끔찍한 상태를 잘 설명해 주는 것은 없습니다. 이 말을 저는 크게 기뻐했습니다." 앨런의 과장된 자기 비난은 정신병적 우울증의 고전적인 표현처럼 들린다(다소 즐거워하는 것처럼 들리기도 한다). 병에서 회복한 뒤 그녀는 자신이 우울증을 앓고 있었으며 사실은 자신을 그토록 사악하게 생각할 도덕적 이유가 하나도 없었다고 인정했다.

1682년에 장로교 성직자인 티머시 로저스는 멜랑콜리아 때문에 도저히 일을 할 수 없어서 자신이 일하던 런던의 교회를 떠나 시골로 내려가야겠다는 결정을 내렸다.[16] 병에서 회복한 뒤 그는 자신의 경험과 조언이 다른 환자들은 물론 그들의 가족과 친구에게도 도움이 되기를 바라는 마음으로 책을 썼다. 그는 "영혼이 지닌 끔찍한 두려움은 버림받음에 관한 것"이라면서 하느님이 자신을 버렸다고 확신하는 사람들에게 위안을 건넸다. 로저스는 멜랑콜리아가 정신에 영향을 미치는 몸의 질병임을 인식하고, 죄책감을 느끼는 사람과 심한 병을 앓는 사람을 구분해야 한다고 강조했다. "양심의 가책만을 느끼는 사람과 몸 또한 동시에 크게 병든 사람 사이에는 아주 커다란 차이가 있다… 우울증은 뇌와 영혼에 달라붙어 생각이나 행동을 할 수 없게 한다." 원래 그런 성향을 지닌 사람이 "자녀를 잃거나" 아니면 "자신의 계획과 설계를 모두 망쳐 버리는 뜻밖의 실의에 빠졌을 때" 그 병에 압도당할 수 있다. 로저스는 또한 불면증이 멜랑콜리아의 중요한 고통 중 하나라고 썼다. "하루 종일 고통에 시달리던 사람이 밤에 잠들 수 있을 것이라고 생각하면 크게 기운이 난다. 그러나 여러 날이 지나도록 밤에 그런 희망을 품을 수 없게 된다면… 그는 마치 고문대에 묶인 사람처럼 되어 그 고통으로 인해 쉴 수 없게 될 것이다."

이미 그 병을 앓아 본 사람으로서 로저스는 친구들과 가족들에게 환자와는 언쟁하지 말 것, 그들의 불평에 그건 전부 "네 상상과 변덕에 불과하다"는 말로 반박하지 말 것을 조언했다. "그것은 진짜 질병이며, 그들을 괴롭히는 진짜 고통이다. 설사 그것이 환상이라 해도, 병으로 인한 환상은 그 자체로서 큰 병이다. 그로 인해 환자는 고통과 고난으로 가득해진다." 청교도 성직자 코튼 매터는 대서양 너머 매사추세츠만의 정착지에서 로저스와는 완전히 대조적인 입장을 취하며, 로저스가 고통이라고 본 것을 꾀병과 넋두리로 보았다.[17] "이 우울한 자들은 스스로를 충분히 괴롭히며 자신을 고문한다. 현재의 사악한 세상에 슬픈 일이 아직 부족하다는 듯이, 그들은 상상 속의 슬픈 일들로 새로운 세상을 만들어 낸다." 이 병을 깊이 앓는 사람이라면 이렇게 분노에 차서 정신 차리라고 외치는 사람 앞에서 더욱 상태가 나빠지기만 할 것이다. 반면에 로저스는 믿음과 인내를 조언했다. 그는 어느 약도 도움이 되지 않는다는 것을 알기 때문에, 이토록 무서운 병을 앓는 사람이 의지할 것은 기도뿐이며 이 병은 아무런 원인 없이 찾아와 오랫동안 곁에 머무를 수 있다고 강조했다.

티머시 로저스의 글을 읽으면서 나는 내가 성당에 앉아 시편을 읽으며 구원을 바라던 그때 약의 효과가 나타날 때까지만이라도 버틸 힘이 있었다면 그다음에 일어난 일들을 과연 피할 수 있었을지 생각해 보게 되었다. 그러나 그때 내게는 믿음이 없었다. 어렸을 때 배운 가톨릭의 가르침이 내 안에 강하게 남아 있어서 신의 벌을 받을지도 모른다는 위협을 항상 느낄 뿐만 아니라 산후 우울증으로 생각을 제대로 할 수 없었던 나는 아이의 죽음이 어쩌면 내게 내려진 벌일지도 모른다고 생각했다. 신앙심이 깊은 사람이라면 나와 같은 상황에 처했을 때 과연 자살 충동을 나처럼 빨리 행동에 옮길지 궁금하다. 엄청난 종교적 죄인 자살을 생각하는 것만으로도 신자들은 두려움을 느낀다. 로저스의 시대에 자살 충동에 저항하지 못한 사람들은 사후에 스스로를 살해한 자라는 판결을 받아 재산을 몰수당했으며, 시신이 축성받은 묘지에 묻히지도 못했다.

자살 충동이 내게는 이 병의 가장 괴로운 부분이었기 때문에, 로버트 버튼의 『우울증의 해부』가 묘하게 위안이 되었다.[18] 이 책은 오래전부터 이 주제를 다룬 가장 권위 있는 서적 중 하나다. 버튼은 영국 국교 성직자이자 옥스퍼드의 학자로서 연구를 시작하여 1621년에 이 책을 처음 출판하였다. 자신의 우울한 기분에서 벗어나 달리 신경을 쏟을 곳이 필요했기 때문이었다. 우울한 병에 붙잡힌 사람들에 대한 그의 생생한 묘사는 내가 보기에 놀라울 정도로 정확하다. 그는 환자가 일반 사람들의 생존 본능과는 달리 어떻게 죽음에 이끌리는지 묘사했다. 먼저 그는 "우리는 다른 모든 병에 걸리면 도움을 청한다"면서 "우리가 가진 모든 것을 기꺼이 내놓고, 어떤 고통이든 견뎌내고, 쓴 약을 먹고, 맛없는 알약을 삼키고, 관절을 태우거나 자르는 방법도 감수한다. 장차 건강을 찾기 위해서라면 무슨 일이든 좋다. 이 세상 다른 무엇보다도 그토록 감미롭고 사랑스럽고 귀한 것이 바로 생명"이라고 썼다. 이 마지막 문장을 처음 읽었을 때, 나는 그 소박한 진리에 감동했다. 티머시 로저스도 회복한 뒤 이런 심정을 표현했고, 나도 살아남은 뒤 어느 때보다 진심으로 이런 심정을 느꼈다. 그러나

이 병에 푹 빠져 허우적거리는 사람에게는 살아가면서 겪는 순간순간이 감미롭지도 귀하지도 않다. 그저 완전히 부서지고 망가져 모든 희망이 사라져 버린 삶일 뿐이다.

버튼의 뛰어난 문장 덕분에 독자들은 멜랑콜리아의 손아귀에 붙잡힌 가엾은 영혼들이 그 병 특유의 고통을 겪다가 활짝 열려 있는 죽음의 문턱까지 이끌려 가는 이유가 무엇인지 이해할 수 있다.

낮에 그들은 어떤 무시무시한 대상에 크게 겁을 먹고, 의심, 두려움, 슬픔, 불만, 근심, 부끄러움, 고뇌 등으로 마음이 조각 나 있다. 그래서 그들은 한 시간, 일 분도 조용히 있지 못하고, 자신이 원하지 않는데도 계속 그것을 열심히 생각하며 잊어버리지 못한다. 밤낮으로 영혼을 갈아 대는 그것 때문에 그들은 항상 고통 속에서 스스로에게 짐이 되며, 욥이 그랬던 것처럼 먹지도 마시지도 잠들지도 못한다… 이 비참하고 추악하며 몹시 넌더리 나는 시기를 겪다가 그들은 이 비참한 인생을 바로잡고 위안해 줄 것을 찾지 못하고 마침내 죽음으로 모든 것에서 편안히 벗어나고자 한다… 이것은 흔히 볼 수 있는 재앙, 이 병의 파괴적인 결말이다… 그들에게는 더 이상 남은 것이 없다. 천상의 의사도 은총과 자비만으로는 그것을 예방할 수 없으므로(인간적인 설득이나 예술은 전혀 도움이 되지 않는다), 그들은 스스로 살육자가 되어 자신에게 형을 집행하는 수밖에 없다.

스스로 살육자가 되어 자신에게 형을 집행하는 수밖에 없다. 나도 일기에서 내가 겪는 낯선 두려움을 말로 표현하려고 애쓰다가 이 문장과 거의 비슷한 표현을 사용한 적이 있다.

신체적인 병이 어떻게 뇌에 영향을 미쳐 사람으로 하여금 단 한 번뿐인 귀한 삶을 도저히 살아 낼 수 없다며 스스로 형을 집행하게 만들 수 있을까? 이 병에 붙들린 사람들이 하느님에게서 벌을 받는 중이라고 믿거나, 악마가 자신에게 스스로를 파괴하라 말한다고 믿는 것은 놀랄 일이 아니다. 그런 것이 아니라면 그 무엇이 사람의 정신을 그토록 완전하게 장악할 수 있겠는가? 이것은 마치 악마의 주문과 같다. 내가 나 자신을 죽이지 않는 한 결코 죽지 않을 것이라는 주문. 이 주문은 우리에게 스스로 죽이고 싶다는 마음을 불어넣는다. 그 밖에는 아무것도 필요하지 않은 것처럼 보일 것이다.

버튼이 고통을 생생하게 묘사한 문장을 읽으면서 나는 병원에 입원한 뒤 처음 며칠 동안 마음이 속절없이 흔들리던 기억을 떠올렸다. 그때 나는 도움을 바라면서도 아무도 나를 돕지 못할 것이라고 믿었다. 자살을 생각하며 끊임없이 괴로워했지만, 내 남편과 가족이 나로 인해 겪는 일들에 대한 죄책감이 그보다 훨씬 더 괴로웠다. 내가 제대로 살지 못하고 있다는 생각, 그것이 주변 사람들에게 미치는 영향이 바로 나를 괴롭히는 '무시무시한 대상'이었다.

진료 기록 첫 번째 페이지, 내 말을 옮겨 적은 '환자가 호소하는 증상들' 바로 아래 당시 내 상태에 대한 의사의 메모가 있다.

현재 상태

환자는 27세의 백인 여성이며, 기혼이고 직업이 있다. 주요우울장애로 치료받던 정신과 의사의 연락으로 그녀의 집에 출동한 경찰에 의해 전날 카운티 메디컬센터로 이송되었다가, 그곳에서 본원으로 옮겨 왔다. 북 디자이너인 환자는 자살할 생각으로 이그잭토 칼을 가지고 일찍 퇴근해 손목에 좌우대칭 열상을 입혔으나, 봉합이 필요한 정도는 아니었다.

당시 환자는 _____병원의 B_____ 박사에게 2주 째 집중적인 외래 진료를 받던 중으로, 매일 상담을 받고 이미프라민을 하루에 225밀리그램씩 복용했다. 환자는 여러 달 병으로 고생하다가 B_____ 박사에게 치료받기 시작했으며, 그동안 내내 자살을 생각하면서도 그것을 행동으로 옮기지는 않았다. 과거에 비슷한 일을 시도한 전력은 없다.

그다음에는 '내원 시의 상태 진찰'이라는 항목으로, 내가 그 병원에 온 날 리드 선생이 나를 보고 느낀 점들이 적혀 있다. 내가 "자살을 생각하지 않았다고 부인"하며 손목을 그은 것에 대해 후회와 당혹감을 드러냈다는 메모도 여기 포함되어 있다.

환자는 깔끔한 옷차림, 평범한 외모, 마른 몸매의 젊은 여성이었다… 치료에 대해서는 협조적이었으나, 증세가 나아질 가능성에 대해서는 희망을 보이지 않았다. 정신운동성 지연은 보통 수준이었다… 주의력, 집중력, 기억력, 인지력의 손상 없이 기민하고 상황을 잘 파악했다×3. 통찰력도 좋고, 판단력도 괜찮았으나, 뚜렷한 우울증적 사고의 영향이 보였다. 환자는 상당히 머리가 좋고, 많은 지식과 추상 능력을 지닌 듯하다… 증세는 우울증의 범위에 국한되어 있으며, 눈물이 많고, 말의 내용에 맞춰 잦지는 않지만 진실해 보이는 짧은 미소도 나타난다. 말은 몹시 느리고, 미약한 운율이 있다. 사고력에도 장애가 없어서 사고 내용에 문제가 드러나지는 않았다. 전반적으로 느리고 신중해 보였다… 환각이나 망상 증세는 없었다. 환자는 자살을 생각하지 않았다고 부인했으며, "내가 죽고 싶어 하는 지경에 이르렀다는 것을 믿을 수가 없다"고 말했다.

그 뒤로 지금까지 거울 속에서 그 흉터를 볼 때마다 나는 병원에서 거의 성공할 뻔한 자살 시도를 하는 것이 왜 그렇게 쉬웠던 건지 모르겠다는 생각이 든다. 환자가 호소하는 증상들: **지난 두 달 동안 스스로 목숨을 끊어야 할 것 같은 기분이었는데 지금까지는 잘 참을 수 있었어요.** 이것은 목숨을 위협하는 심각한 증상이었다. 실제로 나는 양쪽 손목을 그은 지 겨우 몇 시간 만에 그 병원에 앉아 있었다. 30년이 흐른 지금, 내 진료 기록에 적혀 있는 그때의 만남을 되돌아본다. 의사와 나는 무슨 생각을 하고 있었을까? 왜 우리 사이에는 뚫을 수 없는 벽이 있었을까? 나는 그 의사가 당직이었던 그날 어떤 하루를 보냈을지, 그리고 입원 면담을 위해 필요한 항목들을 하나씩 확인하고 가장 위험한 환자들에게 취하는 24시간 감시 조치를 내게 적용하지 않기로 결정할 때 나를 어떤 시각으로 바라보았을지 이해해 보려고 한다. 환자인 나는 젊고, 평범하고, 마르고, 옷차림이 깔끔했다. 정신병 전력이 없는 나는 산후 우울증과 사별로 인한 증상들을 드러내고 있었다. 열상이 생긴 손목에는 붕대가 감겨 있고, 치료가 도움이 될 것이라고 기대하는 기색은 없지만 그래도 협조적인 것 같았다. 정신병자도 아니었다. "기민하고 상황을 잘 파악했다×3." 즉 자신이 누구인지, 여기가 어딘지, 시간이 몇 시인지 알고 있었다는 뜻이다. 정신운동성 지연은 보통 수준이고, 생각과 말과 행동의 속도가 느렸다. 심한 우울증의 고전적 증세였다. 병원에 오게 된 경위를 설명하며 눈물을 보였으나, 그래도 짧은 미소를 지어 보였다. 두 달 동안 자살 충동을 느껴서 병원에 오게 되었다는 설명과 달리, 면담 중에는 자살 충동이 없다고 주장했으며, 자신이 왜 죽음을 원하는 지경에 이르렀는지 믿을 수 없다는 뜻을 나타냈다.

이 면담 때의 나를 생각하다 보면 어떤 이미지가 떠오른다. 근무를 마치고 교대를 앞둔 광부가 광차를 타고 궤도 위를 달리며 누워 있는 모습이다. 이 상태로 그는 지하 깊은 곳에서 밝은 지상까지 실려 간다. 시커먼 검댕이 묻은 채로. 그날 병원의 형광등 밑에서 의사와 이야기할 때 나는 아주 깊고 고립된 곳에서 나를 끌어올려 사회적인 활동에 힘들게 동참해야 했다. 옛날 할아버지의 장례식에서 느꼈던 것처럼 그날도 말을 할 때 시간이 느려진 것 같은 느낌이 들었다. 그래도 정신병동이라는 새롭고 무서운 환경에서 내가 어떻게든 사회적으로 '정상'적인 모습을 보이려고 애쓰던 기억이 생생하다. 그날의 짧은 미소는 바로 내가 노력하고 있다는 표시였다. 내가 처한 상황에 대한 후회와 당혹감을 표현하는 수단이기도 했던 것 같다. 그동안 나의 일부는 이 모든 것에서 벗어나 옆에 물러서서 고개를 절레절레 젓고 있었다. 마치 내가 무대 중앙에 서서 절박하고 애처로운 인물을 연기하면서 동시에 기괴한 신파극을 보는 구경꾼이 된 것 같은 심정이었다. **믿을 수가 없어요, 이런 일이 벌어지는 걸. 믿을 수가 없어요, 내가 죽음을 원하는 지경에 이른 걸. 그래도 나를 믿어 줘요.** 환자인 나는 이제 둘로 갈라져 있었다. 하나는 아무런 희망 없이 벽에 갇혀 질식해 가면서 죽음만을 유일한 탈출구로 보았다. 다른 하나는 건강한 자아의 남은 조각으로 다시 건강해지기를 간절히 원하면서 눈앞의 의사처럼 전문직을 갖고 잘 살아가는 사람들을 부러워했다. 어쩌면 나는 내가 여전히 그 의사처럼 산 자들의 세상에서 훌륭히 기능을 발휘하는 사람이 되고 싶어 한다는 뜻을 그에게 분명히 밝히려고 애썼던 것인지도 모른다.

입원을 위해 나는 '자발적인 입원 요청서'라는 서류에 서명했다. 그 서류에는 입원을 요청하게 된 이유를 직접 적는 난이 있었다. 이 서류의 복사본에는 여러 줄의 빈칸에 글자들이 평소보다 조금 작고 더 다닥다닥 붙어 있기는 해도 분명히 친숙한 내 필체로 단 세 단어만 달랑 적혀 있다. '나는 도움이 필요하다.' 이만큼 세월이 흘렀는데도 이 간단한 문장에 내포된 절박함이 느껴진다. 리드 선생은 '첫 심사 및 평가서'라는 서류를 작성했다. 그는 '문제에 대한 환자의 진술'이라는 제목 밑에 내 말을 그대로 옮겨 놓았다. "일을 할 수가 없습니다. 자살에 집착하고 있어요." 같은 서류 중 '성향'이라는 항목에서는 '우울하다'와 '자살 충동'에 동그라미를 쳐 놓았다. '불안하다'와 '공격적이다'에는 동그라미를 치지 않았다. 이 입원 서류들은 모두 내가 그 순간에는 자살 충동이 없지만 기본적으로 자살을 생각하는 우울증 환자였음을 보여 주고 있다.

그날 저녁의 일을 정확히 기억해 보려고 애쓰고 있지만, 결국 기어이 완전하지 못할 가능성이 있다. 어쩌면 입원 면담 때 자살 충동을 부인한 내 말이 고의적인 거짓말이었는지도 모른다. 다시 자살을 시도할 기회가 생길 때까지 시간을 벌기 위해 늘어놓은 거짓말. 자살 충동이 있는 환자들은 저지당하는 것이 싫어서 자신의 의도를 숨길 때가 많다. 이렇게 쓰다 보니 기억이 점점 또렷해지고, 그때 상황을 되살리려고 애쓰는 과정에서 궁금한 것도 더 많아졌다. 그날 내가 일찍 퇴근해 버린 것은 평소처럼 역에서 제이크를 만나 함께 기차를 타고 집으로 돌아가는 게 싫어서였다는 사실이 이제 기억난다. 내가 자살 충동을 강하게 느끼기 시작한 뒤로, 제이크는 내가 직장에 있을 때만 빼고 항상 내 옆에 붙어 있었다. 정신과 의사인 케이 레드필드 제이미슨에 따르면, "자살 충동을 느끼는 환자들이 자살에 관한 자신의 생각과 계획이 얼마나 진지한지 똑똑히 표현할 수 있거나 그럴 의지가 있다면 별로 위험할 것이 없겠지만 현실은 그렇지 않다. 죽음을 결심한 환자들은 임상적으로 자신의 진정한 기분이나 의도와 크게 어긋나는 모습만 겉으로 드러낼 수 있다. 그런 환자들은 때로 절박한 마음에 독창성을 발휘해서 신속하게 움직인다."[19] 19세기 말 독일의 정신과 의사로 기분장애 진단이 발전하는 데 크게 기여한 에밀 크레펠린은 자살 충동을 느끼는 환자들이 정신병원에서 의료진을 깜박 속여 넘기고, 자신의 목숨을 끊기 위해 독창적이다 못해 때로는 소름끼치는 방법들을 찾아낼 때가 많다고 지적했다.[20] "환자들이 겉으로 명랑한 척 행동하면서 자살 의도를 감춘 채 적당한 순간이 오면 자신의 의도를 실행에 옮기기 위해 꼼꼼히 준비할 때가 너무나 많다." 1880년대와 1890년대 영국에서는 정신장애 교과서를 집필한 의사들이 멜랑콜리아 치료에서 가장 두드러지는 부분을 강조했다. "멜랑콜리아 환자들은 현재까지 모든 정신병자 중 자살 충동이 가장 강하다."[21] 또한 환자가 자살 충동을 느낄 위험에 대해서는 "어떤 경우든 반드시 미리 대비해야 한다"고 강조했다.[22] 100년 전 멜랑콜리아를 앓았던 환자에 비해 나에 대한 대비는 왜 그렇게 느슨했던 걸까?

병원에서 무엇이 문제였는지 이해해 보려는 노력의 하나로 나는 제이크에게 편지를 썼다. 우리는 이혼 뒤에도 계속 친구로 지내고 있었기 때문에, 제이크는 기꺼이 나를 돕기 위해 자신이 기억하는 당시의 일과 그때 자신이 생각했던 것을 여러 차례 이메일로 알려 주었다. 우리가 병원에 처음 갔을 때와 그다음 날 우리 어머니가 오셨을 때의 일을 제이크는 다음과 같이 기억하고 있었다.

내가 당신을 병원으로 데려갔지. 거기 도착해서 우리 둘 다 완전히 겁에 질렸어. 내가 당신을 데리고 병동 복도를 걸어가는데, 정말이지 영화에 나오는 정신병원 세트장을 그대로 옮겨 놓은 것 같더라. 이런 곳에 당신을 어떻게 두고 가나 하는 생각이 들었던 게 기억나. 아마 그게 목요일이었을 거야. 당신 어머님은 마침 우리와 함께 지내려고 오시던 중이라 다음 날 당신을 만나러 오셨지. 오시는 길에 당신 옷이랑 로션이나 클렌저 같은 개인 용품도 가져다주셨어.

당시 상황을 하나도 빠짐없이 알아내려면 병원 기록을 모두 볼 수 있어야 했다. 내가 앞에서 언급한 짧은 퇴원 기록에는 두 번째 자살 시도가 '몹시 치명적'이었다는 말 외에 자세한 상황이 전혀 묘사되어 있지 않았다. 나는 오래전 그날의 날짜를 밝히면서 내 기록을 보고 싶다고 요청하는 편지를 병원에 보냈지만, 실제로 기록을 볼 수 있을 것이라는 기대는 별로 없었다. 그런데 병원은 뜻밖에도 두툼한 봉투를 우편으로 보내 주었다. 나는 두려움을 안고 재빨리 서류를 훑어보았다. 거기에는 내가 잊어버렸거나 처음부터 몰랐던 정보가 가득했다. 의사와 간호사와 치료사의 이름, 각종 규칙과 정해진 일상, 집단치료, 약을 타기 위해 줄을 섰던 일, 카페테리아, 보드게임, 지루함, 이 모든 것이 정신없이 허우적거리며 다시 내 의식 속으로 들어왔다. 서류를 다시 한 번 천천히 뒤적이다 보니, 마치 내가 다시 그 병원에 들어가 나를 지켜보며 나의 상태를 평가하고 일일이 기록을 남기는 사람들의 눈으로 예전의 나를 바라보는 것 같았다. 나는 병원에 입원한 직후, 그 어느 때보다도 죽음에 가까이 다가갔던 그날 무슨 일이 있었는지 좀 더 자세히 알 수 있었다.

입원한 그날, 어떤 간호사가 내 차트에 다음과 같은 기록을 남겼다. "환자는 현재 자살 생각이 없다고 함. 그런 생각이 들면 알리겠다고 했음." 병동에서 일하는 사람들은 모두 환자들에게 기분이나 생각을 알려 달라고 항상 말했다. 그것이 우리를 관찰하는 방법일 뿐만 아니라 치료 절차 중 한 요소인 것 같았다. 특히 자살의 위험이 있는 나 같은 환자들에게는 그들이 더 신경을 썼다. 그러나 의사나 간호사가 심한 우울증을 앓는 환자에게서 약속이나 동의를 얻어 낸다 해도 문제는 그 환자의 마음속 깊은 곳에 자리한 절망이 결국 낯선 사람에 불과한 그들과의 약속보다 훨씬 더 강력하다는 점이다. 자살 충동을 느끼는 환자들은 압도적인 정신적 고통에 시달리고 있기 때문에 사랑하는 사람들은 물론 오랫동안 치료해 준 의사들과의 약속도 깨 버린다. 한 소규모 연구에서는 정신병원에 입원한 상태에서 자살한 환자들 중 78퍼센트가 병원 의료진과의 마지막 대화에서 자살 충동을 묻는 질문에 그 충동의 존재를 부정했음이 밝혀졌다. 그들 중 51퍼센트는 15분마다 한 번씩 의료진의 확인을 받거나 일대일 감시를 받는 상황이었으며, 28퍼센트는 '자살하지 않겠다는 약정'을 맺은 사람들이었다. 이 연구는 다음과 같은 결론을 내렸다. "위험도를 판단하는 데 사용된 도구들이 단기적인 위험을 예측하는 데 실패했다."[23] 기분 장애를 지닌 환자들 중 "우울증이 몹시 심각해서 입원이 필요하거나 이미 자살을 시도한 적이 있는 사람에게 자살의 위험이 가장 높다."[24] 모든 상황에서 자살 위험을 알려 주는 가장 강력한 지표는 자살 시도 전력이다.

어쩌면 내가 크레펠린이나 제이미슨이 언급한, 의도적으로 오해를 불러일으키는 환자 중 한 명이었을지도 모른다. 나의 일부는 진심으로 살고 싶어 했다는 데 의심의 여지가 없다. 그러나 절망이 더 압도적이었다. 그보다 2주 전에 먹기 시작한 약 덕분에 나는 예전보다 기운이 났지만, 여기에 절망이 합쳐지면 극도로 우울한 사람들이 자살을 시도하기에 알맞은 조건이 마련된다. 정신병동에는 환자 본인이나 타인을 해칠 우려가 있는 사람들을 관찰하는 절차가 마련되어 있다. 모든 환자의 차트에는 정신과 의사가 할당한 관찰 등급, 즉 그 환자를 어느 정도로 감시해야 하는지가 표시되어 있다. 대부분의 병농은 환자의 상태에 따라 관찰 등급을 네 단계로 분류한다. 1) 의료진 한 명이 팔이 닿는 거리에 있을 것. 2) 의료진 한 명이 항상 시야에서 놓치지 않을 것. 3) 간헐적인 확인. 4) 일반적인 관찰(나는 폐쇄병동에 입원해 있었으므로, 모든 환자가 항상 일반적인 관찰 상태였다). 입원 수속 때 리드 선생은 내게 세 번째와 두 번째 등급을 할당했다. 낮에는 표준 관찰(SO), 즉 누군가가 15분마다 내 소재를 파악해야 하는 등급이었고, 밤에는 지속적인 감시(CS) 등급이었다. 24시간 내내 누군가가 팔 닿는 거리 안에서 나를 감시해야 하는 최고 등급(CO)은 내게 적용되지 않았다. 감시 등급을 상향하는 방식은 경우에 따라 다양하게 적용되는데, 연구 결과에 따르면 경험 많은 간호사들은 때로 환자의 관찰 등급에 대한 의사의 지시를 스스로 수정해서 적용하기도 한다.[25]

여러 의료진의 기록은 내가 협조적이라는 점을 강조했다. 어쩌면 그래서 그들이 좀 더 면밀히 날 관찰하지 않았던 것인지도 모른다. 입원 다음 날, 즉 내 두 번째 자살 시도 전날 한 간호사는 다음과 같이 기록했다. "환자는 오전에 몹시 불안해 보였다. 집단치료 참석. 눈물 흘림. 자존감 낮음. 시간이 흐르면서 기분 나아짐." 그날 저녁 다른 간호사의 기록. "환자는 아직 많은 제한을 받고 있지만 그래도 협조적이다. 더 밝아진 듯 보임. 자살 생각은 계속 부정. 문병 온 남편과 적절한 상호작용." 내가 협조적이고 행동이 적절했다는 점과 환자에게 자살 충동 여부를 물어봤다는 점을 계속 강조한 이런 기록을 보면서, 나는 바로 이런 태도 때문에 내가 당연히 유순한 반응을 보였을 것이라는 생각을 떨칠 수가 없다. 여기서 유순한 반응이란, 자살 충동이 없다고 부정하는 것을 뜻한다. 하지만 내 기억으로는, 그때 내가 이런 대답을 한 것이 거짓말은 아니었다.

바로 그날, 즉 병원에서 처음으로 아침을 맞은 날 나는 내 주치의가 될 영 선생을 처음 만났다. 그는 입원 중에 나의 심리치료도 맡게 될 예정이었다. 리드 선생과 마찬가지로 레지던트인 그는 의학 학위를 받은 연도를 보건대 역시 나와 비슷한 나이였다. 전날 밤 내가 병원에 왔을 때는 그가 자리에 없었지만, 내가 앞에서 인용한 진료 기록을 만든 사람이 바로 그였다. 그는 리드 선생의 입원 면담 내용을 타자로 쳐서 정리했고, 내가 입원해 있는 동안 내내 나에 대해 내려진 모든 의학적 결정을 기록에 언급해 두었다. 그의 기록은 충실하고 철저했다. 나를 처음 만난 날 그는 제이크와 내 부모님도 만나서 그때까지 내가 살아 온 삶, 내 성격, 습관, 가족의 경제적 형편, 내 형제들의 직업과 결혼 여부 등 나와 가족들에 대한 배경 정보를 얻었다. 그는 또한 내가 퇴근 후에 외래환자로 진료를 받았던 베넷 박사에게도 연락을 취했다. 내 차트에 영 선생이 남긴 첫 번째 기록은 다음과 같다. "환자는 계속 CS 등급이며 몹시 협조적. 외래 진료 선생과 연락… 그는 환자가 내인성 우울증을 앓고 있다고 생각하며, 치료를 시작할 때 환자가 정신이상 징후를 보였으나 지금은 감지되지 않는다고 진술함… 환자는 약 2주 반 전부터 치료 목적으로 이미프라민 복용. 식욕이 좋아져 체중이 다시 늘었음. 1주 더 이미프라민 225mg/1일 복용할 것… 개별 통찰지향 요법 주당 3회, 집단치료 주당 3회."

그는 관찰 등급으로 CS 하나만 언급했다. 의료진이 항상 나를 시야에 두어야 하는 등급이다. 그는 낮에만 일하는 의사이므로, 이 기록을 남긴 것도 낮 동안이었다. 그러나 리드 선생은 밤에는 CS, 낮에는 SO(간헐적인 확인)라고 기록했다. 이 차이가 병원에서 문제가 생긴 원인에 대한 단서일까, 아니면 단순한 기록상의 실수일까? 의사 둘, 간호사 둘, 사회복지사 한 명, 직업 치료사 한 명 등 나를 담당하는 의료진 여섯 명은 회의에서 항우울제를 계속 처방한다는 계획에 동의했다. 베넷 박사가 처음에 정신이상 징후가 있었다고 언급한 것을 감안하면, 이것은 운명적인 결정이었다.

다음 날 아침 나는 늦잠을 자고 일어나 점심을 먹으러 갔지만 실제로 먹지는 않고 그냥 병실로 돌아왔다. 그리고 나서 샤워를 하기로

했던 것 같다. 아니, 작은 유리병을 샤워실로 가지고 들어가기로 결정
했다고 해야 할 것 같다. 제이크는 그날 늦게 나를 보러 왔을 때의 일
을 다음과 같이 회상했다.

문병 시간이 끝나기 전에 내가 병원에 도착했는데, 의료진은 당신이
어디 있는지 알지 못했어. 당신은 자살 위험 때문에 관찰해야 하는 대
상인데 의료진이 당신의 행방을 모르다니 너무 이상해서 나도 불안해
졌지. 당신은 샤워실에서 발견됐는데, 유리병을 깨서 그걸로 목을 그은
상태였어. 응급실에서 상처를 봉합한 뒤, 당신은 또다시 후회하면서 다
시는 자해하지 않겠다고 약속했어. 병원 측에서는 당신을 24시간 감
시 대상으로 정했고, 그 뒤로 몇 달 동안 당신에게는 사생활이 없었어.
잘 때도, 샤워할 때도, 화장실에 갈 때도 누군가의 감시를 받아야 했으
니까.

나를 감시하는 사람이 나를 놓쳤다는 사실을 생각하면, 그 사람들
이 나의 관찰 등급을 제대로 진지하게 받아들이고 있었던 건지 궁금
해진다. 내가 언제든 화장실과 욕실은 자유로이 출입할 수 있었던 것
같은데, 이것은 환자에게 어느 정도 품위 유지를 허락해 주는 반면 관
찰의 목적에는 어긋나는 조치인 것 같다. 어쩌면 그때 병원에 인력이
부족했던 건지도 모른다. 그래서 담당 간호사가 매우 협조적인 나를
보고 혼자 샤워를 하게 두어도 괜찮겠다고 판단했을 수도 있다. 그러
나 제이크는 내가 자살 주시 대상인 줄 알았는데 자신이 병원에 와서
내 행방을 물었을 때 **의료진이 모르고 있었다**고 말했다.

내가 기억하는 당시 상황은 이렇다. 샤워실에는 아무도 없었다. 철

창이 쳐진 왼쪽 창문에서 들어온 햇빛이 반대편 벽에 늘어선 샤워 부스 대여섯 칸을 비췄다. 모든 것에 병원 분위기가 나는 초록색 타일이 붙어 있었다. 나는 가운데 샤워 부스를 골라 물을 틀고 안으로 들어간 뒤 커튼을 닫았다. 그리고 선 채로 유리병을 떨어뜨린 다음, 쪼그리고 앉아서 가장 적합해 보이는 유리 조각을 물로 씻어 내며 내 목에서 맥박이 가장 강하게 느껴지는 지점을 손끝으로 찾아냈다. 통증을 느낀 기억은 없다. 사람들이 날 어떻게 발견했는지도, 응급실에 갔던 것도, 병동으로 어떻게 돌아왔는지도 기억나지 않는다. 어쩌면 나는 쇼크 상태였는지도 모르겠다. 나중에 담당 간호사가 나 때문에 곤란한 처지가 되어서 내게 화를 내고 있다는 것을 알게 되었다. 그리고 나는 항상 감시할 필요가 있는 등급인 CO가 되어 있었다. 어떤 여자가 내 병실로 와서 팔이 닿을 수 있는 거리를 결코 벗어나지 않았다. 나는 그렇게 감시당하는 것에 별로 신경 쓰지 않았다. 아니, 세상 모든 일이 어찌 되든 상관없었다.

영 선생의 기록에서 나는 나중에 더 상세한 내용을 발견했다. 이를테면 그날 당직이던 의사에게 내가 무슨 말을 했는지 같은 것. 샤워실에서 발견된 나를 진찰한 사람이 그 의사였다. 내가 그때 얼마나 죽음에 가까웠는지 나는 알지 못했다. 동맥이 드러나 있었지만 상처는 없었고, 나는 아직도 살아 있다는 사실에 낙담했다.

진찰 의사는 열상이 없는 경동맥이 드러나 있었다고 보고했다. 자살을 시도한 환자는 아슬아슬하게 살아났다. 환자는 목을 여러 번 그은 뒤 앉아서 죽기를 '기다렸다'고 말했다. 곧 '아무런 변화가 없다'는 것을 깨달았지만 계속 자해를 할 '수가 없어서' 자신이 '실패자'이고 '겁쟁이'라는 생각이 들었다고 한다.

첫 면담에서 환자는 확실히 임상적인 우울증 증세를 보였으나, 환자 본인이 금방 보여 준 것처럼 치명적인 행동을 할 잠재성이 있다는 기미를 그날은 전혀 드러내지 않았다.

의사는 나를 응급실로 보내면서 작성한 기록에 다음과 같이 썼다. "27세 백인 여성. 우울증으로 몇 분 전 욕실에서 유리(?)로 목 왼쪽을 그었음. 경동맥은 이상 없는 듯. 심한 출혈은 멈췄으나, 상처가 깊고 불규칙함." (자살 위험이 있는 환자가 유리병을 갖고 있었던 것이 어쩌면 병원 측의 심각한 실수일 수도 있음을 드러낸 것은 여기 괄호 속의 물음표가 유일하다.) 잭은 우리가 내 담당 간호사인 리사와 함께 구급차를 타고 응급실로 갔다고 기억한다. 구급차 안의 분위기가 틀림없이 어색했을 것 같은데 나는 기억이 없다. 그날 샤워실에서 있었던 일에 대한 내 기억이 정확한지 확신할 수 없었다. 제이크는 틀림없이 정확할 것이라고 말했다. "당신이 환자복 위에 스웨터를 입고 있던 모습이 자꾸 떠올라(겨울인데 당신 몸이 젖어 있었거든). 틀림없이 머리도 젖어 있었을 거야."

응급실 외과의의 기록은 다음과 같다. "왼쪽 목 전방에 울퉁불퉁한 방사상 열상, 길이 3cm, 깊이는 넓은목근까지. 혈관이나 신경에 큰 부상은 보이지 않음. 상처를 세척하고 피부를 깔끔하게 다듬은 뒤 2층으로 재건." 상처는 깊고 울퉁불퉁했으며, 동맥을 덮은 근육도 잘려 있었다. 출혈은 많지 않았다. 깊이 상처를 내는 데 또 실패한 것이다. 그러나 지금은 그 점을 무한히 감사하게 생각하고 있다.

병원 기록의 거의 모든 내용이 읽기에 불편하지만, 이 외과의의 기록은 더욱 불편하다. 묘하게 비현실적인 기분이 들기 때문이다. 아주 멀면서 동시에 친밀한 이야기를 읽는 것 같다. 외과의는 한낮에 내 상처를 다 꿰맨 뒤(상처를 두 층으로 꿰매려면 서로 다른 굵기의 실이 필요했다) 내 차트에 상세한 내용을 적었다. 상처는 이렇고, 치료는 저렇고. 그 결과로 지금도 내 목에 남아 있는 울퉁불퉁한 흉터는 친숙하면서도 반갑지 않은, 또 다른 종류의 영구적인 기록이다.

그때의 내 행동을 되돌릴 수만 있으면 좋겠다는 생각이 자주 든다(당시 내 상태를 생각할 때 과연 여기에 그 행동을 '내' 행동이라고 표현하는 것이 정확한지는 잘 모르겠다). 지금 이 흉터가 남게 된 그 사건이 벌어질 때까지 있었던 여러 가지 결정과 행동, 오해와 인간적인 실수가 **모두 일어나지 않았다면** 얼마나 좋을까 하는 생각도 자주 든다. 과거의 일들이 달랐다면 좋았을 것이라고 생각하기는 쉽다. 애나의 심장이 완벽하게 형성되어 죽을 운명을 피할 수 있었다면. 애나가 지금 이 세상에서 활기찬 젊은 여성으로 살아 있다면. 시간을 뒤로 돌린 뒤 다시 앞으로 빨리 감아, 애나가 죽은 뒤 일어난 모든 끔찍한 일들을 없었던 것으로 만들 수 있다면. 그러면 그다음에는? 내 인생에서 그 재앙 같은 사건들을 모두 지우고 나면 내 인생의 조각들을 어떻게 다시 맞출 수 있을지 잘 모르겠다. 내가 누군지 모르겠다.

내가 나 자신에게 자행한 그 폭력이 너무 끔찍해서 입에 담을 수 없다는 생각을 오래전부터 했다. 너무 수치스러워서 글로 쓸 수도 없었다. 지금 생각해도 충격적이다. 병원 기록에 적혀 있는 그때 일을 돌이켜보면 복잡한 기분이 든다. 그때 환자였던 나와 내 남편의 입장에서 생각하면 화가 난다. 우리는 병원이 나를 안전하게 지켜 줄 것이라고 믿었으니까. 환자가 시련이 빨리 끝나기를 바라는 마음이 너무나 간절한 나머지 그토록 빨리 절망적인 행동을 했다는 사실은 경악스럽다. 샤워 부스 안에 웅크린 그 가엾은 여자의 모습을 외면하고 싶은 생각뿐이다. 그 여자는 내가 아니라고 하고 싶다. 그 여자가 창피한 짓을 그만했으면 좋겠다. 그만 정신을 차렸으면 좋겠다. 하지만 그 여자를 보호해 주고 싶은 마음도 있다. 의료진이 그 여자의 상태를 이해해 주면 좋을 텐데. 그 여자를 대변해 주고 싶다.

영 선생은 월요일에 출근해서 내가 토요일에 저지른 짓을 알게 되었다. 이제 치료 계획을 빨리 변경할 필요가 있었다. 의사들은 자신의 판단이 잘못되었음을 인정하고 방법을 바꿔야 했다. "최대한 빨리 양측 ECT를 추진하고, 삼환계 항우울제 치료 시도를 끝까지 하지 않는 것이 현재 생각임." 제이크의 말에 따르면 의사들은 우리가 ECT, 즉 전기충격치료를 거부하더라도 법원의 명령을 얻어 추진할 것이라고 강하게 시사했다. 그때 무서운 마음은 나보다 제이크가 더했을 것이다. 그러나 처음 그 치료를 받는 날 아침 기록에는 내가 그 치료에 대해 극단적인 불안감을 드러냈다고 적혀 있다. 아마 의사들은 당시 전기충격치료에 대한 대중적인 반감 때문에 그 전에는 내게 그 치료를 권하지 않았을 것이다. 그러나 자살 위험이 있는 우울증 환자의 상태를 개선하는 데 그 치료법이 효과적일 때가 많다. 지금의 의사들에게 당시 몹시 위험했던 내 상태를 들려준다면, 환자가 또 자살 시도를 할 때까지 기다리기보다는 즉시 ECT 치료를 권할 사람이 많을 것이다.[26] 당시 의사들은 삼환계 항우울제인 이미프라민의 복용량을 급속히 줄이고, 전기충격치료를 위해 심전도와 뇌파검사 등 완전한 신체검사를 실시해야 한다는 판단을 내렸다. 제이크와 내가 서명한 동의서에는 상세한 설명과 함께 많은 단서들이 포함되어 있었다.

사망 확률은 극도로 낮다. 합병증도 흔하지는 않지만, 정맥주사제에 대한 거부 반응 또는 골절이 발생할 수 있다… 대부분의 경우 결과가 만족스럽지만, 모든 환자가 똑같이 좋은 결과를 보이는 것은 아니다. 모든 치료가 그렇듯이, 즉시 회복하는 환자가 있는 반면 회복했다가 재발해서 더 치료를 받아야 하는 환자도 있고 아예 아무런 변화가 없는 환자도 있다.

무서운 내용이었지만, 내가 저지른 짓보다 더 무서운 일이 과연 있을까? ECT는 우리에게 최후의 방법이었다.

정신병이 맹위를 떨칠 때의 야만적인 위세는 마주하기가 힘들다. 묘한 것은, 내가 유순하고 협조적이라서 문제를 일으키지 않을 것이라고 믿고 싶어 하던(내가 입원 수속을 할 때 자살 충동이 심해서 병원에 오게 되었다고 두 번이나 분명히 말했는데도 그들은 이런 태도를 보였다) 의료진조차 마찬가지였던 것 같다는 점이다. 내가 손목을 그어서 생긴 상처에 "봉합이 필요하지 않았다"는 말을 그들은 내 의지가 그리 강하지 않다는 증거로 받아들였는지 모른다. 지금 생각해 보면, 견딜 수 없을 만큼 강한 자살 충동을 느끼던 나와 나를 바라보며 이야기를 나누던 사람들(남편과 어머니는 물론 심지어 의사와 간호사까지도) 사이에는 메울 수 없는 틈이 틀림없이 있었던 것 같다.

내가 벌인 일로 제이크와 내 부모님은 어쩔 수 없이 현실을 직면

해야 했다. 내가 이제는 예전의 내가 아니며 앞으로도 힘든 상황이 이어질 것이라는 현실. 부모님, 특히 어머니는 내가 아이 때문에 슬퍼하는 것이지 정신병 때문에 사람이 변한 것이 아니라고 계속 믿고 싶어 했다. 그래서 칫솔, 샴푸와 함께 유리병에 든 로션을 가져다주면서도 그것이 내게 무기가 될 수 있다는 생각을 한 번도 하지 못한 것이다. 어머니에게 물어본 적은 한 번도 없지만, 그 일의 책임은 사실 병원에 있는데도 어머니가 당신을 탓했다는 것을 나는 처음부터 알고 있었다. 그 일의 책임은 어머니가 내게 가져다준 물건을 살펴볼 생각을 하지 않은 병원 담당자에게 있다. 그런데 최근 어머니가 내게 놀라운 이야기를 해 주었다. 그날 당직 데스크에서 누군가가 어머니의 가방 안을 **살펴봤는데도** 아무 말 없이 유리병을 통과시켜 주었다는 것이다.

나의 우울증 증세가 상당히 심각하다는 사실을 나와 가족들이 모두 알아차리지 못한 탓에 치료가 늦어졌다. 만약 내가 애나를 잃고 몇 주 안에 이미프라민을 먹기 시작했다면 효과가 있었을 것이고, 그랬다면 그 모든 재앙 같은 일들이 일어나지 않았을 가능성이 크다. 우리가 좀 더 일찍 의사의 진료를 받아야 했다. 나는 우리가 조치를 취하지 않은 것은 내 증세에 대해 아무것도 몰랐거나 현실을 부정한 탓이라는 생각을 오래전부터 했다. 하지만 한 번도 경험하지 못한 일을 어떻게 보자마자 알아차릴 수 있겠는가. 나는 그때까지 자살 충동을 느껴 본 적이 한 번도 없었고, 기분이 그렇게 급격하게 바뀐 적도 없었다. 열여섯 살 무렵부터 간헐적으로 임상적인 우울증을 앓은 것은 사실이다. 그러나 그런 이야기를 아무에게도 하지 않은 것은, 그것이 그냥 내 성격의 일부라고 생각했기 때문이다. 나는 우울증이 어떤 것인지 구분할 수 있게 된 뒤에야 내 과거의 증세들도 인식할 수 있었다.

애나를 잃은 뒤 경험한 우울증은 몹시 위험하고, 모든 것을 집어삼켰다. 과거에 내가 겪었던 우울증 에피소드들과는 전혀 달랐다. 우리가 심리치료나 정신의학과 친숙했다면, 훨씬 더 일찍 자연스레 치료를 받았을 것이다. 그러나 나의 외가와 친가의 조부모님이 모두 아일랜드에서 이민을 오신 분들이라서 우리 가족들은 아일랜드식 사고방식과 행동에 푹 빠져 있었다. 자신을 금욕적으로 억누르고 침묵하는 것이 우리 집의 문화였다. 우리는 감정에 대해 이야기하지 않았고, 우리가 아는 사람 중에 정신과 진료를 받은 사람은 하나도 없었다.

제이크와는 가끔 기분에 대해 이야기를 나눴다. 애나의 죽음이 충격적이라서 그런 대화를 피할 수가 없었다. 제이크는 슬픔을 극복하기 위해 앞으로 나아가려고 열심히 노력하고 있었으므로, 내가 완전히 무너져서 꼼짝도 하지 못하는 것을 보고 나와 마찬가지로 당황했다. 어느 주말에 우리는 동네 도서관의 심리학 서가에서 내 문제를 설명해 줄 책들을 찾아보았다. 내가 우울한 것은 명백한 사실이었다. 아니면 혹시 경계성 인격장애일 수도 있었다. 당시 새로 등장한 이 병명은 불안정하고 자살 충동을 느끼는 여자들과 주로 관련되어 있었다. 내가 직장 근처의 심리치료사에게 상담을 받기 시작한 것은 아마 2월 중순일 것이다. 그때 이미 나는 불면증, 두려움, 절망의 사이클에 깊이 빠져 있었다. 이 사이클은 그 뒤로도 계속 강해지기만 했다. 제이크는 그 시기가 어땠는지, 자신이 그때의 일들을 이해하기가 얼마나 힘들었는지 내게 이야기해 주었다.

어느 날 아침 일어났을 때, 당신이 차라리 죽는 편이 낫겠다고 말하던 게 기억나. 그때도 나는 당신이 얼마나 우울증에 빠져들고 있는지 이해하지 못했던 것 같아.

언제부턴가 당신이 뉴욕에서 여성 심리치료사에게 상담을 받기 시작했지. 그런데 어느 날 도저히 출근을 못 하겠다고 해서 내가 하루 휴가를 내고 함께 그 심리치료사를 만나러 갔어. 거기서 내가 그 치료사랑 충돌한 거야. 치료사는 당신의 삶에 해결되지 못한 문제가 있다고 보았는데, 나는 그 문제들이 당신을 '우울하게' 만들고 있었다고 생각해. 그때 나는 당신이 우울증을 앓고 있으니 약을 먹을 필요가 있다고 생각했어. 밤잠을 잘 못 잤잖아. 그런데 심리치료사는 약을 처방할 수 없으니까, 우리에게 병원을 추천해 주었어. 루스벨트병원이었을 거야. 우리는 응급실로 들어가서 잠깐 상담을 받은 뒤 수면제 처방전을 받았어. 그날 집에 돌아와 함께 저녁을 차렸는데, 인생이 암울하게 느껴진 게 기억나. 한겨울이라 실제로 밖이 어두워서 더 그런 기분이 들었겠지.

수면제도 별로 효과가 없어서 당신은 증세가 더 심해졌어. 결국 자꾸 자살을 생각하게 됐지. 나는 밤에 당신이 깨면 같이 깰 수 있게 당신을 꼭 붙들고 잠들었어. 유난히 힘들었던 어느 날 밤에 당신이 나더러 놓아 달라고 했지. 그래야 자살할 수 있다고. 새벽에 내가 아버지한테 연락했더니, 아버지가 하츠데일(아마 여기가 맞을 거야)에 있는 어느 정신과 의사의 이름을 금방 가르쳐 주셨어. 그래서 내가 그 의사한테 전화를 걸었지. 의사는 병원에서 처방해 준 약이 우울증 환자한테는 맞지 않다면서 그날 바로 한번 와 보라고 말했어. 하지만 당신은 의사와 만났을 때 말이 별로 없었지. 상황을 설명한 건 아마 나였을 거야. 의사는 항우울제를 처방해 주면서, 적절한 복용량을 알아내는 데 시간이 좀 걸릴 수도 있다고 주의를 줬어. 어쩌면 당신한테 맞는 약을 찾아내는 데에도 시간이 걸릴 수 있다더군. 삼환계 약이었는데, 정확히 어떤 약인지는 잊어버렸어.

의사는 입원하는 게 당신에게 가장 좋을 것 같다는 얘기를 점차 하기 시작했는데 당신은 그걸 원하지 않았어. 나도 그 생각만으로도 완전히 기겁했고. 아마 정신병에 찍힌 낙인 때문이었을 거야. 입원하면 모든 게 정말로 현실이 될 것 같다는 생각, '우리'가 모든 걸 병원의 손에만 맡겨야 하는 상황이 올 것 같다는 생각도 아마 작용했겠지.

어느 날 당신이 개인적인 물건들을 일부 버린 걸 알게 됐어. 당신이 임신 중일 때 내가 찍어 준 사진도 거기 포함돼 있더군. 내가 면도칼을 발견했을 때는 당신이 그걸 사용할까 생각해 봤지만 금방 바보짓이라는 생각이 들었다고 내게 사실대로 이야기했어. 그날 이후 당신은 스스로 목숨을 끊는 게 사실 안 될 것 같다는 결론을 내린 듯싶었어.

여기서 눈에 띄는 요소가 여러 개 있다. 첫째, 심리치료사는 내가 불행을 느끼는 원인을 조사해 보고 싶어 했다. 하지만 그 시점에서 그것은 한창 심장 발작을 일으키고 있는 환자에게 집으로 돌아가서 식단을 개선하고 운동을 해야 한다고 말하는 것과 같았다. 둘째, 내 마음이 놀라울 정도로 오락가락하고 있었다. 자살 충동을 느끼다가 계속 살아야겠다고 결심하고, 살아 있는 걸 감당하지 못해 다시 자살을 생각하면서 방법을 찾아보다가 뒷걸음질 치는 식이었다. 아마 그때 나는 내가 얼마나 가차 없이 감정에 휘둘리고 있는지 부정하고 싶었던 것 같다. 그리고 제이크는 내가 자살할 수 없을 것이라고 믿고 싶어 했다. 내가 실제로 스스로 목숨을 끊을 수 있을 것이라는 생각조차 도저히 머리에 들여놓을 수 없었다. 그보다는 애나의 죽음 때문에 내가 우울해졌다고 생각하는 편이 훨씬 더 쉬웠다. 얼마 전까지만 해도 애나의 죽음 역시 차마 생각할 수 없는 일이긴 했지만. 셋째, 제이크는 당시를 되돌아보면서 자신이 믿고 의지할 수 있다고 믿었던 '우리'가 이미 사라진 뒤였음을 깨달았다. '우리'에서 절반을 차지하는 나는 심신상실 상태라서, 우리 둘의 동반자 관계에서 합리적이고 책임감 있는 역할을 더 이상 해내지 못하고 있었다. 정신병에 사로잡힌 나는 인간에게 반드시 있어야 하는 것들, 즉 의지력, 의도, 절제를 잃어버린 상태였다. 설사 내가 어떤 약속을 하더라도 그 약속을 믿을 수는 없었다.

내가 '사로잡혔다'는 말을 쓴 것은, 평소의 자신이었다면 하지 않을 행동과 말을 하게 만드는 어떤 힘에 점령당한 것과 비슷하다는 의미다. 내가 얼마나 망상에 빠져 있는지를 보여 주는 발언이 가장 두드러진 예다. 샤워 부스에서 그 일이 있던 날 밤 간호사가 기록한 내 발언은 당시의 내 상태를 잘 보여 준다. "오늘 저녁에 환자의 말수가 점점 늘어났다. 환자는 '난 나쁜 사람이에요. 살면 안 돼요.'라고 말한다." 이런 식의 극단적인 자책은 정신병적 우울증의 전형적인 증상이다. 그 뒤에 이어지는 간호사의 기록은 조금 이상하다. "환자의 남편이 오늘 저녁 문병을 왔다. 아무 문제 없었다." 내가 가끔 평소의 나 자신처럼, 즉 머리가 맑아져서 입원 사실을 받아들이고 협조적으로 구는 사람처럼 보이다가 갑자기 "살면 안 돼요."같이 터무니없는 소리를 한 이유가 무엇이었을까? 내 생각에는 멜랑콜리아의 망상과 부정적 사고를 겉으로 드러낼 때도 사라지지 않는 평소의 자아와, 정신병적 증세를 본격적으로 드러내는 자아가 연속선상에 존재하는 것 같다. 나는 몹시 우울한 사람처럼 말하고 행동하면서 가끔 광기 속으로 빠져들곤 했다.

우리에게 큰 병원에 가 보라고 권한 정신과 의사 베넷 박사는 내 증세가 급성이며 위험하다는 것을 알고 있었다. 그가 이 정확한 진단 결과를 입원 담당 의사에게 알렸기 때문에 그 내용이 입원 기록에도 적혀 있다. **주요우울증 에피소드, 멜랑콜리아 동반**이라는 진단명이 그것이다. 여기서 '멜랑콜리아'라는 단어가 중요하다. 이 병을 앓는 환자가 얼마나 위급한 상태인지 파악하기 위해 의사들은 오랫동안 임상적인 관찰을 이어 왔다. 그러나 내가 입원한 뒤에는 '멜랑콜리아'가 무게를 잃어버린 것 같다. 나는 그저 병동에 입원한 환자 중 한 명이었다. 게다가 겉으로는 유순하고 협조적으로 보였다. 입원 뒤 내 기록에 멜랑콜리아라는 말이 전혀 언급되지 않은 것을 보고 나는 병동의 의사들과 간호사들이 이 독특하고 위험한 증후군을 고려하지 않았던 건지, 이 병의 모든 증상이 내게 아주 흡사하게 나타나고 있음을 인식하지 못했던 건지 궁금해졌다.

병원 측은 주로 심리치료를 통해 나를 치료하려고 했다. 그들이 멜랑콜리아에 관심을 보이지 않은 이유가 이것인지도 모른다. 어느 날 영 선생은 상담 시간에 나만큼 초자아가 "강한" 사람을 본 적이 없다고 말했다. 아니, 초자아가 "벌을 내리려고 한다"고 말했던 것 같기도 하다. 어쨌든 이 말은 그가 생물학적 관점이 아니라 프로이트의 관점에서 나를 보고 있었음을 시사한다. 사람의 정신이 세 가지 요소로 이루어져 있다는 프로이트의 모델에서 초자아는 양심을 대변한다. 도덕과 사회적 법을 적용해서, 원시적인 이드의 공격적인 충동을 억제하는 것이 초자아다. 설마 내가 영 선생이 맡은 최초의 멜랑콜리아 환자였던 걸까? 압도적인 죄책감과 끔찍한 벌을 받을 것이라는 생각뿐만 아니라 심지어 범죄성까지도 수백 년 동안 멜랑콜리아 환자들에게서 거듭 나타난 증상이다. 그러나 병원 측은 내가 망상적인 특징을 드러내고 있는데도 내 잔인한 초자아의 기원을 조사해 보려는 치료 모델을 이용했다.

대니얼 칼랫은 저서『혼란: 정신의학의 문제Unhinged: The Trouble with Psychiatry』에서 자신의 첫 환자에 대해 썼다. 데이브라는 이름의 대학 3학년생인 그는 타이레놀을 과용한 뒤 정신병동으로 실려와 자살 감시 환자로 분류되었다.[27] 1990년인 그때 칼랫은 병원에 실습 나온 의대 4학년생으로, 마침 정신과에서 실습 중이었다. 데이브는 여자 친구와 헤어진 뒤 우울해졌다고 설명했다. 이런 이별은 칼랫도 공감할 수 있는 평범한 일이었다. 그러나 칼랫이 그 이별 때문에 왜 그렇게 우울해져서 자살까지 생각하게 되었는지 물어보았을 때 데이브가 내놓은 대답은 내가 그 자리에 있었다면 바로 내가 했을 법한 말이었다. 그는 자신의 잘못으로 이별하게 되었다고 말했다. "난 그녀를 사랑하는 줄 알았지만, 애당초 누굴 사랑할 수 있는 사람이 아닌 것 같다. 난 아무 자격이 없다. 살 자격도 없다." 칼랫이 도대체 무슨 짓을 했기에 그렇게 죄책감을 느끼는지 설명해 보라고 몰아붙이자 그는 이런 반응을 보였다. "데이브는 그냥 자신이 '나쁜' 사람이라고 계속 단언할 뿐이었다." 그는 삼환계 항우울제를 처방받았으나, 또 자살을 시도하려고 약을 모아 두고 있는 것이 곧 발각되었다. 그를 치료하던 의사가 ECT를 제의했지만 데이브는 거부했다. 의료진은 그가 약을 제대로 삼키는지 확인하고, 항정신병 약인 할돌을 처방했다. 그의 죄책감이 너무 심해서 정신이상으로 보아도 될 수준이었기 때문이다(나도 ECT 치료를 2주쯤 받았을 때 같은 이유로 할돌을 처방받았다). 그러나 데이브의 증세는 나아지지 않았고, 심리치료에도 반응이 없었다. 칼랫이 6주간의 실습을 마치고 그 병동을 떠날 때도 데이브는 여전히 "24시간 자살 감시" 상태로 그 병동에 입원해 있었다. 데이브를 돌보는 의료진은 양심적이고 인정 있는 사람들이었지만, 칼랫은 "그에게 안전한 장소를 제공해 주는 것 외에는 할 수 있는 일이 별로 없다는 사실에 우리는 몹시 좌절했다"고 썼다. "어떤 환자들의 경우에는 기껏해야 죽지 않게 감시하면서 그들의 내부에서 모종의 변화가 일어나 고통이 줄어들기를 바라는 것만이 우리의 최선이다." 데이브의 사례를 보면서 칼랫은 자신이 앞으로 갖게 될 직업의 가장 커다란 어려움이 무엇인지 실감했다. "정신의학을 지탱하는 과학이 다른 의학 분야에 비해 아직 충격적일 정도로 원시적인 수준"임을 깨달은 것이다. 기분장애를 유발하는 신경생물학적 과정에 대한 이해가 아직 형편없기 때문에, 겉으로 드러난 증상의 저변에 깔린 기능 이상을 정확히 겨냥한 치료가 불가능하다. 그래서 환자는 차도를 보이다가 다시 재발하거나 만성적으로 질병에 시달린다. 우리는 병을 관리할 수 있을 뿐이지 치유할 수는 없다.

칼랫은 데이브의 증상이 확실히 멜랑콜리아의 증상이라는 말을 하지 않았다. 멜랑콜리아라는 말도 그의 책에 나오지 않는다. 저서에서 과거의 정신역동(정신분석 이론의 영향을 받은 이론들로 마음속에 있는 힘들의 상호작용을 탐구한다—옮긴이) 모델에서처럼 환자에 대해 알아보려고 집중하지 않고, 15분 동안 정신약리학 상담이나 해 주는 쪽으로 변해 가는 정신의학계를 비판하는 칼랫은 이미 이런 변화가 시작된 뒤인 1990년대 초에 정신과 공부를 시작했다. 영 선생에 비하면 10년쯤 뒤였다. 그러나 두 사람 모두 '멜랑콜리아'라는 단어를 사용하지 않았다. 교육과정에서 이 병의 증상과 위험성에 대해 배웠을 텐데. 사람들이 우울증으로 입원하는 것은 대개 안전한 환경에서 자살 충동을 다스릴 필요가 있기 때문이다. 따라서 하루하루 증상들을 실질적으로 관리하는 것이 의사들에게는 병명을 어떻게 지칭할 것인가 하는 문제보다 훨씬 더 중요할지도 모른다. 또한 『DSM-III』에 규정된 주요우울장애의 세계에서는 멜랑콜리아라는 단어가 더 이상 중요하게 다뤄지지 않기도 했다.

환자가 진심 어린 보살핌과 최선의 치료를 받는다면, 그 사람의 병을 부르는 이름이 중요할까? 입원 첫날 이후 내 차트에 멜랑콜리아라는 단어가 등장하지 않는다는 사실이 병원 측이 내게 저지른 중대한 실수와 관련이 있는지는 잘 모르겠다. 그러나 멜랑콜리아가 주요우울증이라는 이름하에 일반 사람들은 물론 심지어 의학계의 시야에서도 가려져 있었다는 사실은 중요하게 다룰 가치가 있다고 본다. 상당히 드물고 위험한 증후군의 이름에 대부분의 경우 병으로 여겨지지도 않고 사람들에게 흔히 나타나는 상태인 '우울'이라는 단어가 사용된다는 사실이 중요하다(영어의 depression은 '우울증'뿐만 아니라 단순히 우울하고 의기소침한 상태도 가리키는 단어다—옮긴이).

티머시 로저스를 비롯한 여러 기독교인 작가들과 마찬가지로, 로버트 버튼은 멜랑콜리아가 언제나 우리 곁에 있을 것이라고 보았다. 아담과 이브가 낙원에서 추방된 뒤로 질병과 고통은 언제나 인간이 감내해야 할 몫이었기 때문이다. 실제로 버튼은 이 병의 첫 번째 원인으로 대뜸 "하느님"을 지목한다.[28] 회의적이고 과학을 중시하는 우리 시대는 이런 주장을 받아들이지 않지만, 우리가 갖고 있는 치료법은 멜랑콜리아를 완화해 줄 뿐 치유해 주지는 못한다. 영적인 고통은 모두 뇌의 신경전달물질 사이의 균형이 무너진 탓이라고 보는 한물간 믿음 속에서 우리는 그 고통을 고쳐 준다는 약을 먹는다. 그러나 그 약들의 효과는 완전하지 않다. 기분장애 연구는 분자생물학과 유전학 쪽으로 옮겨 가고 있는데, 앞으로 때가 되면 버튼의 생각이 틀렸음이 증명될 것이라고 봐도 좋을 듯하다. 그러나 그때가 금방 올 것 같지는 않다.

3

생명을 구하는 법

밀로스 포먼의 영화 〈뻐꾸기 둥지 위로 날아간 새〉를 본 사람이라면 주인공 랜들 맥머피가 전기충격치료를 받는 장면을 쉽사리 잊을 수 없을 것이다. 영국 왕립정신의학학회 대변인은 이 영화가 "ECT에 미친 영향은 〈조스〉가 상어에 미친 영향과 같았다"[1]고 안타까워했다. ECT, 즉 electroconvulsive therapy는 의사들이 전기충격치료를 부르는 말이다. 맥머피는 수갑을 찬 채 친구 브롬든 추장과 함께 벤치에서 기다리다가 하얀 캡을 쓴 간호사의 부름을 받고 치료실로 들어간다. 그가 호기심과 경계심을 함께 느끼며 주위를 둘러보는데 의사의 목소리가 들린다. "아프지 않아요. 1분이면 다 끝날 겁니다." 간호사가 그의 입에 엄청나게 큰 나무조각을 집어넣으면서 "혀를 깨물지 않게 막아 주는 것"[2]이라고 설명한다. 그리고 솜으로 감싼 헤드폰처럼 생긴 것을 그의 관자놀이에 씌운다. 깔끔한 하얀 셔츠에 나비넥타이를 맨 젊은 남자 여섯 명이 그를 움직이지 못하게 붙잡고, 의사는 어떤 기계의 손잡이를 돌린다. 카메라는 전기가 뇌를 통과하면서 온몸이 경련하기 시작하는 맥머피의 얼굴에 초점을 맞춘다. 그는 어떻게든 숨을 쉬어 보려고 몸부림치지만, 간호사가 그의 정수리와 턱을 한꺼번에 붙잡아 그 거대한 나무가 입에서 빠져나오지 않게 한다. 그의 몸이 아치처럼 둥글게 휘면서 경련하자, 양쪽에 세 명씩 늘어선 여섯 남자가 발버둥 치는 그의 다리, 엉덩이, 어깨를 잡아 누른다. 이 무서운 치료 장면에서 사람들이 공감할 수 있는 존재는 맥머피뿐이다. 이 역을 맡은 잭 니콜슨은 그의 배우 인생에서 가장 기억에 남을 만한 연기로 맥머피를 생생하게 살려 낸다. 카메라가 그의 얼굴에서 도무지 물러나려 하지 않기 때문에, 관객들은 느리게만 느껴지는 30초 동안 인간의 몸이 심한 간질 발작을 겪는 것처럼 경련하는 모습을 지켜볼 수밖에 없다.

1975년에 공개된 포먼의 이 영화는 비평가와 대중에게서 모두 찬사를 받았고, 그 여세를 몰아 아카데미 시상식에서 주요 부문 상을 다섯 개나 거머쥐었다. 그 뒤로 이 영화는 정신병동에 입원하게 될지도 모르는 많은 사람들에게 두려움을 안겨 주었다. 오리건주립병원에서 환자들과 의료진을 엑스트라로 출연시켜 촬영된 이 영화는 의도적으로 환자를 교도소 재소자처럼 다룬다. 이 영화의 원작인 켄 키지의 1962년 소설처럼 영화도 정신의학과 전체주의적인 이론에 반발하며, 정신병동에 입원한 사람들을 억압적인 사회조직에 갇힌 죄수로 묘사한다.[3] 그들은 모두 어떤 의미에서 정상이 아니기 때문에, 미국 사회가 요구하는 인간이 될 때까지, 즉 활기를 잃고 거세당해서 유순하게 순응하는 인간이 될 때까지 그곳에 갇혀 있을 것이다. 맥머피는 도박사이고, 한국전쟁 참전 군인(명령 불복종으로 불명예제대했다)이며, 전방위 말썽꾼으로 여러 차례 법을 어기더니 이번에는 미성년자 강간을 저질렀다. 그는 교도소에서 강제 노동을 하기가 싫어 정신병자 행세를 하기로 한다. "그렇게 해서 그 망할 놈의 완두콩밭을 벗어날 수 있다면, 그 속 좁은 놈들이 원하는 대로 해 주지 뭐. 사이코패스든 미친개든 늑대 인간이든 상관없어." 그는 정신병원에 들어가서 영웅적인 반란자가 되어 그곳에 있는 망가진 사람들에게 인간을 싫어하는 사디스트 간호사 랫체드에 맞서 일어서라고 선동한다.

환자들이 '대大간호사'라고 부르는 랫체드는 자신의 권위에 무도하게 도전한 맥머피에게 대응할 방법을 갖고 있다. "맥머피 씨, 충격치료실이 수면제, 전기의자, 고문대와 같은 역할을 한다고 할 수도 있을 겁니다. 간단하고 훌륭한 시술이에요. 빠르고, 통증도 거의 없고, 아주 순식간에 끝나지만, 그 치료를 다시 받고 싶어 하는 사람은 없죠. 절대로." 충격치료실은 환자를 확실히 유순하게 만드는 협박이다. 브롬든 추장은 러클리라는 사람이 "뇌를 죽이는 그 더러운 방"에서 어떤 모습으로 돌아왔는지 다음과 같이 묘사한다. "눈을 보면 놈들이 거기서 그 친구를 어떻게 완전히 태워 버렸는지 알 수 있어. 그 친구 눈이 온통 흐린 잿빛으로 변해서, 터진 퓨즈처럼 안으로 도망쳐 버렸더라고." 맥머피는 충격치료실에서도 고장 나지 않은 모습으로 나온다. 그의 약한 동료들에게는 몹시 놀라운 광경이다. 그는 전기 충격을 받아 봤자 자기 몸의 성적인 매력만 늘어날 뿐이라고 우스갯소리를 한다. "내가 여기서 나갔을 때, 이 1만 와트짜리 레드 맥머피를 가장 먼저 잡아채는 여자는 핀볼 기계처럼 반짝반짝 불이 켜져서 달러 은화를 척척 내놓을 거야!" 그러나 그가 랫체드 간호사를 거의 목 졸라 죽일 뻔한 뒤, 그녀는 자신의 무기고에서 가장 가공할 무기인 전두엽 절제술로 맥머피를 파괴해 버린다. 카메라에는 잡히지 않는 이 수술에 대해 소설에서는 '전두엽 거세'라고 언급한다. 뇌의 전두엽으로 통하는 신경을 잘라 버리는 수술이다. 그 이후에 맥머피는 고개를 잘 가누지 못하고, 눈은 텅 비어 있다. 이마에는 두 개의 절개 흔적이 보인다. 추장은 친구의 몸만 살아 있을 뿐 친구 본인은 이미 죽어 버렸음을 깨닫는다. 그래서 베개로 맥머피를 질식시키고, 거대한 대리석 수水치료 기계를 창밖으로 던져 버린 뒤 병원에서 도망친다.

영화에서 전기충격치료와 전두엽 절제술은 정신병원에서 사람의 영혼을 죽여 버리는 두 가지 도구로 등장한다. 전두엽 절제술은 실제로 전두엽을 돌이킬 수 없게 훼손하는 수술이었지만, ECT는 약물에 저항하는 최악의 우울증 환자의 목숨을 구해 주는 경우가 많다. 특히 자살 위험이 커서 시급한 조치가 필요할 때 더욱 그렇다.

키지는 캘리포니아주 멘로파크의 재향군인 병원에서 야간 보조로 일한 경험을 바탕으로 소설을 썼다. 거기서 그는 환각제의 효과를 시험하는 실험에 자원하기도 했다. 그것이 'MK 울트라'라는 CIA 비밀 프로그램의 일환이라는 사실은 알지 못했다. 이 프로그램의 목적은 심문에 유용하게 사용할 수 있는 약물과 심리 통제 기법을 찾아내는 것이었다.[4] 이 소설의 핵심 주제는 정신병자라는 낙인이 찍힌 사람들은 그저 사회에 순응하지 않거나 순응할 수 없는 사람들에 불과하며, 정신과 치료에 굴복하는 것은 진정한 자아를 배신하는 행위라는 것인데 키지 본인의 독창적인 생각은 아니었다. 1960년대 초에 정신과 진단, 치료, 감금에 이의를 제기하는 책이 여러 권 출판되었다. 그 중에 몇 권을 꼽는다면, 헝가리에서 이주해 온 정신과 의사 토머스 사스의『정신병이라는 허구The Myth of Mental Illness』, 스코틀랜드의 정신과 의사 R. D. 랭의『분열된 자기』, 캐나다의 사회학자 어빙 고프먼의『수용소』와『낙인Stigma』 등이 있다. 특히 사스의 연구는 환자 권리 운동에 지적인 기반을 제공해 주었다. 샌프란시스코 베이 지역에서 자칭 정신병원의 생존자들을 포함한 행동가 그룹이《매드니스 네트워크 뉴스》라는 계간지를 발행해 "가장 기본적인 개인의 선택권, 자결권, 인권조차"[5] 부정당한 사람들의 증언을 실었다. '토머스 사스, 자유의 전사'라는 기사와 'R. D. 랭, 슈퍼스타'라는 기사도 이 잡지에 실린 적이 있다. 정신병에 대해 랭은 미친 세상에 대응하는 합리적인 방법이라고 주장했다. 전기충격치료가 얼마나 끔찍한지를 집중적으로 다룬 기사들도 있었다. 캘리포니아주 버클리의 주민들은 1982년에 ECT를 금지하는 법안에 찬성표를 던졌으나, 이 조치는 금방 뒤집어졌다.

사스는 1956년부터 1990년까지 뉴욕주립대학교 업스테이트의과대학의 교수로 일하면서도 자신이 몸담은 분야에 등을 돌린 정신의학자로서 미국 반反정신의학 운동을 앞장서서 이끌었다. 그는 자신이 정신의학을 가르치는 것은, 무신론자가 신학을 가르치는 것과 같다고 말했다. 1969년 그는 사이언톨로지교教와 힘을 합쳐 시민 인권위원회를 만들었다. 이 단체는 지금도 인터넷에서 모든 종류의 정신과 치료에 반대하며 목소리를 크게 높이고 있다. 사스가 정신의학을 공격한 때는 마침 정신의학계가 힘든 시기였다. 이 세상에 정신병이라는 것은 존재하지 않는다는 사스의 핵심적인 주장은 정신병에 대한 명확한 심리학적 증거가 부족하다는 정신의학계의 고질적인 문제와 잘 맞아떨어졌다. 사스는 저서를 낼 때마다 정신은 물리적인 장기가 아니기 때문에 정신병이 존재할 수 없다고 주장했다. 마지막 저서에서는 자살을 예방하기 위한 정신과 치료에도 반대했다. 스스로 목숨을 끊는 것은 자발적인 행위로서 모든 인간의 권리라는 논리였다. 그는 뇌와 신경계에 발생한 병리적 현상 때문에 정신병이 생긴다는 주장에도 동조하지 않았다. 이른바 '치료 국가'[6](정신의학과 정부가 결합한 체제로 개인의 행동, 생각, 감정을 억압한다-옮긴이)에 의한 진단을 통한 꼬리표 붙이기, 강압, 감금에 반대하는 것이 그에게는 무엇보다 중요한 관심사였다.

포면의 영화나 키지의 소설을 본 많은 사람들은 정신병을 앓는 사람들이 때로는 도움을 받기보다 학대를 당하는 현실을 인식했을 것이다. 〈뻐꾸기 둥지 위로 날아간 새〉가 부정할 수 없는 진실을 꺼내든 것은 분명하다. 전기충격치료가 무력한 정신 질환자들을 수용한 주립 병원에서 일종의 처벌로 이용되었다는 진실. ECT는 1942년 병상 7,000개 규모의 조지아주립요양원에 도입되었다. 당시 환자들과 의료진은 이 치료법을 '조지아 파워 칵테일'이라고 불렀다.[7] 그곳에서 심리상담가로 일했던 피터 크랜포드는 이렇게 회상했다. "환자들이 '처벌'과 '전기충격치료'라는 단어를 동의어로 받아들일 때가 많았다." 이곳처럼 큰 병원에서는 의료진에 의한 학대가 빈번했다. 환자 100명당 의사의 비율이 1명도 안 됐기 때문이다. 국립보건원에 제출된 1985년 보고서에서 의학 역사가 데이비드 로스먼은 다음과 같이 썼다. "치료 목적이 아니라 병원 직원들의 편의를 위한 환자 통제에 오용된다는 측면에서 ECT는 의학적/외과적 방법들 중 사실상 독보적인 위치를 차지하고 있다."[8] 정신병동에 입원한 맥머피와 그의 동료들도 같은 상황이었다. 전기충격치료를 비롯한 여러 치료법은 오로지 위협과 처벌의 목적으로 그들에게 사용되었다.

사스는 『뻐꾸기 둥지 위로 날아간 새』가 자신과 같은 주장을 펼치고 있다는 점을 반가워했다. 심지어 소설을 인용해도 되겠느냐고 허락을 구하는 편지를 키지에게 보내기도 했다. 이 편지에서 그는 이 소설에 "엄청난 걸작"이라는 찬사를 보냈다. 키지는 다음과 같은 답장을 보냈다.

사스 씨, 당신의 편지를 심리학 박사과정을 밟고 있는 이웃에게 보여 주었더니 몹시 놀라워했습니다. "아니, 세상에, 사스? 맞아요. 이 사람 책[『정신병이라는 허구』]은 심리학계의 딜레마죠!" 이런 외진 곳까지 당신이 어떤 영향을 미치고 있는지 보여 주는 말이었습니다. 물론 제 책을 인용하셔도 됩니다. 그래 주시면 오히려 영광입니다.[9]

키지는 자신이 버지니아의 병원에서 야간 근무를 하는 동안 소설을 썼으나, 전기충격치료 장면은 예외였다고 설명했다. "그 장면은 다음 날, 그러니까 친구가 준비해 준 장비로 제가 직접 그 치료를 받아 본 다음 날 썼습니다." 키지가 친구에게 부탁해서 임시변통으로 그 치료를 받아 보아야겠다고 생각한 이유가 정확히 무엇인지는 알수 없지만, 그가 그런 식으로 스스로를 실험 대상으로 삼은 것이 얼마나 대담한 일이었는지는 알 수 있다. 다른 글에서 키지는 다음과 같이 썼다. "페요테(선인장의 일종이자 그 선인장에서 채취한 마약의 이름이기도 하다—옮긴이)가… 내 주요 화자(편집증이 있고 환상을 좇는 브롬든 추장)를 낳았다. 그 작은 선인장 여덟 개를 꾸역꾸역 삼킨 뒤 내가 처음 세 페이지를 썼기 때문이다."[10] 1990년의 인터뷰에서 키지는 환각제에 대한 오랜 사랑 때문에 스스로 몸을 얼마나 해쳤을지 추측해 보았다.

"만약 내가 시간을 거슬러 올라가서, 몇 가지 경험을 포기하는 대가로 그동안 타 버렸을 것으로 짐작되는 뇌세포를 살릴 수 있다는 선택지와 맞닥뜨린다면 쉽게 결정할 수 없을 것 같다."[11]

『뻐꾸기 둥지 위로 날아간 새』가 발표된 뒤 겁에 질린 환자들에게 ECT를 권고할 때 정신과 의사들은 영화에도 소설에도 그 치료가 정확히 묘사되지 않았다고 환자를 설득해야 했다. 1975년에 영화 〈뻐꾸기 둥지 위로 날아간 새〉를 보려고 극장에 몰려든 사람들이 목격한 것은 마취제도 근육 이완제도 없이 시술이 이뤄지는 장면이었지만, 사실은 1950년대 중반부터 이 두 가지 약이 일상적으로 사용되고 있었다. 그러나 많은 관객들은 언제나 영화 속 장면처럼 치료가 이루어진다고 생각해 버렸다. 의사들은 이 두 가지 약이 나오자마자 사용하기 시작했다. 근육 이완제 없이 ECT를 시행하면, 심한 경련 중에 환자의 척추가 압박골절 되는 일이 가끔 있었기 때문이다.[12] 환자를 푹신한 침상에 눕히고, 가죽끈으로 몸을 고정해도 그런 일을 완전히 피할 수는 없었다.

실비아 플라스의 자전적인 소설『벨 자』는 1953년 여름 그녀가 자살 충동을 동반한 우울증을 앓을 때의 경험을 다뤘는데, 주인공인 에스더 그린우드가 마취제 없이 전기충격치료를 받는 유명한 장면이 있다. "그때 뭔가가 아래로 수그려져 나를 붙잡고, 세상이 끝난 것처럼 나를 흔들어 댔다. 휘이이이이 하고 찢어지는 듯한 소리가 나면서, 허공이 칙칙거리며 파란 불빛이 튀었다. 한 번 빛이 번쩍일 때마다 엄청난 충격이 나를 강타해서 나중에는 뼈가 부러져 식물을 쪼겠을 때처럼 수액이 날아가 버릴 것 같다는 생각이 들었다. 내가 도대체 얼마나 끔찍한 일을 저질렀기에 이런 일을 당하나 싶었다."[13] 플라스의 가족 주치의가 소개한 젊은 정신과 의사는 경험이 없었기 때문에 그녀를 외래환자로 받아서 그녀에게 사실을 제대로 알리지 않고 마취제도 없이 ECT를 시행했다.[14] 당시 플라스의 애인이던 고든 러마이어는 이렇게 썼다. "실비아가 너무나 충격을 받아서… 자기도 알지 못하는 범죄 때문에 전기의자에서 사형을 당한 것 같다고 생각할 만큼 비이성적인 상태였다."[15] 주인공 에스더는 소설의 첫 문장부터 줄리어스 로즌버그와 에설 로즌버그 부부(소련 스파이로 활동한 미국인 부부-옮긴이)의 임박한 처형에 온통 정신이 팔려 있다. "기묘하고 무더운 여름, 로즌버그 부부가 전기의자로 처형당한 여름이었다."[16] 그런데 에스더가 충격적인 ECT 경험을 하면서 전기의자 처형과 전기충격치료 사이의 구분이 모호해진다.

엄청난 충격과 치직거리는 파란빛이 나오는『벨 자』의 생생한 묘사는 ECT에 반대하는 웹사이트에서 자주 인용된다. 전기충격치료를 일종의 전기 고문처럼 묘사한 부분이 유용하기 때문이다. 그러나 플라스의 소설에는, 비록 다른 곳에 인용된 적이 아주 드물지만 훨씬 더 성공적인 ECT의 사례도 묘사되어 있다. 그녀가 같은 해에 맥밀런병원에서 받은 치료인데, 그 후에 그녀는 스미스칼리지로 돌아가 마지막 학기를 마무리했다. "그 모든 열기와 두려움이 스스로 씻겨 나갔다. 내 마음이 놀라울 정도로 평화로워졌다. 내 머리 위 1미터 남짓한 곳에 그 종 모양 항아리가 걸려 있었다. 나는 순환하는 공기를 향해 열려 있었다."[17] ECT를 고작 몇 번 받은 뒤 자살 충동을 동반한 우울증에서 벗어난 많은 사람들이 이런 안도감을 느꼈다는 기록을 남겼지만, 지금도 사람들은 영화와 텔레비전에서 본 영상들을 통해 전기충격치료를 인식하고 있다. 이 치료로 실제 효과를 본 사람들의 경험과는 삐걱삐걱 어긋나는 영상들이다.

플라스의 설명이나 맥머피가 고통을 받는 장면을 현재의 일반적인 절차에 따른 ECT, 즉 근육 이완제, 마취제, 산소가 투여되는 ECT와 비교해 보자. 정신과 의사 대니얼 칼랫은 환자 마이클에게 이런 준비 절차를 제대로 적용했을 때의 상황을 다음과 같이 묘사한다. 마이클은 의식이 없는 상태다.

"치료 실시!" 나는 이렇게 외치고서 빨간 단추를 눌렀다.

1, 2초쯤 지난 뒤 기계에 전압이 다 차오르자 크게 삐이이이 하는 소리가 울렸다. 전류가 흐르고 있다는 신호였다. 마이클의 턱에 힘이 들어가더니, 곧 그의 오른발이 아주 가늘게 떨리는 것이 보였다. 그가 발작을 일으키고 있는지 확인하려고 뇌파를 보자, 확실히 뇌의 커다란 부분에서 일정한 리듬의 활동, 다시 말해 발작이 일어나고 있었다.[18]

한 의사는 현대의 전기충격치료가 의학적으로 평범한 일이라는 점을 강조하면서 다음과 같이 말했다. "우리는 최대한 진부하게 가려고 한다."[19] 한 환자도 같은 의견이었다. "그것은 아무것도 아니다. 잠들었다가 깨어 보면 치료가 전부 끝나 있다. 치과 치료보다 더 편안하다."[20] 현대 ECT가 얼마나 평온하게 시행되는지는 이 치료법이 안고 있는 낙인을 지우기 위해 사람들이 유튜브에 올려놓은 짤막한 영상에서도 볼 수 있다.[21] 발작을 알아내는 방법은 가늘게 떨리는 한자의 몸밖에 없기 때문에 사실 영상에는 딱히 볼 만한 것이 거의 없다. 영화와 텔레비전 드라마에서 이 치료 모습을 현실과 다르게 묘사하는 이유가 십중팔구 이것일 것이다.

인기 있는 텔레비전 시리즈 〈홈랜드〉에서 이 점을 실감할 수 있다. 양극성장애를 앓는 여주인공 캐리 매디슨은 첫 번째 시즌 마지막 회에서 ECT 치료대에 누워 몹시 무서운 일을 겪는 것 같은 연기를 한다. 마취의가 링거를 통해 약을 주입하자, 그녀는 100에서부터 거꾸로 숫자를 세기 시작한다.[22] 그러다 갑자기 그녀가 깨어난다. 플롯상 중요한 기억이 떠오르면서 무의식으로 빠져드는 과정을 방해했기 때문이다. 그녀는 그 기억을 잊어버릴까 봐 두려워한다. 그러다 다시 잠에 빠져들지만, 라텍스 장갑을 낀 의사의 손이 관자놀이에 전극을 붙이고 기계에서 전기 펄스가 나오기 시작하면서 캐리의 얼굴 전체가 고통스럽게 경직되고 몸이 거칠게 떨린다. 이렇게 손에 땀을 쥐게 하는 장면에서 화면이 검게 변하며 시즌이 끝난다. 이 드라마의 프로듀서 중 실제로 양극성장애를 앓는 자매를 둔 사람이 이 병을 현실적으로 묘사하고 싶다고 말하기는 했지만, 캐리가 치료를 받는 이 장면은 극적인 요구에 굴복해서 ECT를 악몽에 가까운 모습으로 그려 내고 있다.[23]

〈홈랜드〉에서처럼 전기충격치료를 과장되게 표현한 장면들은 텔레비전과 영화에 지금도 계속 등장하며 시청자와 관객에게서 공포와 전율을 이끌어 낸다. 메리 울스턴크래프트 셸리가 1818년에 내놓은 고딕 소설 『프랑켄슈타인』을 읽을 때와 비슷한 감정이다. 셸리의 소설에는 당시 비교적 새로운 과학적 소산이었던 전기에 대한 대중의 관심이 반영되어 있다.[24] 또한 ECT 장면처럼 전기 충격과 몸이 경련하는 모습이 이 소설에도 등장한다. 셸리의 소설에서 과학자 빅터 프랑켄슈타인은 자신이 묘지에서 훔쳐 온 시체들의 일부를 이어 붙여서 인간처럼 만들어 놓은 것에 전기로 "생명의 불꽃을 주입"[25]할 수 있을 것이라는 희망을 품는다. 창조주인 그가 들려주는 이야기 속에서, 이 괴물은 격렬한 경련을 하며 깨어난다. "벌써 새벽 한 시였다. 빗줄기가 유리창을 우울하게 두드리고 양초도 거의 다 타서 꺼지기 직전일 때, 반쯤 꺼지다시피 한 빛 속에서 나는 그것의 탁한 노란색 눈이 떠지는 것을 보았다. 그것이 크게 숨을 쉬더니, 팔다리가 경련하며 살아났다."

당시 사람들은 죽은 자를 되살릴 수 있는가 하는 문제에 매혹되었다. 셸리는 조반니 알디니에게서 소설의 영감을 얻었다. 그는 1791년에 근육과 신경이 서로 전기신호를 주고받는다는 사실을 발견한 삼촌 루이지 갈바니의 연구를 바탕으로 실험을 실시했다.[26] 물에 빠지거나 질식한 사람을 되살릴 방법을 찾던 알디니는 1803년에 런던의 뉴게이트 감옥에서 아내와 자식을 살해한 혐의로 교수형을 당한 남자의 시체에 전기 실험을 했다. 그의 이 섬뜩한 공개 실험을 구경한 사람들은 "포스터의 눈이 떠지고, 오른팔이 들려 힘이 들어갔으며, 다리가 움직였다"고 보고했다. 어떤 사람들은 그 죽은 남자가 "되살아나기 직전"인 것처럼 보였다고 말했다. 알디니도 "멜랑콜리의 광기"에 시달리는 어느 농부의 머리에 전기장치로 실험한 결과 어느 정도 성공을 거뒀다고 보고했다.[27] 벤저민 프랭클린과 그의 친구이자 네덜란드의 의사인 얀 잉겐하우스가 예전에 제안했던 전기 충격 사용법이었다. ECT는 전기가 기운을 북돋울 수 있을 것 같다는 이 초창기의 육감을 정교하게 다듬은 것이다. 심각한 우울증이 살아 있는 죽음과 같다면, ECT는 그 망자에게 생명을 되돌려줄 수 있다. 토크쇼 사회자 딕 캐빗은 처음 전기충격치료를 받은 뒤 병원 침대에서 일어나 앉았을 때 아내가 병실로 들어오자 이렇게 말했다. "봐, 내가 산 사람들의 세상으로 돌아왔어."[28]

살인자의 시체에 으스스한 실험을 한 알디니는 19세기에 전기 치료가 급속히 발전하는 데 기여한 여러 과학자 중 한 명일 뿐이다. 신경증을 앓는 사람들에게 개인 병원에서 전기 자극 치료를 시행하는 것은 일상적인 일이 되었고, 이 기술은 현대에도 심박 조율기, 심장 제세동기, ECT에 계속 사용되고 있다. 그러나 이런 혁신적인 의학 기술 중 ECT만은 아직도 낙인을 벗어 버리지 못했다. 〈ER〉이나 〈그레이즈 아나토미〉 같은 텔레비전 드라마들이 심정지 환자에게 전기 자극을 주었을 때의 극적인 효과를 일상적으로 보여 주는데도 ECT가 여전히 이런 공포의 대상으로 남은 것이 신기하다. 드라마에는 의사가 환자의 가슴에 전기 자극 판을 대고 "실시!"라고 외치는 장면이 자주 나온다. 그러면 환자의 몸이 확실하게 충격을 받아 들썩이고, 주위 사람들은 모두 정상적인 심박이 돌아왔는지 확인하려고 초조한 표정으로 모니터를 힐끔거린다. 1947년에 클로드 벡이 심장 수술 중 처음으로 사용한 제세동기는 이미 정지했거나 불규칙하게 뛰는 심장을 정상적인 리듬으로 되돌릴 수 있다. 이때 심장으로 흘러가는 전류의 양은 ECT가 뇌로 흘려보내는 전류의 양보다 훨씬 더 크다. 그래도 병원 응급실에서 사용되는 전기 충격은 적어도 영화와 텔레비전에서는 사람을 살리는 영웅처럼 묘사되며, 그런 치료법의 필요성에 대해 의문을 품는 사람도 전혀 없다.

제세동기와 ECT가 항상 이렇게 정반대의 시선만 받은 것은 아니다. 1952년에 《타임》과 《뉴스위크》는 심장에 충격을 주는 신기술이 이미 뇌에 사용되고 있는 기술과 기본적으로 같다는 점을 강조했다. "방황하던 정신 질환자 수백 명을 이미 건강하게 돌려놓은 전기 충격이 심장이 멈춘 예쁜 시카고 간호사의 목숨을 구했다."[29] 그러나 두 기술이 똑같다는 말은 정확히 말하면 사실이 아니다. ECT는 치료를 위해 전기를 이용해서 뇌의 발작을 유도하는데, 여기서 가장 중요한 요소는 전기 충격이 아니라 바로 발작이다(따라서 일상적인 대화에서는 '전기충격치료'가 유용할지 몰라도 정확한 용어는 아니다).

ECT의 작용 기전에 대해 설득력 있는 가설이 여러 가지 나와 있다. 심각한 우울증은 뇌의 어떤 지역에서는 신호가 연결되지 않고 다른 지역, 특히 왼쪽 배측면 전전두엽 피질(DLPFC)에서는 지나치게 활발히 연결되는 탓에 발병하는 것으로 보인다. ECT는 DLPFC에서 신호 연결을 감소시킨다. 이 부분이 부정적인 감정과 연관되어 있기 때문이다. 양측 발작을 일으키면 뇌의 좌우반구에서 신호 연결의 불균형을 해결할 수 있다.[30] ECT는 호르몬의 급격한 분출을 야기하며, 이것이 시상하부-뇌하수체-부신(HPA) 축을 따라 기능 이상을 완화하고 코르티솔의 과도한 생산을 저지한다. 동물을 대상으로 한 연구에 따르면, 발작은 해마에서 신경 생성(새로운 뉴런의 생성)을 증가시킨다.[31]

의학의 발전이 대개 그렇듯이, ECT의 역사도 읽다 보면 때로 불편한 감정이 들 수 있다. 20세기 전반기에 과학자들은 정신 질환자의 혼란스러운 정신을 치유하려고 애쓰는 과정에서 그들의 몸에 과격한 실험을 했다. 개중 일부는 수 세기에 걸쳐 의사들이 관찰한 결과, 즉 고열, 발작은 물론 심지어 코마까지도 때로 긍정적인 변화를 가져올 수 있다는 관찰 결과를 바탕으로 한 것이었다. 1917년 율리우스 바그너 야우레크는 매독이 원인인 마비성 치매를 앓는 환자에게 말라리아에 감염된 혈액을 주사했다. 고열을 유도하기 위해서였다. 바그너 야우레크는 그의 치료를 받던 환자 중 15퍼센트가 목숨을 잃었는데도 1927년 노벨 의학상을 수상했다.[32]

1930년대에 만프레드 사켈은 인슐린 과다 투여로 환자를 혼수상태에 빠뜨리는 실험을 했다. 환자들의 몸은 인슐린 쇼크 상태에 빠졌을 뿐만 아니라, 발작까지 일으킬 때도 많았다. 사켈은 포도당 주사로 환자를 살려 낸 뒤, 같은 방법을 몇 주 동안 매일 시행했다. 그 결과 혼수상태와 발작이 모두 정신분열증 환자를 진정시키는 효과가 있는 것 같았다. 때로는 정신병을 앓는 환자의 정신이 또렷해지기도 했다. 이 치료법은 1940년대와 1950년대에 널리 사용되었으나, 결국 인슐린 쇼크와 포도당 주사가 득보다 실이 많다는 결론이 내려졌다. 한 미국인 정신과 의사는 인슐린 치료 병동에서 자신이 겪은 일에 대해 다음과 같이 말했다. "몸을 들썩이고, 신음하고, 움찔거리고, 소리를 지르고, 손으로 뭔가를 움켜쥐려 하는 사람들이 사방에 있어서, 마치 단테의 『신곡』을 그린 귀스타브 도레의 지옥 그림 속에 내가 들어와 있는 것 같았다."[33]

정신과 의사들이 열광적으로 채택한 치료법이 나중에 아무런 효과도 없다고 밝혀진 사례들은 의학의 다른 분야에서 일어난 일들과 다르지 않다. 혁신은 치료법을 찾고자 하는 욕망에서 태어난다. 20세기 중반에 효과적인 정신병 치료제와 항우울제가 나올 때까지 정신과 의사들은 정신이상 증세를 보이거나, 몸이 마비되거나, 심각한 우울증으로 움직일 수 없게 되어 정신 요양원에서 세월을 그냥 흘려보내는 환자들을 무기력하게 돌보는 사람일 뿐이었다. 심각한 정신병에는 어떤 치료법도 효과를 보이지 못했으므로, 의사들은 하다못해 일시적인 증세 완화만이라도 볼 수 있다면 절박한 방법에 매달리는 것을 주저하지 않았다. 정신의학의 역사를 연구한 에드워드 쇼터가 "허무주의적인 절망의 반세기"[34]라고 묘사한 당시의 분위기를 감안해야만, 고열이나 혼수상태나 발작을 유도한 실험들이 비록 위험할망정 대담했던 조치로 이해될 수 있다.

1932년 부다페스트에서 라디슬라스 메두나라는 젊은 신경정신과 의사가 현미경 앞에 앉아, 간질 환자와 정신분열증 환자의 사후 뇌에서 채취한 절편들을 비교 관찰하고 있었다. 메두나는 원래 병리학을 전공했지만, 어쩌다 보니 곧 정신병원에서 환자들을 보살피게 되었다. 현미경으로 관찰하던 그는 뉴런들을 서로 연결해 주고 고정해 주는 신경아교세포의 밀도와 부족도에 놀라운 차이가 있음을 발견했다. 정신분열증 환자에게 간질이 나타나는 경우는 드물다고 여겨졌으므로, 의사들은 오래전부터 이 두 질환이 생물학적으로 서로 길항 관계가 아닌지 의심하고 있었다. 그렇다면 발작과 정신이상 사이의 관계도 같다는 뜻이었다. 스위스의 의사 파라켈수스는 16세기에 이미 장뇌를 이용해 이른바 광인들에게 간질성 경련을 유도했다. 메두나와 아는 사이인 헝가리의 두 의사는 두 질병이 서로 길항 관계일 것이라는 가설을 바탕으로 정신 질환자의 피를 간질 환자에게 주사하는 실험을 해 보았으나 성공하지 못했다.[35] 메두나는 이 가설을 거꾸로 뒤

집어서, 정신분열증 환자에게 발작을 유도하는 안전한 방법을 찾아보기로 하고 모르모트에게 장뇌를 주사하는 실험을 시작했다.

서른세 살의 전기 기술자 졸탄 L.은 메두나가 일하던 헝가리왕립 정신병원에 1930년 10월부터 입원한 상태였다. 그는 아내를 목 졸라 죽이려 했다는 이유로 이 병원에 오게 되었으나, 본인은 그 일을 기억하지 못했다. 입원 당시 그의 진단명은 정신분열증이었는데, 그는 아내에 대한 질투와 딸이 자신의 아이가 아니라는 의심에 사로잡혔다. 그는 때로 자신의 배에서 목소리가 들려온다고 하기도 하고, 사람들이 자기 면전을 지나간다고 하기도 하고, 동물들이 자기 발 앞에서 '살금살금' 움직인다고 하기도 했다. 입원 4주 전 그는 아내에게 자살하고 싶으니 독약을 구해 달라고 부탁했다. 입원 뒤 말도 하지 않고 꼼짝도 하지 않는 그에게 의사들은 여러 달 동안 아편을 이용한 치료를 하다가 그다음에는 당시 자극제로 사용되던 스트리크닌을 2주 동안 사용했다. 그러나 두 방법 모두 원하는 효과를 내지 못했다.[36]

1934년 1월 23일, 메두나는 환자에게 발작을 유도하는 실험을 할 준비가 되어 있었다. 그는 3년 전 입원한 뒤로 식음을 전폐해서 튜브로 음식을 공급받으며 지속적인 마비 상태에 있던 졸탄을 실험 대상으로 선택했다. 메두나는 동료들이 지켜보는 가운데, 졸탄에게 장뇌와 기름 용액을 주사했다. 메두나의 자서전에 따르면, "두려움에 시달리며 초조하게 45분 동안 지켜본 끝에 환자가 갑자기 고전적인 간질 발작을 일으켰으며, 그 증세가 60초 동안 지속되었다."[37] 졸탄이 의식을 되찾았을 때, 메두나는 불안해서 기절하기 직전이었다. "내 몸이 떨리기 시작했다. 땀이 줄줄 흘러서 온몸이 거의 흠뻑 젖다시피 했고, 나중에 들은 얘기에 따르면 내 얼굴도 잿빛이었다."[38] 당시에는 의사들이 제대로 기능을 발휘하지 못하는 환자에게 환자 본인의 허락도 없이 실험을 할 수 있었다. 따라서 메두나가 발작을 지켜보며 두려움에 떨다가 졸탄에게 아무 이상이 없는 것처럼 보인다는 점을 확인하고 안도했다는 이야기는 고무적이다.

졸탄은 한 번씩 주사를 맞을 때마다 한참 뒤에 발작을 일으켰다. 그의 상태에 변화가 일어난 것은 주사를 다섯 번째 맞았을 때였다. 메두나는 다음과 같이 설명한다. "그가 자발적으로 침대에서 일어나 활기차게 움직이며 먹을 것을 청한다… 주위의 모든 일에 관심을 보이며, 자신의 병에 대해 물어보고는 그동안 자신이 아팠음을 깨닫는다. 그가 병원에 들어온 지 얼마나 되었느냐고 묻는다. 이미 4년이나 됐다고 말해 주자 그는 믿을 수 없다는 반응을 보인다."[39] 메두나는 자서전에서 졸탄을 완전한 성공 사례로 분류하며, 기억에 남을 만한 일화를 소개한다.[40] 어느 날 아침 메두나가 간호사에게 환자의 상태를 묻자 간호사는 이렇게 대답했다. "그 환자 정말 굉장했어요. 어젯밤에 여기서 탈출해서 집에 돌아갔다가, 아내와 함께 사는 '사촌'이 사실은 친척이 아니라 아내의 애인이라는 사실을 알게 되었거든요." 졸탄은 아내의 애인과 아내를 차례로 두들겨 팬 뒤 병원으로 돌아와 "미친 세상"보다 여기서 사는 것이 더 좋다고 말했다. 메두나는 자서전에서 다음과 같은 말로 졸탄의 사례를 마무리한다. "그때부터 나는 이 환자를 이미 병이 나은 사람으로 생각했다. 내가 1939년에 유럽을 떠날 때도 그는 여전히 좋은 상태였다."

의학 역사가들은 메두나의 이런 설명을 받아들여,[41] 기적적으로 나아진 졸탄이 메두나의 혁신적인 경련 치료가 성공했음을 증명해 준 첫 번째 환자라고 보았다. 메두나는 의학 전문지에 자신의 시험 결과를 발표하면서,[42] 환자 스물여섯 명 중 열세 명의 증세가 놀라울 정도로 호전되거나 완전히 사라졌다고 보고했다. 발작을 유도하는 그의 치료법은 1938년 무렵 이미 유럽과 미국의 정신병원에서 사용되고 있었으며, 메두나는 1939년에 미국으로 이주해서 시카고의 로욜라대학에 자리를 잡았다.

의사들은 이 치료법을 열성적으로 채택했지만, 환자들에게는 힘든 일이었다. 메두나는 일찍부터 장뇌 대신 효과가 더 빠른 화학약품인 메트라졸을 사용했다. 그런데도 약을 주사한 뒤 1분 정도는 지나야 발작이 시작되었는데, 그 시간 동안 환자는 극도의 불안에 시달렸다. 미국의 정신과 의사 솔로몬 카체넬른보겐은 정신분열증, 조증, 울증은 물론 심지어 알코올중독에까지 메트라졸 경련 치료가 사용되던 1940년에 다음과 같이 보고했다. "환자들의 설명에는 확실히 그들이 지니고 있는 기본적인 정신의학적 상태가 일부 반영되어 있지만, 그럼에도 한 가지 공통적인 특징이 두드러지게 나타난다. 고문을 당하는 것 같은 기분, 죽음이 임박했다는 강렬한 두려움이다."[43]

그럼 졸탄은 어떻게 되었을까? 완전히 회복된 환자가 국립 병원에 계속 입원할 수 있었다는 사실이 이상하다. 최근 헝가리의 학자 여러 명이 2007년에 문을 닫은 이 병원의 문서고에서 메두나의 기록을 발굴해 냈다. 이 문서 덕분에 그들은 메두나가 졸탄을 치료한 기간이 1934년부터 1937년까지로 생각했던 것보다 더 길다는 것, 졸탄이 1934년에 잠깐 호전된 뒤 두 번 다시 좋아지지 않아서 끝내 퇴원하지 못했다는 것을 알게 되었다. 그는 1945년에 병원에서 숨을 거뒀다.[44]

부다페스트에서 메두나가 졸탄을 상대로 경련 치료를 시행한 지 겨우 4년 뒤인 1938년에 이탈리아 경찰이 로마의 기차역을 배회하던 남자를 연행했다. 그는 자기 이름도, 주소도 알지 못했다. 남자는 횡설수설하고 헛것을 보는 것처럼 굴었기 때문에, 경찰은 그를 대학 병원 정신과로 데려갔다. 당시 그 병원 정신과장이 마침 우고 케를레티였다. 그는 전기를 이용해 발작을 유도하는 방법을 개발하려고 몇 년 전부터 애쓰던 차였다. 1877년생인 신경정신과 의사 케를레티는 에밀 크레펠린, 알로이스 알츠하이머 등 생물정신의학계의 저명한 인물들과 함께 연구를 수행한 적이 있었다. 1930년대 초에 그는 간질 발작 중 뇌에 어떤 일이 일어나는지를 연구하기 시작했다. 간질과 우울증을 함께 앓는 환자들이 한동안 잦은 발작을 겪고 나면 기분이 나아지는 것 같다는 관찰 결과가 연구의 기반이 되었다.[45]

케를레티는 자신의 연구에 대해 사람들이 도덕적인 혐오감을 드러낼 것이라는 점에 몹시 신경을 썼기 때문에 다음과 같이 썼다. "경련을 일으키는 전기에 사람을 노출시킨다는 생각은 유토피아적이고 야만적이고 위험한 것으로 간주되었다. 모두의 마음속에 전기의자의 유령이 살고 있기 때문이었다."[46] 그래도 그는 연구를 계속했다. 그는 조수들과 함께 2년 동안 개를 상대로 발작을 유도하는 실험을 한 결과, 관자놀이에 전극을 붙이면 개의 목숨에 아무런 지장 없이 발작을 유도할 수 있다는 사실을 알아냈다. 그러고 나서 그들은 인간의 뇌에 전류를 안전하게 흘리는 방법을 찾아내기 위해, 로마의 도살장으로 장소를 옮겨 실험을 계속했다. 그곳에서는 돼지를 도살하기 전에 전기 충격으로 기절시키는 방법이 사용되고 있었다.

케를레티의 동료인 루치오 비니는 전류를 전달할 작은 상자를 만들었다. 문제는 발작을 일으키면서 목숨에는 지장이 없는 전압과 충격 지속 시간을 알아내는 것이었다. 연구 끝에 발작을 일으키는 전류의 양과 목숨을 앗아 가는 전류의 양이 크게 차이난다는 사실을 확실하게 알아낸 그들은 이제 실험의 다음 단계로 옮겨 가도 안전할 것 같다고 생각했다. 게다가 경찰이 마침 뜻하지 않게 첫 번째 인간 실험 대상을 그들에게 데려다준 참이었다. 기차역에서 잡혀온 남자는 병원에서 정신분열증 진단을 받았다. 케를레티는 다음과 같이 썼다. "그가 자신의 뜻을 표현하려 해도 그의 말은 직접 새로 만들어 낸 이상한 단어들로 가득해서 도저히 알아들을 수 없는 횡설수설일 뿐이었다. 그가 표도 없이 밀라노에서 기차를 타고 이곳에 도착한 뒤로 그의 신원에 대해서는 아무것도 밝혀지지 않았다."[47] 케를레티의 조수 중 한 명인 페르디난도 아코르네로는 환자가 "아무 감정도 없이 수동적이며, 열매를 맺지 않는 나무 같다"고 표현했다. 그는 환자의 정신상태가 "완전히 풀어졌"[48]으며 그가 회복할 가망은 거의 없다고 보았다.

4월 11일에 그들은 마침내 실험에 나섰다. 먼저 남자의 치아 사이에 거즈로 감싼 고무관을 물리고, 관자놀이에 식염수로 적신 전극을 붙였다. 비니가 스위치를 켜자 80볼트의 전류가 4분의 1초 동안 흘렀다. 남자의 몸이 펄쩍 튀어오르고, 남자가 소리를 질렀다.[49] 한 번 더 충격을 주자 남자는 벌떡 일어나 앉아서 음탕한 유행가를 부르기 시작했다.[50] 그다음에는 조금 더 길게 전류를 흘려 보았지만 발작은 일어나지 않았다. 다만 환자가 완벽하고 분명한 이탈리아어로 "케 카초 파이Che cazzo fai?"라고 항의했을 뿐이었다. "도대체 무슨 짓을 하는 거야?"라는 뜻이었다.[51] 케를레티는 남자가 이제 조리 있게 말할 수 있게 된 것이 반가웠다. 한 번 더 전류를 흘리자 남자는 한 번만 더 충격을 받으면 죽을 것 같다고 소리쳤다("논 우나 세콘다 모르티페라Non una seconda! mortifera!"). 이제는 의사들이 실험을 계속해도 되는지 불안해져서 서로를 바라보았다. 케를레티가 고개를 끄덕이자 비니가 또 전류를 흘렸다. 그래도 환자가 여전히 발작을 일으키지 않았기 때문에, 케를레티는 그날의 실험을 이쯤에서 마치기로 했다. 환자가 다친 곳 없이 조리 있게 말할 수 있게 되었다는 사실에 기운이 났다.

그들은 아흐레 뒤 같은 환자를 상대로 한 번 더 실험을 실시했다 (케를레티의 기록에는 이 두 번의 실험이 하나로 합쳐져서 즉시 극적인 성공을 거둔 것처럼 묘사되어 있다).[52] 이번에는 비니가 완전한 간질 발작을 충분히 일으킬 수 있을 만한 전류를 흘려보냈다. 의사들은 남자가 격렬하게 경련하다가 안색이 파랗게 질려서 48초 동안 호흡이 멎는 모습을 지켜보았다. 졸탄이 처음 발작을 일으켰을 때 메두나가 그랬던 것처럼 그들도 이러다 환자를 죽이게 될까 봐 겁에 질렸다. 케를레티는 발작이 끝난 뒤의 상황을 다음과 같이 설명했다. "환자가 스스로 일어나 앉아서 흐릿한 미소를 지으며 차분히 주위를 둘러보았다. 마치 자신이 뭘 해야 하느냐고 묻는 것 같았다. 나는 어떤 일을 겪었느냐고 물었다. 그는 이제 횡설수설하지 않고, '모르겠습니다. 혹시 잠을 잤던 건가 싶어요.'라고 대답했다."[53]

이제 엔리코라는 이름으로 기억되는 이 남자는 여러 차례 더 이 치료를 받은 뒤 퇴원했다. 케를레티에 따르면 "사고 능력과 기억력에 장애가 없었다." 그는 또한 자신의 편집증과 환각이 지금은 치료된 질병 때문이었음을 알게 되었다고 한다. 그러나 거의 2년이 흐른 뒤 그의 아내가 비니에게 편지를 보내 남편의 병이 재발해서 남편이 밀라노의 정신병원에 입원했다고 알리면서 그 병원의 의사와 한번 이야기를 나눠 보면 안 되겠느냐고 부탁했다. 비니는 이 편지를 케를레티에게 전해 주었지만 케를레티는 아무런 반응도 보이지 않았다.[54] 이 실망스러운 결말에서 비니와 케를레티는 환자보다 거창한 연구 프로젝트에 더 관심이 있었던 것 같다. 엔리코가 획기적인 치료 기술의 첫 번째 인간 실험 대상으로서 역할을 다한 뒤 케를레티에게 무시당한 것은 그의 병이 재발했다는 사실이 케를레티에게 불편했기 때문이었을까? 메두나가 졸탄의 병에 대해 그가 회복했다고 오해할 만한 이야기를 한 것과 마찬가지로, 케를레티도 자신의 첫 치료 사례가 재발 소식으로 더럽혀지게 놓아두지 않았다. 케를레티는 이 획기적인 치료법을 개발한 공로로 많은 찬사를 받았으며, 유럽의 병원들이 곧 이 치료법을 채택했다. 케를레티는 환자의 관자놀이에 전극을 붙이고 전기 자극을 주면 즉시 발작이 일어나며, 화학약품으로 천천히 고통스럽게 발작을 유도하는 메두나의 방법보다 이 방법이 훨씬 더 효과적임을 입증했다. 실제로 그의 방법이 메두나의 방법을 대체하고 있었다.[55]

로마에서 케를레티가 첫 번째 실험 대상을 치료할 때 그 자리에 함께 있었던 독일인 정신과 의사 로타 칼리노브스키는 1940년에 이 방법을 뉴욕주립정신병원에 도입했다. 그러나 미국 정신병원들은 1950년대에 이르러서야 비로소 ECT를 널리 사용하게 되었다. 여기에는 두 가지 이유가 있다. 첫째, 정신분석학에 치중하는 정신과 의사들이 이 방법에 반대했다. 정신병은 심인성 질병이라는 자신들의 이론과 뇌에 물리적으로 개입하는 방법이 서로 맞지 않았기 때문이다.

둘째, 뼈가 부러질 위험(특히 쇠약한 환자들의 경우)이 이 방법을 꺼리게 만드는 강력한 요인이었다. 근이완제인 석시닐콜린이 1952년에 사용되기 시작하면서,[56] ECT는 멜랑콜리아와 조증, 그리고 정신분열증 환자의 마비증과 울증에 대단히 효과적인 치료법이 되었다. 1959년 무렵에는 뉴욕시의 단체 건강보험이 가입자 1명당 매년 10회까지 전기충격치료에 대해 보험을 적용해 줄 정도였다.[57]

이 치료법이 이렇게 널리 받아들여지고 있을 때, 한쪽에서는 정신의학에 반대하는 세력이 더욱 힘을 키우고 있었다. 곧 활동가들이 ECT에 수치스러운 낙인을 찍어(심지어 이 치료법을 나치의 고문 기술과 같이 취급할 정도였다), 전두엽 절제술이나 인슐린 쇼크 요법처럼 이미 퇴출된 해로운 치료법과 마찬가지로 이 치료법을 쫓아내려고 애쓰기 시작했다. 1960년대와 1970년대에 전기충격치료는 강압, 정신 통제, "임상의학에서 야만적이고 비인간적인 모든 것"[58]과 동격이 되었다. 그리고 〈뻐꾸기 둥지 위로 날아간 새〉를 본 많은 사람들의 머릿속에서는 이런 부정적인 인식이 한층 더 강화되었다. 한 정신과 의사는 《브리티시 메디컬저널》에 보낸 편지에서 이 영화의 후유증에 대해 다음과 같이 말했다. "책임 있는 의학 단체 중 어느 곳도 〈뻐꾸기 둥지 위로 날아간 새〉에 형벌처럼 묘사된 ECT로 인해 사람들이 품게 된 두려움을 누그러뜨리려고 나서지 않았다는 사실을 나는 이해할 수 없다."[59] 세상물정에 밝고 학력이 높은 사람들조차 여전히 ECT라는 말을 들으면 정신 통제와 처벌을 떠올린다. 〈뻐꾸기 둥지 위로 날아간 새〉는 ECT의 사용 횟수가 급속히 감소하는 데 기여했다. 그렇지 않아도 효과적인 정신병 치료제와 항우울제 덕분에 이 치료법이 필요한 환자들이 이미 줄어들었을 때였다. 국립정신보건연구소가 수

집한 자료에 따르면, 1975년(〈뻐꾸기 둥지 위로 날아간 새〉가 개봉한 해) 부터 1980년 사이에 ECT 사용 횟수가 무려 46퍼센트나 감소했다.[60] 그런데도 여전히 반대하는 목소리는 계속되었다.

1985년에 미국 국립보건원이 ECT를 주제로 학회를 열었다. 일찌감치 이 치료법을 도입해서 오랫동안 헌신적으로 옹호해 온 맥스 핑크는 활동가들이 그의 발표를 방해하면서 다음과 같이 외친 것을 기억하고 있다. "전기충격치료를 하는 사람은 전부 감옥에 보내야 돼!"[61] 그 무렵 국립보건원이 발표한 자료에 따르면, 동의하지 않은 환자, 즉 정신의학에 반대하는 사람들이 보호해야 한다고 주장하는 환자에게 ECT가 무단으로 사용되는 일은 거의 없었으며, ECT가 적용된 환자들 중에는 "자발적으로 나선 백인 환자, 개인 병원에서 비싼 치료비를 내는 환자"가 압도적으로 많았다. 그들 중 70퍼센트가 여성이었다. ECT의 하락세는 1980년대 말이 되어서야 비로소 반전되기 시작해, 1990년대 내내 사용 횟수가 꾸준히 늘었다.[62] 지금은 매년 약 10만 명이 ECT를 받는다.[63] 미국 일부 지역에서는 이 치료법이 여전히 법적인 규제를 받고 있는데도, 1980년에 국립정신보건연구소가 파악한 숫자에 비해 세 배에 가까운 숫자다. 그러나 지금도 치료센터와 경험 많은 정신과 의사가 부족해서 많은 환자들이 이 치료를 받지 못한다.[64]

〈뻐꾸기 둥지 위로 날아간 새〉의 후유증을 앓던 1980년대에 의사들은 ECT를 환자에게 잘 추천하지 않았다. 설사 추천하더라도, 환자의 가족들이 반대할 가능성이 높았다. 대부분의 의대는 물론 대다수의 정신과 의사 수련 프로그램도 커리큘럼에 전기충격치료를 포함시키지 않았다. 계속 ECT를 시행하던 병원에서도 장기간에 걸쳐 약을 사용해도 실패한 경우에만 이 방법을 쓸 때가 많았다.

1984년의 한 젊은 정신과 의사를 예로 들어 보자. 그가 맡은 여성 환자가 4주 동안 항우울제를 복용한 뒤에도 자살 충동이 사라지지 않았다. 그녀의 남편은 〈뻐꾸기 둥지 위로 날아간 새〉를 보았기 때문에, 의사가 ECT를 추천하자 경계심을 보였다. 그러나 병원 측에서 남편이 반대하면 법원의 명령을 얻어서라도 치료를 시행하겠다고 나오자 남편은 어쩔 수 없이 뜻을 꺾었다. 그래서 그 정신과 의사는 새로운 치료 계획을 작성했다. "자살 충동이 심한 이 환자에게는 양측 ECT가 빠른 임상적 개선을 보일 잠재력이 가장 높은 방안으로 보인다. ECT 횟수는 7~10회로 전망되며, 환자의 반응이 4~5회차에 나오기를 기대한다."

내가 바로 그 여성 환자였다. 샤워실의 그 사건으로부터 나흘 뒤 내가 처음 치료실에 들어섰을 때, ECT는 오랜 쇠퇴기의 바닥에 닿아 있었다. 세상 사람들의 부정적 인식도 여전히 강력했다. 정신의학에 반대하는 운동 때문에, 치료기법을 정교하게 다듬어 발전시키는 속도가 급격히 느려져 있었다. 따라서 시행착오를 통해 치료법을 찾아내려고 애쓰는 모습이 드러나 있는 내 병원 기록에서 ECT는 이미 45년 전 메두나와 케를레티가 실험하던 초창기에 비해 그리 크게 달라지지 않은 것처럼 보이는 부분이 있었다.

오전 늦게 나를 데리러 온 병원 직원을 따라서 나는 길고 반짝이는 복도를 걸어 병원 내의 다른 병동으로 갔다. 간호사 한 명과 의사 두 명(마취과 의사와 시술을 맡은 레지던트)이 타일로 장식된 넓은 치료실에서 나를 기다리고 있었다. 그들은 상냥하고 친절했다. 나는 이제부터 일어날 일에 대해 겁을 내면서도 여기서 더 잃을 것이 없다는 생각이 들었다. 내가 치료대에 눕자 간호사가 마취를 위해 링거 주사를 놓았다. 내 뒤에 있는 ECT 기계는 손잡이와 스위치가 있는 작은 전기 상자였다. 간호사가 내 얼굴에 산소마스크를 씌우면서 100에서부터 숫자를 거꾸로 세라고 말했다. 난 97을 넘기지 못했던 것 같다. 거기서 곧바로 이어진 기억은, 누군가가 나를 일으켜 병실까지 부축해 준 일이었다.

치료 이전과 치료 중에는 내가 기억하는 이 몇 가지 상황보다 더 많은 일들이 벌어졌다. 양측 ECT는 머리 양쪽에 붙인 전극 사이로 전류가 흐르는 것을 뜻한다. 그 결과 일어나는 발작은 뇌의 양편에 모두 영향을 미친다. 나처럼 상태가 심각한 사람에게는 이것이야말로 가장 효과적인 치료법으로 평가되었다. 한쪽에만 전류를 흘리는 방법에 비해 이 방법은 일시적으로 인지력을 더 많이 저하시킨다.[65] 전류가 뇌에서 언어와 기억을 담당하는 곳을 지나가기 때문이다. 하지만 환자를 회복시키는 데에는 이 방법이 더 효과적이다. 기억력 저하는 대개 일시적인 증상일 뿐이지만, 아직은 논란의 여지가 있어서 환자들을 망설이게 하는 요인이다. 치료를 위해서는 전기가 잘 통하게 해 주는 젤을 바른 전극을 관자놀이에 댄 뒤, 머리 전체를 감싸는 고무줄로 고정한다. 치료를 하는 동안 의료진이 내 맥박, 혈압, 뇌파를 계속 확인할 것이다. 발작이 일어나는 동안 내 몸이 움직이지 않게 해 줄 근이완제 석시닐콜린은 링거 주사를 통해 투여되었다. 이 약 때문에 횡격막이 일시적으로 마비되어 폐가 부풀었다 줄어드는 것이 불가능해지기 때문에 산소도 투여할 필요가 있다. 지금은 간호사나 의사가 수동 인공호흡기로 호흡을 돕는다. 마취 상태에서는 몸이 산소를 활발히 흡입하지 못해서 뇌에 충분한 산소가 전달되지 못하기 때문이다.[66] 이 때문에 인지력 저하라는 부작용이 더욱 심해질 수 있다. 기록에 따르면, 의료진은 내게 아트로핀(경련 완화제-옮긴이)도 투여했다. 발작이 일어나면 심장박동이 일시적으로 불규칙해지거나 느려질 수 있는데, 아트로핀은 이를 예방하기 위한 약이었다. 나를 3초 만에 잠들게 한 속성 진정제는 펜토바르비탈이었다. ECT는 간단한 치료법이지만, 전류를 흘려 발작을 유도하기 전에 위험을 방지하기 위해 반드시 취해야 하는 조치들이 많다.

담당 의사의 기록을 보면, 처음 몇 회까지는 적절한 강도의 발작을 적절한 시간 동안 유도하기 위해 그가 전류의 양과 전압을 이렇게 저렇게 바꿔 보았던 것 같다. 발작의 경계선은 환자의 나이, 성별, 복용 중인 약 등 여러 요인에 따라 달라진다.[67] 또한 전극이 잘못 설치되는 등 여러 가지 이유로 전류의 흐름이 방해를 받을 수 있다. 담당 의사는 먼저 나의 조건들을 바탕으로 기계를 설정한 뒤 결과에 따라 이런저런 설정을 시도해 보았을 것이다.

ECT로 유도한 발작은 반드시 외부의 개입 없이 저절로 끝나야 한다. 그러나 처음 두 번의 ECT에서 내 발작이 2분 넘게 지속되자 의사는 펜토바르비탈을 더 투여해 발작을 끝냈다. 세 번째 치료가 끝난 뒤에는 의사가 내게 알맞은 설정을 찾아냈는지, 그 뒤로 발작 지속 시간이 45~65초 범위를 계속 유지했다. 나는 ECT 전문가인 맥스 핑크가 1980년대 중반의 ECT 치료 절차에 대해 잘 알고 있을 것 같아서 그에게 자문을 구했다.[68] 그는 내 치료 기록에 적혀 있는 표시들은 당시 도입된 지 얼마 안 된 기계가 사용되었음을 뜻한다고 내게 말해 주었다. 그 이전의 기계들이 사인파 전류를 만들어 낸 데 비해, 이 새로운 기계는 짧은 펄스 전류를 만들어 냈다.[69] 이 기계는 1980년대 초부터 과거의 사인파 기계를 대체하기 시작했다. 네 번째 ECT 치료가 끝난 뒤 한 간호사는 내 진료 기록에 다음과 같이 적었다. "환자가 다 나은 것 같은 기분이라며, 다시는 자해를 하지 않겠다고 말한다. 기분이 좋은지 환자들과 의료진에게 말을 건다." (병원 측이 '자해'라는 완곡한 말을 사용한 것이 마음에 들지 않는다. 나는 단 한 번도 나 자신을 해칠 생각이 없었다. 다만 최대한 빨리 죽을 생각뿐이었다.) 영 선생도 내 기분이 밝아졌다고 썼다. 그리고 이제 24시간 내내 감시를 받지 않아도 되는 단계로 내 등급을 조정해 주었다.

부작용은 문제가 있었다. 마취에서 벗어나고 나면 두통과 메스꺼움, 구역질 증세가 나타났다. 다음 날까지 이런 증세가 계속될 때도 있었다. 또 다른 문제가 진료 기록에 드러나 있다. 의료진은 ECT 때 사용하는 약물 중 하나가 몇 주 전부터 내 몸에 나타난 발진을 더 악화시키는 것 같다고 보았다. 발진은 항우울제인 이미프라민 때문에 생긴 것이었다. ECT를 시작하기 전에 이 약의 복용량을 급격히 줄이기는 했지만, 몹시 가렵고 시뻘건 발진이 등과 목에 계속 번지고 있었다. 의료진은 나를 다른 병동으로 보내 혈액검사를 받게 했다. 그 결과 내가 심한 알레르기 반응을 겪고 있음이 드러났다. 의료진은 일부 환자들에게 발진을 유발하는 아트로핀 투여를 중단하고, 대신 베나드릴을 투여해 문제를 해결했다. ECT로 인해 내가 겪고 있던 신체적 불편 중 대부분이 그 약으로 인한 합병증이었으므로, 2주쯤 지난 뒤에는 불편이 점점 줄어들었다.

한 번씩 치료가 끝날 때마다 나는 기억을 조금 잃었지만, 시간이 흐르면 그 증세가 사라졌다. 그러나 치료가 거듭될수록 기억상실도 심해졌다. 양측 ECT가 초래한 이런 결과가 내게는 몹시 이상하게 느껴졌다. 그로 인해 내가 이 병원에 입원하게 된 원인이었던 감정과 내가 서로 분리되었기 때문이다. 3회차 ECT 치료가 실시된 날 영 선생은 다음과 같이 적었다. "치료 때문에 환자가 혼란에 시달리고 있다. 이런 가성치매 증상은 일시적인 것이지만, 양측 ECT에서 더 끈질기게 나타나는 특징이 될 것이다. 초기에는 환자의 증세가 조금 개선되었으나, 환자 본인은 이 점을 인식하지 못한다. 우울증으로 인한 인지적 문제가 아직도 심각하기 때문이다." '가성치매'는 당시 성신의학에서 기억력, 집중력, 주의력에 문제가 생긴 것을 지칭하던 용어다. 이 증세는 회복이 가능하지만 실제 치매 증세와 비슷하다. 심한 우울증이 오래 지속될 때도 인지적인 증상이 나타나는데, 이는 뇌의 신경 연결이 끊어지기 때문이다. 그날 나는 병원에 입원한 이유가 기억나지 않았다. 간호사는 내 차트에 다음과 같이 적었다. "환자는 뭔지는 모르지만 자신에게 무슨 일이 있었다고 말한다. ECT 이후 혼란에 빠져 자신이 무슨 일을 겪었는지, 왜 여기에 와 있는지 잘 알지 못한다." 나는 애나의 죽음과 그 뒤에 있었던 모든 일을 잊었다. 아직도 멜랑콜리아 증세가 남아 있어서 아침에는 잔뜩 어두운 기분이다가 시간이 가면서 조금 나아지곤 했다. 영 선생은 이처럼 기분이 변하는 탓에 내가 좋은 기분을 계속 유지하기가 힘들다고 말했다. "환자가 주관적으로 증세의 개선을 인식한 직후 새로이 절망과 맞닥뜨리는 것은 힘든 일이다."

영 선생이 조금 나아졌다고 평가한 이유가 무엇인지는 모르지만, 어쨌든 나는 다시 원래대로 돌아가 정말로 정신병적인 우울증 상태가 되었다. 영 선생은 다시 나를 24시간 감시 대상으로 지정했다. 이제 나는 머릿속의 끔찍한 생각에 대해 거리낌 없이 이야기했다. "환자가 간호사와 이야기하며 자신이 '도덕적인 병'을 앓고 있다고 설명했다. 환자는 자살하고 싶어 하는 것이 남편과 가족들을 등지는 일이라고 생각한다. 환자는 오래전부터 자살 충동을 느끼며 기도해 왔지만 기도의 응답을 받지 못했기 때문에 자신이 죄로 가득한 악인이라 개과천선의 여지가 없다고 생각한다. 자살은 불가피하다면서 살고 싶은 욕구가 전혀 없다고 한다." 다음 날 나는 제발 집에 보내 달라고 애원했다. 병원에서 내게 해 줄 수 있는 일이 더 이상 없다고 믿었기 때문이다. 영 선생은 내가 "현실 검증 능력을 상당히 잃어버렸다"고 지적하면서 항정신병 약인 할돌을 내 처방전에 추가했다. 다음 날 그는 이렇게 적었다. "현재 환자는 자신이 인간이 아니며, 우울한 것이 아니라 '타락하고' '사악한' 상태이므로 '뇌 이식'이 필요하다고 굳게 믿고 있다." 내 머릿속에는 오로지 죄책감, 절망, 자책밖에 없었다. 영 선생은 할돌의 복용량을 늘렸다.

여기서 상황이 얼마나 더 악화될 수 있을까? 부모님도 결국 지치셨는지, 어느 날 면회 시간에 나더러 정신 좀 차리라고 말했다. 간호사가 기록한 사실이다. 부모님은 내가 어떻게 될지 무서워서 참을 수가 없었을 것이다. 제이크는 도서관에서 나처럼 망상에 시달리는 환자들에 관한 책을 빌려와 내게 읽어 주기 시작했다. 그래도 나는 여전히 내가 우울한 것이 아니라 사악한 것이라고 믿었다. 정신의학에서는 이런 상황을 가리켜, 환자가 본인의 정신 상태에 대한 '통찰력'이 부족하다고 말한다. 과거 미쳤다고 묘사되던 수많은 사람들과 마찬가지로, 나 역시 내 망상이 진실이라고 믿었다.

ECT 8회차 날, 영 선생은 다음과 같이 적었다. "환자는 여전히 망상 증세가 뚜렷하다. 오늘은 불행히도 환자의 생일인데, 환자는 13일의 금요일이라는 점에 신경을 쓰고 있다. 환자가 실제로 태어난 날도 그랬기 때문이다." 얼마 전에 있었던 일들은 내가 정말로 불운한 사람이라는 증거였으므로, 내가 하필이면 그날 태어난 것이 전혀 우연이 아니라고 나는 믿었다. 영 선생은 치료 계획을 다시 검토해야겠다고 적었다. ECT로도 내 증세가 달라지지 않는 것 같았기 때문이다. 항우울제 시험은 이미 중단된 뒤였고, 이제 의료진은 ECT까지 중단한 뒤 항정신병 약과 항우울제를 함께 복용하는 새로운 방법을 고려하고 있었다. 제이크는 그때 의사들이 "지푸라기를 잡는" 심정인 것처럼 보였다고 말한다. 그들이 제안한 치료법이 모두 효과를 보이지 않았기 때문이다. 제이크는 내가 전기충격치료를 너무 많이 받은 것 같아 걱정이었다. "당신의 단기 기억력이 나빠지고, 우울증은 사라지지 않았지… ECT는 처음 계획했던 여섯 번을 한참 넘긴 뒤였고. 봄이라서 날씨가 점점 아주 좋아지고 있었지만, 당신은 병동 밖으로 나갈 수 없는 신세였어. 의료진이 당신을 밖으로 데리고 나가 주면 좋겠다 싶었는데." 내가 계속 실내에만 있은 지 3주가 넘은 때였다. 우리 삶의 많은 부분들이 아주 이상하게 변했고, 제이크는 내가 마치 갇혀 있는 것 같다고 생각했다. 그때 의사들이 ECT를 계속 밀고 나가기로 결정했다. "환자는 이 치료에 대해 임상적인 개선을 보이지 않고 있지만, 그래도 ECT를 끝까지 추진할 것이다." 그들은 코젠틴이라는 약을 추가했는데, 항정신병 약인 할돌에 오랫동안 노출되었을 때 나타날

수 있는 경직이나 근육 경련 등 신경학적인 부작용을 막아 주는 약이
었다.

그 뒤 약 열흘 동안 ECT 횟수가 점점 늘어 가는데도 내 상태는 여전히 변하지 않았다. 전기충격치료로 인한 인지적 부작용도 문제가 되었다. 어느 날 간호사가 나더러 집 전화번호를 말해 보라고 했는데 말하지 못했다. 나는 원래 가끔 공책에 글을 쓰곤 했는데, 영 선생은 단기 기억력이 점점 심하게 떨어지고 있으니 기분 좋은 일들을 글로 기록해 두었다가 절망적일 때 읽어 보면 어떻겠느냐고 제안했다. 그래서 정신이 맑을 때 다음과 같이 썼다. "오늘은 여기서 회복해 지금보다 나은 모습이던 예전의 나로 돌아갈 수 있는 길이 반드시 있을 것이라는 희망적인 기분이 든다. 세상에는 소중한 것이 아주 많다. 내가 그런 것들을 위해 살아갈 수 있음을 여기 의사들에게 확실히 보여 줄 수만 있다면." 그다음 어느 날의 기록에서 영 선생은 내가 초연하게 늘어져 있으며 "감정이 전체적으로 무뎌져 있다"고 적었다. 아마도 할돌의 부작용일 가능성이 있었다. 영 선생은 결국 자기들이 이 환자를 도울 길이 없다는 결론이 나온다면 어떻게 될지 모르겠다고 걱정했다.

나는 죄책감 때문에 압도적인 불안감에 시달리고 있었다. 아무래도 자살이 불가피할 것 같다는 생각이 나를 괴롭혔다. 나를 여기까지 끌어내린 정신적 변화를 내 힘으로는 뒤집을 수 없었다. 그런데 전문가들도 그것을 뒤집으려 애쓰다가 좌절하고 있었다. 내가 자살하면 제이크와 가족들이 어떤 영향을 받을지 걱정스러웠다. 나 자신의 인생이라는 짐을 스스로 감당하지 못하고 나를 사랑하는 사람들에게 나의 죽음이라는 짐을 떠넘기는 죄에 대해 내가 책임을 져야 할

것 같았다. 내가 보기에 나는 부자연스럽고 괴상한 문제를 안고 있었다. 누구든 최소한 자기 목숨은 유지할 수 있어야 하는 것 아닌가. 나는 병 때문에 자살 충동이 이는 것이지 내가 도덕적으로 결함이 있거나 원래 약한 인간이라 그런 것이 아니라는 사실을 똑바로 깨닫지 못했다.

내가 입원한 지 한 달이 된 4월 셋째 주에 영 선생은 장기 요양소로 나를 보내야 한다는 신청서를 올렸다. 그는 ECT를 12회 실시한 만큼 내가 "ECT에 반응하지 않는다"는 결론을 내려야 할 것 같다면서 ECT를 포기하고 다른 방법을 시도해야 할 것 같다고 적었다. 12회차 치료가 끝난 뒤 간호사는 내가 "극도로 혼란에 빠져 주위를 분간하지 못하고 횡설수설"했다고 적었다. 그 간호사는 이 인지적 부작용과 언어장애 증세가 점차 나아지는 동안 저녁 내내 나의 신경학적인 반응을 확인했다. 그러나 양측 ECT를 계속 받으면서 매일 항정신병 약을 먹다 보니 점차 몸이 쇠약해졌다.

하지만 의료진은 항정신병 약/항우울제 조합으로 옮겨 가지 않고 또다시 ECT를 밀고 나가기로 결정했다. 지금은 ECT가 효과를 보이는 회차가 4~20회 정도지만 이것은 주로 한쪽에만(머리 오른쪽에만) 전류를 흘리거나 초단 펄스를 흘리는 방식에서 도출된 결론이므로, 내 경우처럼 기억상실이 문제 되지 않았다. 의료진은 항정신병 약의 투여를 중단하고, 사인파 전류(벽의 콘센트에 흐르는 전류와 같다[70])를 사용하는 구형 ECT 기계로 장비를 바꿨다. 그런데 어찌 된 영문인지 이 구형 기계를 사용하면서 내 증세가 회복되기 시작했다. 어쩌면 우연의 일치일 수도 있지만, 치료 2회차 만에 눈에 띄는 변화가 있었다. 국립보건원이 2007년에 ECT에 관해 실시한 연구에 따르면, 내가 받았던 치료는 인지적 부작용이 커서 오늘날에는 권고되지 않는다. "사인파 자극의 사용은 지금 시점에서 정당화할 수 없고, 전극을 양측에 놓고 이 자극을 사용하는 방법은 가장 끈질기고 장기적인 부작용을 일으켰다."[71]

나도 기억을 잃기는 했다. 그러나 잃어버린 기억 중 대부분이 나중에 결국 되살아났다. 어렸을 때의 기억이나 그보다 나중에 겪은 일들은 한동안 떠올릴 수 없었지만, 치료가 끝난 뒤 새로운 정보를 기억하는 데에는 아무런 문제가 없었다. 그래서 나는 그 이듬해에 대학원에 들어갔다. 치료를 받는 중에 일어난 일들은 대부분 공백으로 남아 있다. 오빠가 문병을 와서 생일선물로 옷을 주었는데, 집에 돌아온 뒤 아무리 생각해도 그 옷이 어디서 난 건지 생각나지 않았다. 친구들이 보냈다는 편지도 나는 받은 기억이 없다. 그 시기의 일을 일부나마 기억하는 것은 병원 기록이나 내가 당시 공책에 적어 둔 내용이 자극이 된 덕분이다.

기억상실 문제는 지금도 ECT와 관련해서 가장 논란거리가 되고 있다. 어떤 사람들은 이런 부작용이 두려워서 치료를 거부하고, 어떤 사람들은 이런 위험을 알면서도 치료에 동의한다. 결국은 각자가 자신의 기억과 인생 중 무엇을 기꺼이 잃어버릴 수 있는가에 달렸다. 어니스트 헤밍웨이는 자살하기 직전에 전기충격치료가 자신을 망가뜨렸다고 항변했다.[72] "이 전기 충격 의사들은 작가에 대해 잘 모른다… 내 머리를 파괴하고 내 자본인 기억을 지워 일을 할 수 없게 만들어 버리는 것을 어떻게 이해해야 하나? 훌륭한 치료법이었지만, 환자는 파괴되었다." 헤밍웨이의 경우 알코올중독과 심한 우울증으로 기억에 장애가 생겼을 가능성이 있지만 그보다는 ECT를 비난하는 편이 더 간단했다. ECT와 작가에 대해 헤밍웨이와 아주 다른 시각을 보인 사람은 데이비스 포스터 월러스다. 그의 친구인 도널드 앤트림은 자살 충동을 동반한 심한 우울증에 빠져 있었다. 앤트림의 주치의가 그에게 말했다. "당신은 많이 아픕니다. 정신병이 심해요. 우리가 당신을 보살필 수 있습니다." 의사들이 ECT 치료를 받아야 한다고 말하자 앤트림은 겁에 질렸다. "작가로서 자신이 끝장날 것이라고 믿었기 때문이다. 그는 자신의 재능이 흩어질 것이라고 믿었다. 뇌가 뒤죽박죽 분해될 것이라고." 월러스는 이런 상황을 직접 겪은 적이 있기 때문에 입원한 앤트림에게 전화해서 작가 대 작가로 이렇게 말했다. "의사들이 ECT를 권고하면 반드시 그 치료를 받아야 한다는 말을 하려고 전화했어. 괜찮을 걸세."[73] 대다수의 경우 치료가 끝나고 몇 달 동안 뇌가 회복하면서 기억상실도 사라진다. 그러나 소수의 사람들은 자녀의 출생, 결혼식, 부모의 죽음 등 인생에서 중요한 순간들을 영원히 잃어버렸다고 목소리를 높인다.[74]

6주 동안 열일곱 번 치료를 받고 4월 말이 되었을 때, 나는 최악의 상태에서 벗어나 있었다. 진료 기록에는 긍정적인 말들이 여기저기 보인다. "환자가 더 밝고 또렷해지고, 의욕이 생긴 것 같다. 의료진 및 다른 환자들과도 잘 지낸다." "CS로 등급 조정. 환자가 몹시 기뻐했다." "체스를 둘 만큼 집중력이 늘어났다." "환자가 계속 좋은 기분을 유지하면서 잘 웃고 잘 말한다." "다른 환자들과 잘 어울린다. 기분이 밝다. 유쾌하다." 영 선생은 다음과 같이 썼다. "기분이 밝고 다양하다. 계속 평상시의 기분을 유지하며, 낮에 기분이 변하는 증세가 아직 약하게 남아 있다. 자살에 대한 생각이 없다고 말하면서, 절망감이나 자신이 쓸모없다는 생각을 이제 표현하지 않는다. 정신병적인 사고의 증세는 보이지 않는다." "오늘 14차 ECT 시행. 환자의 반응을 강화하기 위해 2~3회 더 ECT를 시행할 계획임." "다른 환자들과 정상적으로 어울림. 뜰로 나가서 배구를 했음." 배구? 체스? 기분이 좋다? 이런 단어들을 읽다 보니 지금도 여기에 묻어 있는 안도감과 행복감이 생생히 느껴진다. 나와 가족들에게, 훨씬 전부터 증세가 나아지기를 기대하던 내 주치의에게 이런 단어들이 무슨 의미였는지 알 것 같다.

자살 충동을 동반한 우울증은 치료하기 힘들다. 아마 의사도 환자 못지않게 좌절감을 경험할 것이다. 이유는 잘 모르겠지만, 하여튼 나는 영 선생의 낙관적인 전망만큼 빨리 나아지지 못했다. 지금 내가 그때를 돌아보며 ECT를 시행한 레지던트 영 선생의 솜씨나 경험에 의문을 제기하고, 다른 의사였다면 더 빨리 효과가 나지 않았을까 하고 생각하는 것을 정신과 의사들이 안다면 아마 너무한다고 생각할 것이다. 사실 나는 당시 치료의 효과가 더 좋을 수 있었던 건지, 아니면 더 좋았어야 마땅한 건지 지금도 전혀 모르겠다. 오늘날 ECT가 대부분의 경우 훨씬 더 좋은 효과를 내는 것은 사실이다. 미국정신의학회는 ECT가 기분장애 환자 중 80~90퍼센트에서 극적인 개선 효과를 낼 수 있다고 주장한다.[75] 이 효과가 반드시 영구적인 것은 아니다. 원래 이런 병이 잘 재발하기 때문이다. 어쨌든 ECT는 아직도 남아 있는 낙인과 사람들의 두려움 때문에 오랫동안 약을 쓰고도 증세가 나아지지 않는 경우가 아니면 잘 거론되지 않는다. 어떤 사람들은 이 단계에 이르기 전에 이미 자살해 버리기도 한다. 내 경우에는 어디서 문제가 생겼는지를 어느 정도 쉽게 파악할 수 있다. 내가 단순히 슬픔에 잠긴 것이 아니라 병에 걸렸다는 사실을 뒤늦게 알아차린 것, 진단과 약의 처방 또한 늦어진 것, 하마터면 성공할 뻔한 자살 시도가 있은 뒤에야 약 대신 ECT를 사용하기 시작한 것이 문제였다. 내가 입원하자마자 병원 측에서 리튬을 처방해 주었다면 좋았을 것이다.[76] 자살 충동을 완화한다고 이미 증명된 기록이 있는 약이기 때문이다.

ECT로 인해 일시적인 기억상실과 불편을 겪었지만, 나는 필요하다면 주저 없이 ECT를 다시 받았을 것이다. 사람들은 목숨을 구하거나 수명을 늘리기 위해 이보다 훨씬 더 공격적이고 해로운 치료를 자발적으로 받는다. 항암 치료, 방사선 치료, 심장 수술, 수혈, 골수이식 등이 그런 치료인데, 이런 치료를 받은 경험에 대해 이야기할 때도 사람들은 거리낌이 없다. 기분장애 또한 암이나 심장병 못지않게 목숨을 위협할 수 있는데도 사람들의 시각은 다르다. 30년의 세월이 흐른 지금, 결코 이상적이라고 할 수 없는 나의 이야기 때문에 지금 어쩌면 목숨을 구해 줄 수도 있는 이 치료가 필요한 사람의 용기가 꺾이는 것은 내가 바라는 일이 아니다. 그동안 치료 절차가 개선되어 부작용이 크게 줄었기 때문에, 내게는 힘들었던 경험이 지금은 아마 드문 일이 되었을 것이다. 게다가 나의 상태 역시 극단적이었다. 내 정신이 위험했을 뿐만 아니라, 내 몸 또한 이미 지나치게 예민해진 상태에서 약물 알레르기로 인해 더욱 나빠졌기 때문이다.

하지만 이제 ECT는 내게 과거의 일일 뿐이었다. 평범한 삶으로 돌아가는 중요한 일을 시작할 때였다.

정신병원 중의 낙원

1894년 8월 4일 아침 브로드웨이에서 마차들이 길게 늘어서 흙먼지를 휘날리며 달리다가 115번가에 있는 수위실에서 방향을 돌려 블루밍데일정신요양소의 넓은 부지로 들어섰다.[1] 여성 환자들이 살고 있는 커다란 적갈색 사암 건물인 서관 앞에 다양한 연령대의 여자 30명이 여행용 옷을 입고 서 있었다. 이 병원 원장인 새뮤얼 라이언스 박사와 여성 환자들을 담당하는 의사, 그리고 간호인 여러 명도 함께 있었다.

이 환자들 중 일부는 블루밍데일병원에서 이미 몇 년째 살고 있었지만(입원한 지 거의 50년이나 된 사람도 있었다), 겨우 몇 달밖에 되지 않은 사람들도 있었다. 이 병원 소유였던 38에이커의 땅이 다른 사람에게 팔렸다. 그래서 맨해튼 웨스트사이드에 73년 전부터 서 있던 이 정신 요양소가 북쪽으로 20마일 떨어진 웨스트체스터카운티의 화이트플레인즈로 이사해야 했다. 라이언스 박사는 이날 처음 이주를 시도하면서 가장 '온순하고' 협조적인 환자들을 골랐다. 전체적으로는 조증, 멜랑콜리아, 치매, 알코올중독 등 다양한 질병을 앓고 있는 300여 명의 환자들을 이주시켜야 했다.

두 의사가 주의 깊게 지켜보는 가운데, 간호인들이 각자 맡은 환자들을 마차에 태웠다. 북동쪽을 향해 출발한 마부들은 할렘강을 건너 브롱크스로 들어선 뒤 모트헤이븐의 석조 기차역 앞에 마차를 세웠다. 특별히 블루밍데일병원만 사용할 수 있는 차량을 추가한 기차가 거기 서 있었다. 모든 환자가 좌석에 앉은 뒤, 간호인들이 문을 잠갔다. 한 시간도 안 돼서 그들은 화이트플레인즈역에 도착했다. 환자들은 다시 마차에 올라 새로운 병원 건물로 향했다. 새 건물에서는 직원들이 그들을 배정된 방으로 데려가려고 기다리고 있었다. 환자들이 낯선 환경에 잘 적응하지 못할까 봐 옛 건물의 병실에 있던 가구들이 이미 여기에 옮겨져 있었다.

라이언스 박사는 다음 날 아침 다음 차례의 환자들을 옮길 준비를 하기 위해 맨해튼으로 돌아왔다. 이 과정이 8월과 9월 내내 계속 반복되었다. 특별한 조치가 필요한 환자들을 위해서는 더 정교한 계획이 마련되었다. 병상에서 움직이지 못하는 환자들은 구급 마차에 실렸고, 지나치게 흥분했거나 폭력적이거나 행동을 예측할 수 없는 환자들은 튼튼한 경호원을 딸려서 따로 옮겨야 했다. 가족이 특별한 치료를 위해 돈을 지불하는 부유한 환자들은 다른 환자들과 별도로 개인 시종과 함께 이동할 수 있었다. 새 건물이 아직 완공된 상태가 아니었기 때문에, 블루밍데일정신요양소 부지 안의 메이시 빌라라고 불리는 멋진 벽돌집에서 하인들과 함께 살던 10여 명의 남자 환자들은 가장 마지막에 이동했다. 완공된 지 얼마 안 된 메이시 빌라는 정신 요양소에 입원하기 전의 생활을 유지하고 싶어 하는 환자들을 위한 건물이었다. 그들이 옮겨 가는 새 건물도 이 빌라와 상당히 비슷한 환경이었으며, 지하 통로를 통해 라이언스 박사의 거처와 이어져 있었다.

도시의 대형 병원을 다른 곳으로 이전하는 작업은 보통 일이 아니었다. 계획에만 5년이 걸렸으며, 건축에 다시 2년이 걸렸다. 10월까지 이주를 끝낸 병원 측은 기념행사를 열었다. 기자들과 더불어 호기심 많은 일반인들, 환자들의 가족, 이전에 꼭 필요한 자금을 지원해 준 뉴욕병원협회 이사진이 이 행사에 참석했다. 다음 날 《뉴욕타임스》는 '정신 질환자들의 새집'[2]이라는 제목으로 다음과 같이 보도했다. "모든 것이 최고로 준비되어 있었으며, 모두들 훌륭하게 배치된 건물들에 찬사를 보냈다." 빨간 벽돌로 지은 13개 동의 건물은 햇빛과 신선한 공기는 물론 안전한 통행까지 고려해서 설계되었다. "이 새로운 블루밍데일은 정자형 병원이라고 불리는 형태이다… 병원 내의 어디서나 모든 병동의 모든 구역에 편리하고 안전하게 접근할 수 있다." 건물들을 이어 주는 통로에서는 마당을 내다볼 수 있어서 환자들이 "한 구역에서 다른 구역으로 이동할 때 단조로운 일상에 변화를 줄 다양한 풍경을 최대한 많이 접하게 될 것이다." 자살 충동이 있는 환자들을 위한 병동은 의료진이 모든 환자를 항상 지켜볼 수 있게 설계되었다.

환자와 의료진에게 모두 쾌적하고 사교적인 분위기를 만드는 데에 많은 노력이 들어간 덕분에, 모두들 각 건물의 중심부에 위치한 거실과 식당에서 많은 시간을 함께 보내게 될 예정이었다. 병원 측에서는 환자들이 여러 사람과 편안히 어울리는 것이 어느 정도 치료 효과를 낼 것이라고 기대했다. 따라서 환자들의 하루는 여러 활동과 운동으로 구성될 예정이었고, 환자들은 극장, 도서관, 오락실 등 다양한 선택지 중에서 마음에 드는 것을 고를 수 있었다. 건물들은 400명이 넘는 환자들뿐만 아니라 이곳에서 숙식할 의료진도 넉넉히 수용할 수 있는 규모였다.[3] 예전 병원 건물과 마찬가지로 새 건물도 전망이 좋았다. 전에 300에이커 넓이의 농장이 있던 언덕 꼭대기에 위치한 이 병원은, 비록 농장일 때에 비해 3분의 1쯤 줄어들었지만 그래도 여전히 넓은 부지 덕분에 분주한 크로스-웨스트체스터 고속도로와 가까이 있는데도 그 영향을 그리 많이 받지 않았다. 조경을 맡은 프레더릭로옴스테사社는 정원, 골프장, 테니스장을 포함한 내부 전경을 설계했다.

환자들이 처음 화이트플레인즈에 발을 디딘 그 8월 아침으로부터 거의 90년이 흐른 어느 날, 나는 8주 동안 실내에만 갇혀 있다가 비로소 그 매력적인 정원으로 나가도 된다는 허락을 받았다. 전기충격치료 덕분에 예전 모습을 어느 정도 되찾은 뒤였다. 5월 초라서 밝은 초록색 잔디밭과 꽃을 피운 나무들이 싱싱했다. 한때 시골 정신 요양소였던 이곳이 지금은 화이트플레인즈의 분주한 상업지구와 접해 있었기 때문에, 높은 울타리 뒤에서 자동차들이 씽씽 달렸다. 옛날에 주위를 둘러싸고 있던 시골 풍경은 사라졌지만, 다른 부분들은 1894년의 모습 그대로였다. 전에 다른 건물에 있는 전기충격치료실과 내 병실 사이를 의료진 한 명과 함께 한참 동안 걸어서 오갈 때 나는 《뉴욕타임스》 기자가 언급한 그 연결 통로에서 바깥 풍경을 볼 수 있었다. 묘하게 조용하고 사람이 없던 그 연결 통로의 적막함, 티끌 하나 없이 깨끗하게 반짝이던 바닥이 기억난다. 당시 나는 여기가 아주 훌륭한 병원으로 알려져 있다는 사실을 어렴풋이 알고 있었지만, 미국에서 처음으로 정신병을 앓는 사람들을 보살핀 병원 중 한 곳으로서 중요한 의미를 지녔다는 사실은 알지 못했다.

어디를 봐도 이 병원의 오랜 역사가 남긴 흔적들이 있었다. 현대적인 건물이 새로 세워지고, 과거의 치료법이 시대에 밀려 사라지면서 치료실 역시 새로운 치료법에 맞게 바뀌었지만 그런 흔적들이 사라지지는 않았다. 내가 전기충격치료실에서 본 타일 장식은 그 방이 원래 수水치료실이었음을 시사했다. 당시 의료진은 흥분한 환자를 젖은 이불로 감싸 놓거나, 마음을 가라앉혀 준다는 욕조에 몇 시간 동안 붙들어 두었다. 그러나 지금은 향정신성의약품, ECT, 심리치료가 수치료, 인슐린 쇼크 요법 등 옛날에 정신병원에서 시행되던 치료들을 밀어내고 대신 자리를 잡았다. 양극성장애, 주요우울증, 강박장애 등 새로운 병명도 만들어졌다. 매독성 진행마비로 죽음을 앞둔 환자들은 이제 볼 수 없다. 페니실린이 등장하면서 매독은 더 이상 광기와 죽음을 불러오지 못했다. 병원 이름도 1910년에 '마음의 병을 위한 블루밍데일병원'으로 바뀌었다가, 1936년에는 '뉴욕병원 웨스트체스터 분원'이 되었다. 과거의 블루밍데일정신요양소가 그 이름에서나마 정신병이라는 낙인을 벗은 것이다.

1980년대에 그 병원의 환자였던 나 같은 사람들은 그래도 낙인을 느꼈다. 문화적 태도는 널리 스며들어 있기 때문에 우리 자신도 그런 태도를 받아들여 지니고 있다는 사실을 잘 의식하지 못한다. 정신병원에 입원한 적이 있는 사람을 한 번도 접하지 못한 나는 정신과 의사의 입원 권유에 저항했다. '정신병자'라는 말이 나의 자아의식과 미래 전망에 어떤 영향을 미칠지 두려운 탓이었다. 어렸을 때 필라델피아의 악명 높은 바이베리주립병원 앞을 가끔 차로 지나간 적이 있는데, 그때마다 우리는 음산한 호기심을 느끼며 몸을 부르르 떨었다. 옛날 외조부모님의 결혼식 때 신랑 들러리를 맡았던 사람(우리도 1920년대의 멋진 옷을 차려입은 그를 사진으로 봐서 알고 있었다)이 거기에 갇혀 있다는 말을 어머니한테 들은 적이 있기 때문이었다. 나는 사립 병원에서 개인실을 쓸 수 있었으니 그 아저씨보다는 훨씬 더 운이 좋았다. 그곳에서 보낸 3개월이 내게 어떤 영향을 끼쳤는지 지금 돌아보면, 그 병원이 내 인생 최악의 시기를 조금 벌충해 주었다는 생각이 든다.

역사적으로 정신 질환자들은 합리적인 이유와 그렇지 못한 이유로 사회에서 격리되었다.[4] 정신 질환자에게 필요한 것은 구금 장소가 아니라 피난처라는 인식, 즉 자연이 치유력을 발휘할 수 있는 안전한 장소라는 인식은 19세기에야 비로소 등장했다. 상당히 오랫동안 입원했던 내 경험은 그런 의미에서 21세기보다는 19세기의 치료 상황과 좀 더 비슷하다. 오늘날 환자들은 대개 외래로 내원해서 더 신속한 치료를 받는다. 장기간 병원에 입원하려면 돈이 많이 드는데, 보험회사들은 최대한 비용을 제한하려고 하기 때문이다.

1894년 무렵 블루밍데일정신요양소는 오늘날의 정신병원과는 다른 종류의 경제적 압박에 시달리고 있었다. 보험사가 아니라 부동산 투자자들이 주는 압박이었다. 병원이 이전할 수밖에 없었던 것은 바로 낙인이 찍힌 정신병원이 인근 부동산 가치에 어떤 영향을 미칠지 모른다는 걱정 탓이었다. 병원이 화이트플레인즈에서 다시 문을 연 다음 날 《뉴욕헤럴드》는 《뉴욕타임스》처럼 새 병원에 대한 찬사로 가득한 자세한 기사를 실었다. 그러나 이 병원이 차지하고 있던 값비싼 땅을 원하는 업계의 이익을 대변하는 목소리일 때의 《뉴욕헤럴드》는 지칠 줄 모르고 병원의 이전을 강요했었다. 병원 주위에서 도시화가 진행되자, 《뉴욕헤럴드》의 목소리는 이미 오래전부터 이 조용한 동네에서 사람들 눈에 띄지 않고 살아온 정신병자들이 아예 방해되지 않는 곳으로 사라지기를 바라는 많은 사람들의 여론에 호소했다.

이 병원이 뉴욕병원의 정신과 분원으로 문을 연 1821년에 허드슨강과 할렘 계곡 사이의 땅은 시내에서 북쪽으로 7마일 떨어진 시골이었다. 허드슨강 맞은편의 팰리세이즈와 동쪽의 롱아일랜드해협이 훤히 보일 정도였다. 병원 이름은 옛날에 네덜란드에서 이주한 사람들이 이곳을 부르던 이름 블루먼달Bloemendaal을 본떠 블루밍데일로 정해졌다. 꽃 피는 골짜기라는 뜻이었다. 오래된 판화를 보면 널찍한 북부 연방 양식의 건물이 탁 트인 야산 위에 서 있다. 서쪽 바로 옆에 있는 허드슨강에는 돛단배 한 척이 떠 있고, 비탈진 잔디밭에는 두 사람이 서 있으며, 전면의 야생화들 사이에서 사슴 여러 마리가 풀을 뜯고 있다. 1846년에 뉴욕시 안내서는 이 '정신병원'이 놀라울 정도로 아름다운 곳이라며, "우울한 마음을 슬픈 생각에서 벗어나게" 해 줄 정원 조경의 모범이라고 찬사를 보냈다.[5] 신선한 공기와 조용한 환경이 치료에 효과가 있다는 믿음 때문에 초창기 정신병원들은 정원에 특히 중점을 두었으며, 최대한 넓은 마당을 확보했다. 블루밍데일정신요양소가 화이트플레인즈로 이주할 때까지 점점 늘어나는 환자를 수용하기 위해 건물 여러 채가 더 지어졌지만, 병원 측은 처음 시작할 때의 시골 분위기를 유지하는 데에 중점을 두었다. 초원, 채소밭, 헛간 등이 무리 지어 서 있는 건물들의 북쪽과 남쪽에 있었다.

1880년대가 되자 도시가 급속히 팽창하면서 병원 부지 바로 앞까지 육박해 왔다. 남쪽 인접한 곳에는 쓰러질 듯한 목조 주택들 옆에 갈색 사암 건물들이 줄줄이 들어섰고, 부유한 상인들의 시골 별장이 강가의 고지대에 점점이 서 있었다. 점차 북쪽을 향해 건설이 진행되면서 곧게 뻗은 거리들에 건물이 들어차기 시작하자, 부동산 개발 업자들과 투자자들은 전망이 훌륭하고 땅이 넓은 병원 부지를 탐내게 되었다. 1886년부터는 《뉴욕헤럴드》가 이 병원에 대한 부정적인 시각을 부추기기 시작했다. 이 신문은 '블루밍데일을 없애라!'라는 제목하에[6] "이 유명한 정신병원"의 존재로 인해 사람들이 모닝사이드 공원에서 리버사이드공원까지 걸을 때 상당히 먼 길로 돌아가게 된다고 단언했다. 울타리가 쳐진 정신 요양소와 맞닿은 거리들을 피하기 위해서라는 것이다. 부동산 중개인들은 사람들이 위험한 정신 요양소 인근에 살려고 하지 않는다고 불평했고,[7] 정치인들은 "그 정신병원에 미친 사람들이 쌓여 있는 한… 동네도 개발도 없을 것"이라고 강조했다.[8] 그러니 기본적으로 인간 창고에 불과한 시설을 발전과 이윤 사업에 방해가 되지 않는 곳으로 치워 버리는 것이 어떠한가?《뉴욕타임스》도 뉴욕 사람들이 계속 부동산에 집착하며 기대를 높이고 있다는 소식을 전했다. 정신 요양소가 "세상에서 가장 멋들어진 공원과 주택가"를 만드는 데 방해가 된다는 점에는 《뉴욕타임스》도 같은 생각이었다.[9] 이에 대해 병원 이사진은 단호한 태도를 취했다. "떠나겠다. 그러나 쫓기듯 떠나지는 않을 것이다."[10] 어떤 이사가《뉴욕헤럴드》기자에게 한 말이다. 공격적인 자본주의는 병원의 윤리와 어울리지 않았다. 이 병원은 언제나 정신 질환자들을 돌보는 것을 사명으로 생각했고, 이사들은 오래전부터 부를 자랑하던 가문 출신이라서 도시로 쏟아져 들어오는 벼락부자들을 낮잡아 보았다.

이사들이 새로운 병원 부지로 조사해 본 후보지들 중 화이트플레인즈 농장은 급속한 도시화로 결국 병원을 옮기게 될지도 모른다는 생각에서 1868년에 구입해 둔 곳이었다.[11] 농장은 병원에 신선한 고기와 채소를 공급해 주었고, 환자들과 의료진은 시골로 소풍을 나왔을 때 이곳의 오두막에 머물렀다. 이사들은 이곳으로 병원을 이전하기로 결정한 뒤, 믿을 수 있는 사람에게 이전 계획 감독을 맡겼다. 그렇게 뽑힌 사람이 바로 찰스 니콜스였다. 1840년대에 몇 년 동안 블루밍데일정신요양소장으로 일한 그는 워싱턴의 새 국립병원 설립을 맡아 블루밍데일을 떠났다. 오늘날 세인트엘리자베스병원이라고 불리는 곳이 그곳이다. 병원이 이전을 앞두었을 때 뉴욕으로 돌아와 다시 소장이 된 그는 새로운 정신 요양소 계획을 이끌었다. 이사회는 1889년에 그를 유럽으로 보내 최고의 병원들을 둘러보며, 블루밍데일이 환자들에게 어떤 병원이 되어야 하는지 모델을 찾아보게 했다. 그러나 유럽에서 돌아온 그가 몇 달 만에 보고서를 제출하고 암으로 세상을 떠났기 때문에, 그의 보고서를 실행에 옮겨 최신식 정신 요양소를 만드는 일은 라이언스 박사의 몫이 되었다.

1894년 가을에 환자들을 모두 옮기는 것으로 이전 계획은 완료되었다. 그 직전 모닝사이드공원협회의 선동가들은 뉴욕병원이 이 정신 요양소 부지를 컬럼비아대학에 200만 달러를 받고 팔았다는 사실을 알게 되었다. 이 대학이 매디슨 애버뉴와 49번가에서 북쪽에 있는 이곳으로 이주한다면 주변 부동산의 가격이 오르겠지만, 병원 부지 가운데 다른 사람들이 사고팔 수 있는 필지가 많이 남지 않을 터였다. 원래 정신 요양소 건물 중 지금까지 유일하게 남아 있는 건물은 부유한 환자들이 살던 벽돌 건물인 메이시 빌라인데, 지금은 컬럼비아대

학 캠퍼스의 뷰얼 홀이라고 불린다. 내가 사는 데에서 5분만 걸어가
면 나오는 곳이다.

예전에 블루밍데일정신요양소라고 불리던 곳에 내가 입원했을 무
렵, 뉴욕병원은 정신 질환자를 돌본 역사가 거의 200년이나 되는 곳
이었다. 이 병원의 역사에는 정신의학이 시행착오를 거듭하며 휘청
휘청 걸어온 길이 그대로 반영되어 있다. 비록 내가 입원한 그 시점
에도 다양한 정신병에 대한 확실한 치료법은 존재하지 않았지만, 뉴
욕이 아직 영국 식민지이던 1771년 이 병원이 처음 설립될 때에 비
하면 훨씬 더 인간적인 치료법이 시행되고 있었다. 처음 병원을 지을
때부터 설계도에는 '정신병자를 받아들이는 병동 또는 병실'[12]이 지
하에 마련되어 있었다. 화재, 황열병 유행, 독립전쟁으로 건축이 여러
번 중단되었으나, 1791년에 병원은 펄 스트리트와 브로드웨이가 교
차하는 지점에서 마침내 문을 열었다. 당시에는 이곳이 도시의 북쪽
끝이었다.[13] 1792년에 이 병원은 치료와 수술이 필요한 환자들과 더
불어 정신적인 문제를 겪는 환자들도 받아들이고 있었다.[14] 처음부터
따로 마련해 두었던 병실은 금방 사람들로 북적거리기 시작했고, 정
신 질환자들을 일반 환자들과 별도로 수용하기 위해 새로 지은 3층
건물이 정신 요양소라는 이름으로 1808년에 문을 열었다.[15] "환자들
이 정신병자들 때문에 불편해지지 않게" 하기 위해서였다.

뉴욕병원 초창기 문서들 중에는 사슬, 족쇄, 사슬을 벽에 고정하는
강철 꺾쇠 등을 구입한 영수증이 있다. 이런 사슬이 정신병자에게 사

용되었다는 언급도 최소한 한 차례 등장한다.[16] 필라델피아의 병원을 묘사한 글을 보면 식민지 시대 정신 질환자가 어떤 곳에 어떻게 갇혀 있었는지 짐작할 수 있다.[17] 한 방문객에 따르면, 그 병실들은 "반지하"였으며, "감옥처럼 튼튼하게 지어졌다… 문마다 음식을 넣어 줄 수 있는 크기의 구멍이 하나 있는데, 그 위에 작은 덮개가 튼튼한 빗장으로 고정되어 닫혀 있다." 날이 따뜻해지면 환자들은 동물원의 새장처럼 철창이 쳐진 마당에서 신선한 바람을 쐴 수 있었다. 이 정신병자들을 구경하러 가는 것이 무척 인기 있는 오락이 되자[18] 병원 측은 1762년에 그런 구경꾼들의 의욕을 꺾기 위해서라며 입장료를 받기 시작했다. 그래도 사람들은 1830년대까지 계속 이 병원을 찾아왔다.

과거 유럽과 마찬가지로 식민지 사회도 흐트러진 사람에게서 좋은 점을 끄집어내는 데 사회질서가 도움이 된다는 생각에 의문을 품지 않았다.[19] 필라델피아의 펜실베이니아병원은 1751년에 정신병자들을 위한 공간을 따로 마련했다. "비참한 미치광이가 사회에서 격리되면 규율과 기강을 따르게 될지도 모른다. 그것이 항상 회복의 수단이 되지는 못하더라도, 적어도 안전과 품위와 질서를 보증해 줄 것이다." 뉴욕병원도 이 모범을 따라 미친 사람이 "자신과 타인을 해칠 수 없게" 될 안전한 "보호 장소"를 제공했다. 19세기 초까지(발전이 더딘 곳에서는 그 뒤까지도) 이른바 광란하는 미치광이, 즉 잔뜩 흥분했거나 폭력적이거나 통제가 불가능한 사람을 사슬로 묶어 두는 것이 일반적인 치료법이었다.

18세기 말 철학과 종교에서 두 종류의 새로운 인식이 등장하면서 좀 더 인간적인 치료 방식이 나올 수 있게 되었다.[20] 하나는 인간의 권리에 대한 믿음으로, 혁명 이후 프랑스에서 필리프 피넬이 이러한 정신을 실천에 옮겼다. 퀘이커교도들이 주장한 다른 하나는 모든 인간이 신성한 내면의 빛을 갖고 있으며, 이성을 잃는다 해도 그 사람 고유의 인간성이나 영적인 본성은 바뀌지 않는다는 믿음이었다. 당시의 계몽된 의사들은 치료 방식을 바꾸면 광기를 치료하거나 완화할 수 있다고 믿게 되었다. 그들이 생각한 새로운 치료 방식은 환자들을 차분함과 치유에 중점을 둔 가정 같은 분위기의 장소에 수용하고, 구타와 사슬을 사용하는 대신 의사가 환자들의 이야기를 들어 주며 친절히 대하는 것이었다. 상냥한 치료로 광기를 완화할 수 있으며 특별한 분위기가 필요하다는 이런 인식은 정신 요양소 설립 붐으로 이어졌다.[21]

필리프 피넬은 보통 이러한 혁명을 시작한 사람으로 꼽힌다.[22] 피넬이 파리 근처의 비세트르에서 남성 호스피스 병원의 담당 의사로 임명되었을 때, 그 병원에는 범죄자와 정신병자가 함께 수용되어 돌 감방에 사슬로 묶여 있었다. 침상은 더러운 지푸라기 침대였다. 때는 1792년, 공포정치 때였다. 전해지는 이야기에 따르면, 이 혁명적인 순간에 피넬은 자신의 조수인 장 밥티스트 푸생을 시켜 가장 폭력적인 환자들을 제외한 모든 환자들의 사슬을 풀어 주었다. 많은 환자들이 너무나 오랫동안 꼼짝도 못하고 묶여 있었기 때문에 혼자 걷지도 못할 지경이었다. 피넬의 아들인 시피옹에 따르면, 코뮌의 관리가 병원에 와서 피넬에게 이렇게 물었다고 한다. "이보시오, 시민, 당신도 미쳐 버린 거요? 이런 짐승들의 사슬을 풀어 주다니." 피넬은 이렇게 대답했다고 전해진다. "이 정신병자들이 이렇게 통제할 수 없는 상태가 된 것은 순전히 신선한 공기와 자유를 빼앗겼기 때문입니다. 저는 정반대의 치료법에 감히 많은 것을 기대하고 있습니다."

안타깝게도 이런 극적인 만남이 실제로 있었다는 증거는 없지만, 피넬은 글을 통해 이와 아주 흡사한 신념을 표현한 적이 있다. 그는 이 정반대의 치료법을 르 트헤트멍 모할le traitement moral이라고 불렀다. 프랑스어로 대략 '마음의 치료'나 '심리적 치료'를 뜻하는 말이다. 피넬은 방혈, 하제 등 당시 의사들이 환자의 신체에 사용하던 치료법이 무용하다고 확신했다. 영국과 미국의 정신 요양소 의사들도 곧 피넬의 선도를 따라 그가 주장한 '마음의 치료'를 채택했다. 피넬의 시도에서 가장 중요한 것은, 정신병자를 대할 때 인권을 박탈하는 방법을 사용하면 안 된다는 믿음이었다.

피넬이 비세트르병원에 오기 2년 전이자 뉴욕병원이 맨해튼 남쪽에서 문을 열기 직전인 1790년에 해너 밀스가 영국의 요크정신요양소에 들어왔다. 젊은 퀘이커교도인 그녀는 얼마 전 남편을 잃은 가난한 여성으로 멜랑콜리아를 앓고 있었다. 몇 주가 지난 뒤, 요크에서 조금 떨어진 곳에 살던 그녀의 가족들이 지인들에게 가서 해너가 어떻게 지내는지 살펴봐 달라고 부탁했다. 그러나 정신 요양소 문지기는 해너가 남들 앞에 나설 수 있는 상태가 아니라며 그들에게 문을 열어 주지 않았다. 입원한 지 6주도 안 돼서 해너는 누구도 만나지 못한 채 세상을 떠났다. 사인은 기록되지 않았다. 그녀가 자살을 했거나, 정신 요양소 안에서 전염병에 걸렸을 가능성이 크다.

해너 밀스의 죽음으로 잉글랜드 북부의 퀘이커교도 사회는 무서운 현실을 깨닫게 되었다.[23] 그들 중 누구라도 병에 걸리면 그들이 볼 수 없는 곳에서 믿음의 위안도 얻지 못한 채 혼자 죽어 갈 수 있다는 깨달음이었다. 해너의 사례는 또한 다른 많은 사람들에게도 영향을 미쳐, 요크정신요양소가 부도덕한 방법을 쓰고 있다는 믿음을 심어 주었다. 1777년에 "비천하고 빠듯한 형편" 때문에 가족들이 제대로 보살필 수 없는 환자들을 위한 자선 기관으로 설립된 요크정신요양소는 원래 구빈원이나 감옥에 감금되는 대신 선택할 수 있는 인간적인 대안이 될 예정이었다. 그러나 조사 결과 담당 의사가 가난한 환자들을 위해 조성된 공공 기금의 돈을 횡령하고, 가난한 환자들은 방치한 채 돈을 낼 수 있는 환자들을 받아들여 최고의 음식과 보살핌을 제공한 것으로 드러났다. 조사관들은 가난한 환자들의 학대 사례 중에는 "목숨이 위험한 방치", 강간, 채찍질이 포함되어 있음을 밝혀냈다.[24]

해너 밀스가 세상을 떠난 뒤 얼마 되지 않아 차와 커피를 파는 퀘이커교도 상인으로 이미 노예제도 폐지와 감옥 개혁을 위해 활발히 활동 중이던 윌리엄 튜크가 해너 같은 환자들을 보호해 줄 수 있는 정신 요양소 설립을 위해 기부금을 모으기 시작했다. 이 새로운 퀘이커 정신 요양소 이름을 '안식처'라고 지은 것은, "부서진 정신의 복원이나 안전을 꾀할 수 있는 조용한 안식처"[25]라는 뜻을 전하기 위해서였다. 안식처는 요크정신요양소에서 겨우 1마일 떨어진 곳에서 1796년에 문을 열어, 요크정신요양소가 조사를 받던 몇 년 동안 그곳을 공개적으로 비난하듯 자리를 지켰다.[26]

피넬처럼 튜크도 자신의 방법을 '마음 치료'라고 불렀다. 정신병의 경우 의학적 치료법의 효과를 믿지 않은 것도 피넬과 같았다. 튜크는 환자를 친절하게 대하면, 그들이 보살펴 주는 사람을 좋아하며 우러러보게 되어 그에게 좋은 사람으로 보이고 싶다고 생각하게 될 것이며 그로 인해 자제력을 좀 더 발휘할 수 있게 될 것이라고 믿었다. 마음 치료는 정신병자가 아이와 같다고 보고, 환자를 보살피는 사람은 부모 같은 역할을 해야 한다고 강조했다. 따라서 환자를 통제하기 위해 필요하다면 부모처럼 두려움, 수치심, 상냥함을 수단으로 사용할 수 있었다. 요양소의 분위기는 가정적이었고,[27] 처음에는 약 열 명의 간호인이 서른 명의 환자와 함께 살며 그들을 돌봤다. 요양소장도 아내와 함께 요양소 안에 살면서 부모 같은 역할을 했다. 의사는 이곳에 살지 않고 외부에서 왔다.

안식처는 놀라운 성과를 거뒀다.[28] 영국뿐만 아니라 다른 나라에서 온 방문객들은 퀘이커교도들의 혁신을 곧 확실히 믿게 되었다. (퀘이커 문화 때문에 이 환자들이 날 때부터 협동 정신과 자제력을 단단히 배웠다는 점도 지적되었다. 따라서 안식처를 모델로 설립되어 세속적이고 다양한 환자를 받아들인 대규모 정신 요양소들이 모두 긍정적인 결과를 낳지는 못했다.) 안식처의 성공 소식은 순식간에 대서양 너머의 퀘이커교도들에게 퍼져 나갔다. 또한 윌리엄 튜크의 손자 새뮤얼이 이 실험에 대해 쓴 짧은 책은 그 뒤에 이어진 정신 요양소 시대에 개념적인 기반을 제공해 정신의학의 역사에 엄청난 영향을 미쳤다.[29]

내가 치료받은 병원에도 이 마음 치료가 영향을 미쳤다. 또한 처음 뉴욕병원협회의 이사로서 이 병원 설립을 위해 애쓴 토머스 에디 역시 퀘이커교도 상인이었다. 그는 새뮤얼 튜크와 편지를 주고받았으며, 그의 책을 읽었다. 맨해튼 남부의 일반 병원과 인접한 별도의 정신 요양소가 겨우 5년 만에 포화 상태가 되었기 때문에, 에디는 "정신 병자들에게 마음 치료"를 제공할 병원이 필요하다면서 동료 이사들에게 시골에 새로운 정신 요양소를 설립해야 한다고 주장했다.[30] 그는 튜크의 책에서 거의 그대로 따온 의견들을 내놓았다. "환자의 정신이 허락하는 한 항상 환자들을 **합리적인** 인간으로 대해야 한다." 폭력적인 환자에게 구속복을 사용할 수는 있으나, 어떤 경우에도 환자를 사슬로 구속하면 안 된다. 상냥한 태도가 중요하지만, 필요한 경우 두려움을 이용할 수는 있다. 반드시 가난한 환자들을 받아들여야 한다.

건축과 조경 측면에서도 이 뉴욕의 정신 요양소는 튜크의 요크 안식처를 모델로 삼았다. 마음 치료를 위해서는 평화로운 환경, 신선한 공기를 마시고 운동을 하며 쓸모 있는 일을 할 수 있는 여건이 필요했다.[31] 이를 위해 에디는 "가능한 한 감옥 같은 분위기"[32]가 나지 않게 맨해튼 북부에 넓은 부지를 확보해야 한다고 이사회에 촉구했다. 감옥과 비슷한 환경을 경험한 적이 있거나 가족들에 의해 집에 갇힌 적이 있는 환자들에게 이것은 틀림없이 반가운 변화였을 것이다. 이러한 인간애와 낙관주의를 바탕으로 설립된 블루밍데일정신요양소는 정신 질환을 앓는 사람들을 보살피는 방법에 확실히 새로운 기준을 세울 것처럼 보였다.

뉴욕병원은 처음 30년 동안 주의회로부터 자금을 지원받았다. 그 보상으로 정신 요양소는 시내 사설 구빈원에서 환자를 받아들이기로 했다. 시간이 흐르면서 환자가 넘쳐 나게 되자 그들을 수용하기 위해 새로운 건물들이 지어졌다. 주정부가 매년 자금을 지원하는데도 정신 요양소는 언제나 적자 상태였다. 1839년에 뉴욕시가 이스트강의 블랙웰섬에 미국 최초의 시립 정신 요양소를 열면서 블루밍데일정신요양소의 환자 포화 상태는 조금 완화되었다. 뉴욕시는 계속 이민자들이 몰려들면서 점점 과포화 상태가 되고 있는 감옥과 복지 기관을 하나로 통합한 형태로 시립 정신 요양소를 구상했다.

매년 뉴욕시에서 지원하던 돈이 끊기자 블루밍데일정신요양소장은 "성직자를 비롯한 여러 전문 직업인의 가족… 불운을 겪은 사업가와 교사… 미혼의 피부양자 여성" 등 "대단히 훌륭하고 고상한 성품을 지닌 가난한 사람들"은 물론 "부자들"에게도 봉사할 것을 강조했다.[33] 그러나 치료비 전액을 지불할 수 없는 환자들을 거부하지는 않았다. 환자의 형편에 따라 진료비가 책정되었고, 그로 인한 빈틈은 자선 기부금으로 메웠다. 그래도 극빈 계층과 노동자들은 블랙웰섬의 병원을 최대한 이용하는 수밖에 없었다. 찰스 디킨스는 1842년에 뉴욕을 여행하면서 이 병원을 방문했을 때 "어디에나 게으르고 멍한 정신병원 같은 분위기가 있어서 몹시 고통스러웠다… 이곳의 홀과 회랑을 채운 끔찍한 군중이 어찌나 충격적인지, 나는 체류 시간을 최소한으로 줄이고 감당하기 힘든 환자들과 폭력적인 환자들이 더욱 강하게 구속되어 있는 병동에는 가지 않겠다고 했다"[34]고 썼다.

블루밍데일은 비록 블랙웰섬에 있는 이른바 빈민 정신 요양소에 비해 덜 북적이는 편이었지만, 그래도 희망적인 분위기를 유지하는 데 애를 먹고 있었다. 19세기 중반에 이곳의 플리니 얼 소장은 요양소의 치료 성공률이 왜 더 높아지지 않는지 밝혀내는 데에 몹시 관심이 많은 사람이었다. 그는 이 정신 요양소의 치료 성공률이 부풀려져 있음을 알게 되었다. 자꾸만 재입원하는 환자들의 실상이 성공률에 반영되지 않은 탓이었다. 환자가 퇴원할 때마다 통계에는 '증상이 개선된' 사례로 잡히고, 얼마 뒤 그 환자가 재발해서 다시 입원하면 새로운 환자로 간주되었다. 그리고 그 환자가 다시 나아져서 퇴원하면 또 다른 성공 사례로 통계에 반영되는 식이었다. 얼은 시간이 흐르면서 치료가 힘든 만성 환자의 비율이 점점 늘어나고 있기 때문에 치료가 가능한 환자들을 더 많이 받아들이지 않는 한 절망적인 분위기가 점점 심해지기만 할 것이라는 점도 알아차렸다. 얼은 치료법의 효과가 제한적이라는 사실을 예리하게 인지하고 있었다. "광기를 완화하려면 치료보다는 반드시 예방에 힘써야 한다."[35] 그는 이렇게 썼다. 그리고 병명의 분류 또한 워낙 뒤죽박죽이라서 "어느 병원에서든 입원하는 환자의 증상에 대해 의사들이 정확히 똑같은 판단을 내리는 사례가 거의 없다"[36]는 진단도 내놓았다.

　블루밍데일정신요양소의 명성은 1872년에 타격을 입었다. 추문 전문 기자인 줄리어스 체임버스가 정신병자 행세를 하며 이 병원 뒤편 병동에 입원했을 때였다. 벽이 푹신하게 처리된 병실에서 지낸 그는 폭력적인 환자들이 밤에 광란하며 울부짖었다고 보도했다. 입원할 때에는 의사가 맥박만 재더니 아무 말 없이 자기를 가뒀다고 했다. 간호인들은 야만적이었고, 블루밍데일정신요양소의 그 유명한 친절은 가장 얌전한 환자들만 맛볼 수 있었다. 그는 어떤 환자가 찬물 샤워를 당한 광경을 상세히 묘사하고 그림까지 곁들였다. 그것은 일종의 물고문과 비슷하게 보이는 형벌 같은 치료였다. 정신 요양소의 학대 사례는 인기 있는 기사 소재였다. 자신은 미치지 않았는데 가족들 손에 정신병원에 갇혔다고 주장하는 환자를 대신해서 인신보호영장이 발부된 사례가 여러 건 있었기 때문이다. 체임버스는 이렇게 썼다. "블루밍데일은 언제나 '점잖은' 정신병자를 위한 곳으로 여겨졌다." 수용자의 가족들과 친구들이 블랙웰섬의 빈민 정신 요양소 같은 곳이 아닐까 걱정할 필요가 없는 곳. "이곳은 쾌적한 환경, 볼링장 등 환자가 즐겁게 시간을 보낼 수 있는 여러 시설이 있는 귀족적인 정신 요양소였다. 책과 신문과 안락의자가 있고, 경험 많은 의사와 상냥한 간호사가 있는 정신병원 중의 낙원인 줄 알았다." 그러나 이 병원에 침투한 그는 학대 사례를 폭로했다. "대중이 마땅히 알아야 할 사실들을 이제는 사실상 언론에 감출 수 없다… 이 정신병원 중의 낙원은 이제 낙원이 아니었다."[37] 혼란에 빠진 환자들이 잔인한 치료를 받고 있다면, 이 정신 요양소는 퀘이커의 친절이라는 뿌리에서 이미 한참 멀어졌다는 뜻이었다.

블루밍데일의 이전 계획 지휘를 맡은 찰스 니콜스는 다시 강력한 내부 규정을 도입했다. 1887년에 작성한 보고서에서 니콜스는 입원 환자 202명 중 예후가 좋은 환자는 80명, 좋지 않은 환자는 61명, 치료가 불가능한 환자는 61명으로 분류했다.[38] 이 마지막 범주의 환자들 중 35명은 말기 매독으로 인한 정신병을 앓는 사람들이었다. 예후가 좋지 않은 환자가 이렇게 많았으니 그에게는 확실히 실망스러운 결과였을 것이다. 그러나 니콜스, 플리니 얼, 새뮤얼 라이언스 같은 사람들의 뛰어난 머리와 헌신을 생각해 보면, 블루밍데일이 최고의 의사들에게 매력적인 장소였던 것 같다.

화이트플레인즈 이주로 블루밍데일은 1818년에 토머스 에디가 정한 대로 정신 질환을 앓는 사람들의 고통을 줄이고 "인류를 엄습할 수 있는 가장 끔찍하고 가혹한 재앙으로부터 많은 환자들을 회복시켜서 그들이 과거의 유능한 모습을 되찾아 사회의 품으로 돌아가 가족들과 친구들의 애정을 다시 느낄 수 있게 한다"는 원래 목적에 충실하면서 동시에 현대적으로 거듭날 수 있는 기회를 얻었다. 이 새로운 블루밍데일정신요양소는 실내와 실외 디자인에 마음 치료라는 전통을 충실히 반영하는 한편, 수십 년 동안 정신의학계에서 일어난 혁신들을 모두 실행에 옮겼다. 환자에게 공감해 주는 의사와의 대화가 필요하다는 피넬과 튜크의 주장은 대화 치료로 발전했다. 그러나 정신 질환 치료에 가장 획기적인 돌파구가 마련된 때는 1950년대였다. 항정신병 약과 항우울제가 바로 그 돌파구였다.

예전에 블루밍데일정신요양소였던 곳에 입원했을 때의 내 생활을 돌아보면, 그곳에서 받은 치료와 보살핌에 대해 확실히 복합적인 감정이 느껴진다. 그곳에서 영구적인 상처를 입었다는 느낌이 들지만, 그곳의 치료가 내게 도움이 된 것 또한 사실이다. 병원 측이 자살의 위험으로부터 나를 지켜 줄 것이라고 기대했던 내게는 '정신 요양소'라는 단어가 조금 역설적으로 들린다. 내가 내 몸에 남은 흉터를 애당초 그토록 오랫동안 수치스러워할 필요가 없었으며, 그때 일어난 일은 내 잘못이 아니라는 사실을 나는 오랜 세월이 흐른 뒤에야 깨달았다. 그래도 그곳에 입원한 것은 내게 꼭 필요한 일이었다. ECT도 내게 필요했고, 회복할 수 있는 시간과 공간도 필요했다. 솔직히 말해서, 그 병동에서 일하던 사람들 대부분은 마음 치료라는 토머스 에디의 이상을 온전히 받아들인 것 같았다. 그곳에서 보낸 3개월 남짓한 시간이 그때는 영원 같았지만, 자살 충동을 느끼던 환자에게는 퇴원 직후가 가장 위험한 시기이기 때문에[39] 의료진은 내가 괜찮을 것이라는 확신이 없는 한 나를 퇴원시키기 힘들었다.

2016년 미국의 자살 건수는 거의 4만 5,000건으로,[40] 20년 전에 비해 28퍼센트 이상 치솟은 수치였다. 이 자살 사건 중 병원에서 발생한 것은 아주 소수(아마 6퍼센트쯤[41])에 불과했지만, 한 소규모 연구에서는 정신병동 간호사가 대략 2년에 한 번씩 자살 사건과 맞닥뜨리게 된다는 추정치를 내놓았다.[42] 입원 환자들이 자살하는 경우는 대부분 병원 측의 잘못된 환자 평가가 원인이다. 의료 과실 소송에서는 "자살 위험이 중간이거나 높은 새 입원 환자의 감시와 보호에 소홀했다"는 말이 자주 언급된다.[43] 설사 환자의 자살 위험이 몹시 높다고 올바른 판단을 내렸다 해도, 감시만으로는 모든 일을 막을 수 없다. 어떤 환자도 자살하지 못하게 확실히 막는 방법이라면, 약을 먹여 환자가 움직일 수 없게 만들지 않는 이상 옛날처럼 구속복 같은 물리적인 도구를 다시 사용하는 방법밖에 없을 것이다. 기어이 죽고 말겠다고 결심한 사람의 목숨을 구하는 일은 때로 몹시 어려울 수 있다.

자살 충동이 있는 환자를 돌보는 것은 블루밍데일정신요양소에서도 언제나 힘든 일이었다. 1880년에 한 여성 환자가 자신을 지키던 간호인과 함께 창고에 들어갔다가 깨진 창문의 유리 조각을 발견하고 조용히 옷 속에 숨겨 나온 뒤, 간호인에게서 혼자 화장실에 가도 좋다는 허락을 받고 들어가 목을 그어 자살했다.[44] 1914년에는 간호인들을 따돌리고 도망친 서른아홉 살의 환자가 다음 날 병원 안의 연못에 빠져 죽은 시체로 발견되었다.[45] 1916년에는 "자살 성향이 있는 멜랑콜리아"를 앓던 부유한 여성이 4년간 입원해 있던 정신 요양소에서 사라졌다.[46] 경찰은 일주일 동안 그녀가 숲이나 광에 숨어 있다고 짐작했으나, 사실 그녀는 화이트플레인즈역 근처의 철길에 누워 있다가 기차에 치여 사망했다. 이 우울한 목록에는 그 뒤로도 많은 사례들이 있지만, 자살 건수는 시간이 흐를수록 줄어들었다. 이 환자들은 정신 요양소에 입원했는데도 자살 충동에서 벗어나지 못했다. 죽고 싶다는 욕망을 부추기는 병을 효과적으로 치료할 방법이 없었기 때문이다. 특히 ECT, 항우울제, 그리고 자기 파괴적인 충동을 줄여 주는 다른 약들이 등장하기 전에는 환자들을 지키는 것, 집에서 살 수 없는 환자들을 장기적으로 돌봐주는 것이 정신 요양소의 역할이었다.

전기충격치료 덕분에 나는 자살 충동을 통제할 수 있게 되었다. 나를 면밀하게 지켜보던 간호사들은 매일 내게 자살에 대한 생각을 묻고 그런 생각이 없다는 답을 들었다는 내용을 기록으로 남겼다. 5월 초에 내 행동이 점점 정상으로 돌아오자 간호사들은 내가 "기분이 좋은" 상태이며 다른 환자 및 의료진과 잘 지낸다고 기록했다. 마지막 ECT를 받던 날에는 내 증세가 워낙 좋아져서 영 선생이 다음과 같이 기록했다. "환자의 주요우울증이 완전히 치유된 듯하다. 다음 주의 경과를 봐서 앞으로 시행할 치료와 퇴원 여부를 고려하게 될 것이다."

이제는 의료진이 15분마다 나를 확인할 필요가 없었다. 나는 미술 수업, 체육관에서 벌어지는 경기, 필수 사항인 집단치료 등 치료에 필요한 활동에도 나가기 시작했다. 비록 혼자 나갈 수는 없었지만 마당에 나가는 것도 허용되었고, 병동 사람들과 어울리며 다른 환자들에게 더 관심을 기울이는 것도 가능해졌다. ECT와 "적어도 어느 정도는 심각한 기질성 뇌증후군" 때문에 단기 기억에는 문제가 있었다. 한 간호사는 내가 가끔 똑같은 질문을 여러 번 묻는다고 기록했다. 저녁이 되면 오전에 무슨 일이 있었는지 잘 기억나지 않았다. 심지어 오후에 있었던 일도 기억나지 않을 때가 있었다. 그래서 메모하는 습관을 들였더니 머리가 조금 맑아진 것 같았다. 저녁에 제이크가 퇴근해서 병원에 왔을 때 그날 하루의 일을 그에게 들려줄 수 있을 정도는 되었다.

내가 병원에서 스프링 노트에 적은 일기를 보면, 그때 내가 알던 사람들과 함께 보낸 나날이 안개처럼 흐릿한 세월 속에서 놀랄 정도로 또렷하게 떠오른다. 어느 날 "병동의 정신없는 날"이라고 적은 것을 보면, 그곳에 살 때의 기분이 되살아나고, 각각 조증, 우울증, 강박증, 정신 질환의 다양한 증세를 보이던 사람들이 생각난다.

생살이 나올 정도로 손톱을 씹어 대던 젊은 여성 리타는 자신의 몸에 문제가 있다면서 그것을 "미용상의 문제"라고 불렀다. 그녀는 항상 이 문제를 이야기하면서 꼭 고치고 싶어 했다. 그러나 그녀의 아버지는 그 문제를 해결해 주는 대신 그녀를 이 병원으로 억지로 데려왔다. 리타는 병원에서 온갖 진정제를 줘서 자기가 미치게 될까 봐 걱정했다. 리타가 항상 내게 말을 걸었기 때문에 나는 영 선생에게 그녀에 대해 물어보았다. 그는 그녀가 자신의 몸에 대한 망상에 시달리고 있다고 말했다.

콜 부인이라는 아주머니는 병실에 갇혀 있었지만, 15분마다 한 번씩 복도를 걸을 수 있었다. 한 번 복도를 걸을 때마다 콜 부인은 크고 불안한 목소리로 빨래 자루에 대해 말했다. 그녀는 하루도 안 돼서 다른 병동으로 옮겨졌다. 나는 이 병동에 남는 사람들과 스치듯 다른 곳으로 가는 사람들의 차이가 무엇인지 전혀 알 수 없었다. 아무래도 환자에게 필요한 치료에 대한 의사의 판단에 따라 결정이 내려지는 것 같았다. 어쩌면 그들이 가입한 보험의 종류도 관련이 있었을 것이다.

키가 크고 몹시 마른 검은 머리의 또 다른 여성은 자신이 이스라엘의 여왕이라고 말했다. 그녀는 목욕 가운과 굽 높은 슬리퍼형 구두 차림으로 시끄럽게 복도를 오락가락하다가 가끔 걸음을 멈추고 다른 환자들을 향해 뭔가를 발표하곤 했다. 어느 날은 루이스라는 쿠바 남성이 마음에 들었는지, 이스라엘과 세상의 종말에 관한 예언을 그에게 들려주었다. 내일 세상이 끝난다는 것이었다. 루이스는 평소 자주 하던 대로 푸에르토리코 출신의 여성과 카드놀이를 하고 있었다. 두 사람은 항상 스페인어만 사용했다. 리타와 마찬가지로 이스라엘의 여왕도 누구든 자기 이야기를 들어 주는 사람에게 끊임없이 말을 걸었다. 루이스가 몇 번 고개를 끄덕여 준 뒤, 그녀는 내가 새로 사귄 친구인 메그, 폴과 함께 앉아 이야기하던 소파로 다가왔다. 목욕 가운에 높은 구두를 신은 그녀는 도발적으로 엉덩이를 살랑거리며 걸었다. 그녀가 내 옆에 앉아 이렇게 말했다. "사람들이 모여서 파티를 연다는 누드 캠프에 가 봤어? 1956년에 스푸트니크가 폭발했을 때 미국에서 시작된 거야." 우리는 그런 곳에 가 본 적이 없다고 고개를 저었다. 이스라엘의 여왕은 누드 캠프가 얼마나 근사한지 우리에게 말해 주고는, 또각또각 구두 소리를 내며 복도를 걸어갔다. 우리는 서로를 향해 웃는 얼굴로 저 여자 "진짜 미쳤다"고 중얼거렸다. 하지만 우리 역시 미친 사람들이라는 사실을 우리는 알고 있었다. 그렇지 않고서야 우리가 그 여자와 함께 이 정신병원에 있을 리가 없지 않은가.

당시 나는 병동의 많은 사람들보다 한결 좋은 상태였다. 이제는 내가 사악하다는 생각에 집착하지도 않았고, 세상의 종말이나 누드 캠프나 빨래 자루에도 집착하지 않았다. 환자들 중에서 그럭저럭 이성적인 사고 능력을 유지하면서 평범하게 대화를 나눌 수 있는 나 같은 사람들은 자신이 다른 사람들만큼 '미치지' 않았다고 생각했다. 잠깐

스쳐 가는 사람이 많았기 때문에 우리는 위기를 맞은 환자의 증상이 누그러지는 모습을 온전히 볼 때가 별로 없었다. 내가 자살을 시도한 날 병동에 있던 사람들은 어쩌면 내가 '가장' 미쳤을 때의 모습, 또는 최소한 가장 골칫거리이던 모습을 알고 있었을 것이다. 그러나 나중에 입원한 사람들에게는 내 목에 아직 뻘겋게 남아 있는 상처만이 내가 미쳤다는 유일한 증거였다. 이제는 내가 아닌 다른 사람들이 차분히 굴지 못하고 시끄러운 소리를 내며 문제를 일으키고 있었다. 그러면 다른 환자들은 자기들끼리 그 이야기를 나눴다.

조용한 환자인 메그는 나와 가까운 사이가 되었다. 나와 마찬가지로 나이가 이십 대였으며, 전기충격요법이 예정되어 있었다. 가톨릭 가정 출신인 것도 나와 같았다. 그녀가 겪고 있는 위기도 내 경우와 비슷한 것 같았다. 그녀는 자매들 중 한 명을 암으로 잃고, 또 다른 자매를 사고로 잃었다. 이제 그녀의 부모에게 자식이라고는 그녀 하나뿐이었으나, 그녀는 지난 10년 동안 거의 우울증에 시달렸다. 약혼자도 있었지만 이렇게 계속 우울증만 앓다가는 결혼에 이를 수 있을지 걱정이었다. 영 선생을 비롯한 의료진은 내게 메그가 ECT를 무서워하는 것 같으니 그녀와 ECT 이야기를 하며 달래 줄 수 있겠느냐고 부탁했다. 나는 메그는 물론 메그의 부모님과도 함께 시간을 보내며, 내가 어느 날 갑자기 좋아졌다는 사실을 강조하고, 다 잘될 것이라고 말해 주었다.

폴과는 항상 함께 있는 시간이 즐거웠다. 그는 양극성장애를 앓는 화가였는데, 그가 병원에 오게 된 것이 조증 때문인지 울증 때문인지는 지금도 알지 못한다. 그러나 나와 만났을 무렵 그는 지극히 차분해서 함께 시간을 보내기에 좋았다. 그는 담배를 아주 많이 피웠다. 내가 밖에 나갈 수 있게 된 뒤에는 나와 함께 테니스장이 벤치에 앉아 있곤 했다. 가끔 제멋대로 테니스를 치기도 했다. 우리 둘 다 별로 기운이 없었기 때문이다. 폴은 입원 경험이 많아서, 이렇게 계속 병을 앓아야 하는 모양이라고 체념한 듯했다. 그러나 나와는 달리 미래를 생각하며 겁에 질리지 않는다는 점에서 나는 위안을 얻었다. 그와 함께 있으면 안도감이 들었다. 그는 또 한 번의 병원 입원을 금욕적으로 견디고 있었다.

말이 많은 정신 질환자인 이스라엘의 여왕과 차분하게 가라앉아 우울한 상태인 폴은 서로 드라마와 정적靜寂만큼이나 차이가 있었다. 이스라엘의 여왕처럼 수다스러운 사람들은 즐겁게(이런 말을 써도 되는지는 잘 모르겠다) 시간을 보내는 듯이 보이는 반면, 폴처럼 조용한 사람들은 형기가 끝나기를 기다리는 것 같았다. 두 부류의 환자들 모두 병원에 입원하게 된 원인인 병으로부터 자유로워질 필요가 있었으나, 그 시간이 얼마나 걸릴지는 아무도 몰랐다. 병이 나은 뒤 계속 재발할 것인지 여부도 알 수 없었다.

스무 살쯤으로 보이는 제이콥은 병원에 있는 동안 가장 활기찬 사람 중 한 명이었다. 그도 양극성장애 환자였다. 기도용 솔의 술이 셔츠 아래로 늘어지고 머리에는 유대인 남자들이 쓰는 납작모자를 쓴 것으로 보아 그는 정통파 유대교인이었다. 그는 집에서 가져온 기타를 연주했으며, 시를 쓰고 노래를 만들었다. 자신이 읽은 수많은 책에 대해 이야기하는 것도 좋아했다. 내가 메그와 함께 앉아서 이야기를 하고 있는데 그가 다가와서 기타의 카포를 잃어버렸다며, 물건을 잃어버리면 자신은 흥분해서 미친 사람처럼 된다고 투덜거렸다. 아우슈비츠와 트레블링카에 홀로코스트 생존자인 아버지와 함께 갔던 이야기, 이스라엘에서 자살한 누이 이야기도 했다. 메그와 제이콥이 모두 과거 가족들이 겪은 일 때문에 심리적인 충격을 받았다는 사실에 놀랐다. 그들은 가족들의 고통을 함께 느끼면서 계속 견뎌 내느라 병을 앓고 있는 것 같았다.

제이콥은 퇴원 직전 내게 시 한 편을 주었다. 연필로 쓴 영어 시였는데, 맨 위와 맨 아래에 히브리어 글자들이 있었다. 최근 병원에서 쓰던 공책 안에서 그 시를 발견한 나는 히브리어 글자의 뜻을 찾아보았다. 맨 위의 네 글자는 유대력 5744년, 즉 서기 1984년이라는 뜻이었다. 히브리어에서는 숫자를 단어처럼 쓸 수 있는데, 5744를 뜻하는 히브리어 글자 네 개를 읽으면 타시마드tashmad, 즉 파괴라는 뜻이 되었다. 이스라엘에서는 1984년 이전 몇 년 동안 예언가들과 점성술사들이 파괴와 재앙을 예언했다. 심지어 세상의 종말을 말한 사람도 있었다. 제이콥이 맨 위에 'tashmad'라고 써 놓은 이 시는 다음과 같이 시작한다. "흑단 같은 파도 속에서/당신이 미끄러져 가고" 그는 "그녀를 나의 등대로" 삼아 깊은 곳에서 "순결하게" 솟아오를 것을 상상하며 "바닷속 깊이/잠수한다." 맨 아래 있는 히브리어 글자는 그의 이름이었다. 비록 상대가 '당신'에서 '그녀'로 바뀌었지만, 이 시에서 말하는 등대가 나였을까? 어쩌면 시를 건네는 것이 그에게는 미친 짓이었는지 모른다. 그것은 그가 창의성을 표현하는 방법이자, 병에서 벗어나고 싶다는 갈망, 그가 어쩌면 결혼해서 아이를 많이 낳는 생활을 할 수 없을지도 모른다는 가족들의 걱정으로부터 벗어나고 싶다는 갈망을 표현하는 방법이었다. 그러나 타시마드, 즉 재앙이 그의 가족사 속에 있었고, 그의 개인사 속에도 있었다.

우리는 모두 가족들로 인한 압박을 느끼고 있었다. 가족들은 우리를 걱정했다. 몹시 괴로워하는 사람도 있었다. 병원에 면회를 올 때 그들은 우리가 **당장** 좋아지기를 바라는 마음도 함께 가져온다. 이해할 수 있는 일이다. 내 생각에는 우리 모두 제이콥처럼 파도 아래로 빠져들어가는 감각을 느꼈을 것 같다. 우리는 필사적으로 구원을 바랐다. 우리가 바다에 빠지고 있음을 우리가 사랑하는 사람들이 알아차리지 못할 때에도. 내가 새로 사귄 친구들 중에는 나보다 더 극적으로 광기 속에 빠져든 사람도 있지만, 그보다는 덜 눈에 띄는 나의 하강 또한 스티비 스미스가 「손을 흔든 게 아니라 물에 빠진 거야」라는 시에서 묘사한 것과 비슷했다.[47] 어떤 남자가 멀리까지 헤엄쳐 가서 도와 달라고 필사적으로 손을 흔드는데, 물가에 있던 사람들은 그것을 가벼운 장난으로 착각한다. "죽은 사람"이 된 그는 "너희의 생각보다 나 더 멀리 나가 있었어/손을 흔든 게 아니라 물에 빠진 거야"라고 말한다. 나도 애나가 죽은 뒤 어느새 그 먼 바다까지, 지나치게 멀리 떠내려가 있었다.

스미스의 시는 병원에서 진단받지는 않지만 우울증을 앓는 사람들까지 포함해서 많은 사람들의 삶을 강렬히 포착한다. 나처럼 사회생활에 필요한 유쾌한 태도를 연습한 사람이라면(시 속의 "가엾은 녀석"은 "언제나 장난을 좋아했다") 나처럼 자신이 얼마나 위험한 상태인지를 너무 늦은 뒤에야 드러낼 가능성이 있다. 병원, 그냥 병원이 아니라 정신 요양소, 정신병원에 입원했다는 것은 그 기만극이 끝났다는 뜻이었다. 가족들과 친구들은 우리가 겉으로 내보이는 모습에 익숙해져 있었지만, 이제 게임은 끝났다. 우리는 자신이 얼마나 멀리 표류했는지를 계속 비밀로 숨기는 데 실패했다. 그리고 병원은 더 이상 세상에서 정상적으로 기능할 수 없게 된 우리를 받아들였다.

내 증세가 좋아졌다고 들뜬 기분은 오래가지 않았다. 많이 나아지긴 했어도 병이 완전히 나은 것은 아니었다. ECT를 끝내고 일주일 뒤 나는 극심한 신체적 불안감을 일기에 썼다. "가끔 하루 종일 몹시 불안하고 초조하다. 근육이 뭉쳤다가 풀어지기를 반복하고, 어떻게 해도 몸에서 긴장이 풀리지 않는다. 내 삶이 현실 같지 않다. 오늘은 면회 온 사람이 없었다. 내가 이걸 어떻게 견뎌 낼 수 있을지 모르겠다. 가끔 책을 읽거나 글을 쓸 때 종이의 색깔이 역전되어 하얀 종이가 검게 보인다. 내가 다시 편안하게 인생을 살아갈 수 있을지 상상이 가지 않는다. 편안하게 느껴지는 가정을 꾸릴 수 있을까. 그게 무척 무섭다." 혼자 있을 때면 이런 생각들이 한없이 맴돌았다. 다시 자살 충동이 생길까 봐, 영원히 병원에 있어야 할까 봐 걱정스러웠다. 이렇게 두려움이 가득해지면 가끔 기도를 하려고 해 보았다.

나는 마지막으로 출근했던 날처럼 시편을 훑어보며 영적으로 소외된 내 정신을 도움을 요청하는 고대의 목소리에 묶어 보려고 했다. 혹시 마음이 차분해질까 싶어서 어떤 구절을 옮겨 적기도 했다.

나를 멀리하지 마옵소서 환난이 가깝고 도울 자 없나이다…
나는 물같이 쏟아졌으며 내 모든 뼈는 어그러졌으며 내 마음은 촛밀 같아서 내 속에서 녹았으며…[48]
내가 환난에서 여호와께 아뢰며 나의 하나님께 부르짖었더니 저가 그 전에서 내 소리를 들으심이여 그 앞에서 나의 부르짖음이 그 귀에 들렸도다.(시편 18편 6절-옮긴이)

주께서 나의 등불을 켜심이여 여호와 내 하나님이 내 흑암을 밝히시리이다.(시편 18편 28절-옮긴이)

내가 걱정하던 것처럼 다시 증세가 심해지더라도 시편의 이런 구절들은 전기충격치료나 젊은 정신과 의사와의 대화보다 더 효과적인 도움이 될 것 같았다. 그러나 신이 존재하지 않고 기도란 그저 한 단계 높은 형태의 간청에 지나지 않는다면, 고통에 빠진 내 자아가 읊조리는 이런 구절들은 허공으로 사라질 뿐이었다. 그래도 이런 일에 나보다는 솜씨가 좋은 사람들 여러 명이 나를 위해 기도하고 있다는 말에 나는 마음이 놓였다. 진심 어린 기도가 가장 효과적이라면, 외할머니 브리디의 기도는 틀림없이 신에게까지 가닿았을 것이다. 절대적인 겸손함과 믿음에서 나온 할머니의 기도라면 정말로 힘을 발휘할 수도 있었을 것 같다.

어머니는 내게 앤터니 블룸이라는 수도사가 쓴 『기도의 시작』이라는 책을 주었다. 문병객이 한 명도 없는 하루를 보내고 불안해하던 어느 날 저녁에 나는 병실에서 그 책을 읽었다. 그런데 놀랍게도 기도가 허공으로 사라지는 것 같다는 내 생각이 바로 그 책에 있었다. 저자는 이렇게 썼다. "내가 정말로 신이 부재한다고 말하는 것은 아니다. 신은 한 번도 정말로 부재했던 적이 없다. 내가 말하는 것은 신이 부재한 것 같다는 우리의 느낌이다. 우리는 신 앞에 서서 허공을 향해 소리치지만 하늘에서는 아무런 응답도 들려오지 않는다. 사방을 둘러봐도 신은 보이지 않는다. 이런 상황에서 우리가 무슨 생각을 하겠는가?"[49] 사람들은 신이 필요할 때만 신이 존재해 주기를 기대하지만, 기도란 우리가 일상적으로 신의 존재를 찾는 관계 속에서 이루어져야 한다고 그는 썼다. 이 구절을 읽고 나서 내가 나의 믿음 부족, 절망, 결혼 생활과 미래에 대한 고민 등을 계속 곱씹고 있을 때 치료사 한 명이 확인 차 병실에 들어왔다. 의료진 중에서 가장 친절한 자메이카 남자인 테디였다. 그는 왜 울고 있느냐고 내게 물었다. 절망스럽고 무섭다고 말했더니, 그는 내가 지금까지 겪은 일을 이용해서 오히려 더 강해지려고 노력해 보라고 말했다. 제이크도 항상 나한테 하던 말이었다. 그 말을 실천하기가 왜 그렇게 어려운 건지 나는 알 수 없었지만, 내 인생의 토대가 모두 허물어진 것 같았다. 사랑, 결혼 생활, 일, 자아, 이 모든 것이 엉망진창이었다. 내가 아는 것은 회의와 두려움뿐이었다.

테디는 내가 연약한 상태라는 사실을 차트에 적어야 한다고 말했다. 전기충격치료가 끝난 지 3주가 되었을 때였다. 그 뒤로 나는 약을 전혀 복용한 적이 없는데, 영 선생은 내 기분이 자꾸 하강 곡선을 그리는 것을 막으려고 항우울제를 처방해 주었다. 그 전부터 나는 영 선생에게 병이 재발할까 두렵다는 이야기, 내가 '인간이 아닌 다른 존재'인 것 같다는 이야기, 뭐가 뭔지 알 수 없는 상자 안에 있는 것 같다는 이야기를 하고 있었다. 잠드는 것도 힘든데, 그나마 잠들어도 아침 일찍 깨 버렸다. 기록을 읽어 보면 멜랑콜리아 증상이 재발했음을 분명히 알 수 있다. 나는 이전에 정신과 진료를 받은 적이 없고 우울증과 관련된 병력도 없었기 때문에 영 선생을 비롯한 담당 의사들은 아기를 낳자마자 잃은 것이 이런 위기를 불러왔다고 생각한 것 같다. 즉 오래전부터 조용히 잠복하고 있던 병이 한꺼번에 폭발한 것이 아니라 내가 처한 상황이 원인이라고 본 것이다. 오래전부터 나는 비관적인 성격과 자책하는 버릇을 원래 타고났다고 생각했지만, 지금 보면 그런 특징은 고등학교 때, 또는 그 이전부터 모습을 드러낸 어떤 병의 흔한 징후였다. 애나의 죽음은 그것이 확 드러나는 계기가 되었을 뿐이다. 급박하고 치명적인 그 일을 나는 피할 수 없었다.

우울증은 복잡한 '생물심리사회적biopsychosocial' 질병으로 간주된다.[50] 생물학적인 결정인자가 있을 수 있지만, 심리적 스트레스 요인과 사회적 스트레스 요인 또한 영향을 미친다는 뜻이다. 영 선생이 차트에 "환자의 주요우울증이 완전히 치료된 듯하다."라고 쓴 것은 ECT가 멜랑콜리아에서 몹시 강력한 요소인 생물학적 요인을 해결해 주었다고 보았기 때문일 것이다. 대화 치료와 가족 만남 시간에는 심리적 문제들을 다뤄 왔었다. 이제 그는 나의 연약한 감정 상태에 주의를 기울였다. 결혼 생활과 일이 계속 스트레스와 불안을 야기하는 것도 그의 걱정거리였다. 영 선생은 3주 동안 더 병원에 머물면서 기분을 안정시킨 뒤 퇴원하는 게 좋겠다고 보았다.

제이크가 문병을 오면 우리는 내가 집으로 돌아갔을 때 어떻게 해야 내 기분이 더 좋아질지를 놓고 이야기를 나눴다. 그래서 정원을 가꿀 계획도 짜고, 아이를 다시 가지려고 노력해 보자는 이야기도 했다. 이런 이야기들을 제이크가 정리해서 손으로 적은 목록에는 내가 쓸모없는 존재라는 생각, 교외에서 혼자 고립되어 있다는 두려움을 해결하기 위한 항목들이 포함되어 있다. '새로운 친구를 사귄다.' '새로운 직장을 찾는다'는 것이 그런 항목이다. 새로운 일을 개척하기 위해 조경 학원, 식물원 원예 프로그램, 대학원 문학 강의, 산파 교육 프로그램 등 학원이나 학교에 다닌다는 항목도 있다. 병원의 직업 치료사가 실시한 적성검사에서는 내가 남을 돌보는 일에 잘 맞지 않는 것으로 나왔다. 어느 정도는 예상했던 결과였다. 내가 산파에 관심을 보인

이유 중 하나는 우리가 버몬트로 이사 갔을 때 직장을 찾을 수 있을 것이라는 점이었다. 그 일이라도 배워 두지 않으면, 고등학교 영어 교사 자리를 찾아보는 수밖에 없기 때문이었다. 그 뒤로도 오랫동안 나는 나 자신과 나의 미래에 대해 비관하는 태도(우울증의 핵심적인 증상이다)를 고치는 방법은 내가 편안하게 일하면서 쓸모 있는 존재가 되어 희망을 품을 수 있는 직업을 찾는 길밖에 없다고 믿었다.

내가 병원에서 사용한 공책에는 그림도 그려져 있다. 직원들이 항상 팔을 뻗으면 닿을 수 있는 거리에서 나를 감시해야 하던 때에 그 직원들 중 한 명이던 엘리의 스케치도 그중 하나다. 나는 침대에 앉아 내 옆의 의자에 앉은 엘리를 색연필로 그렸다. 마치 우리가 룸메이트가 된 것 같았다. 바짝 깎은 흑인 스타일 머리, 차분하고 자애로운 얼굴, 그녀가 입은 스웨터의 무늬가 그림에 자세히 묘사되어 있다. 내가 자살을 시도한 뒤 줄곧 나를 싫어해서 차트에 내가 '수동 공격적'이며 '의료진에게 선심을 베푸는 것처럼 군다'고 적었던 간호사 리사의 옆얼굴을 그리다 만 것도 있다. 우리 집과 바깥쪽 산울타리를 그린 그림도 있는데, 입구의 통로 위로 쥐똥나무가 아치처럼 뻗어 있다. 앞으로 정원을 어떻게 꾸밀지 도형으로 표시해 놓은 것도 있고, 제이크가 날 즐겁게 해 주려고 직접 그린 자화상도 있다. 그는 자신의 어두운 색 곱슬머리와 안경을 그리고, 얼굴은 얼빠진 표정에 수염을 기른 모습으로 묘사한 뒤, 자신의 머리를 관통한 화살을 하나 그렸다. 밸런타인데이 하트에 화살이 꽂힌 모양과 비슷하다. 이 그림은 그 나름의 타시마드를 지니고 있다. 이 일기장 안의 그림과 주변 상황에 대한 메모, 우리가 계획한 일들의 목록을 보고 있으면 느리게 흐르는 병원의 시간과 빨리 건강해지고 싶다는 욕망을 느낄 수 있다.

병원에서 세상과 떨어져 있을 수 있었지만, 병원에서 일어나는 일들은 대부분 환자들을 삶에 잘 대처할 수 있는 사람으로 만들어 세상으로 돌려보내기 위한 것이었다. 병동의 환자들은 모두 집으로 돌아갈 수 있을 만큼 병을 억제하는 데 중점을 둔 치료를 받았다. 증세가 좋아진 환자들은 하루 또는 주말에 집으로 돌아가 시간을 보내며 퇴원 뒤의 생활을 미리 연습하기도 했다. 병원의 사회복지사들과 의사들은 가족이 환자를 얼마나 뒷받침해 주는지 파악하기 위해 그들과 대화를 나눴다. 그 결과 환자가 집에 돌아가 봤자 증세가 더 악화될 것 같다 싶으면 사회 복귀 훈련을 할 수 있는 시설을 주선해 주었다.

가족 만남은 일주일에 한 번이었다. 그런 자리에서 우리 환자들은 가족들의 걱정과 초조감, 몰이해 때문에 심한 압박을 느꼈다. 나도 이런 자리가 끝나고 나면 보통 정신을 차릴 수 없었다. 내 병이 훨씬, 훨씬 더 좋아지기 전에는 제이크와 부모님이 실망할 수밖에 없기 때문이었다. 나를 담당한 사회복지사는 내 부모님이 상황을 '부정'한다고 적어 두었다. 나를 최대한 빨리 퇴원시켜 달라는 부모님의 요구에 관한 평가였다. 우리의 지위가 **환자**라는 사실은 초조한 가족들 앞에 우리의 문제를 드러낸다. 환자를 뜻하는 영어 단어 patient는 '참을성이 있다'는 형용사로도 쓰이는데, 어원은 라틴어의 patientia로 '참을성, 인내심, 겸손, 순종'을 뜻한다. 우리는 당시 처한 상황과 고통, 그리고 어쩌면 길어질 수 있는 장기적인 투병 생활이나 병의 재발을 참고 견디는 수밖에 없었다.

자살 충동이나 정신 질환이라는 괴로운 경험을 하며 병원에서 생활하는 것이 내게는 바깥 사람들과 근본적으로 달라졌다는 뜻인 것 같았다. 어빙 고프먼은 저서『수용소』에서 처음 정신병을 앓는 환자들이 '정상인'에서 '수치스러운 사람'으로 지위 변화를 겪으면서 정체성에 변화가 생긴다고 썼다.[51] 고프먼의 연구는 국립 병원에 있는 환자들을 중점적으로 다뤘고 나는 다행히 그보다 훨씬 환경이 좋은 곳에 있었지만, 그의 글은 당시 내가 나 자신을 바라보던 시각과 다른 사람들이 나를 어떻게 볼지 두려워하던 마음을 잘 표현해 준다. 나는 정신적인 문제로 입원했다는 사실이 알려진다면 나중에 직장을 구하기 힘들어질까 봐 걱정스러웠다. 그보다 더 무서운 것은, 병이 불시에 재발하면 직장을 그만둘 수밖에 없을 것이라는 점이었다. 세월이 흐른 뒤에도 나는 이렇게 상처받은 정체성을 감추기 위해 나의 입원 사실을 이미 아는 친한 친구들을 제외한 다른 사람들에게는 내가 앓은 병이나 입원 사실에 대해 말하지 않으려고 했다. 그러나 내가 병원에 있는 동안 내 목에 흉터를 만들어 버린 탓에, 그 낙인(문자 그대로 나의 고통, 처벌, 또는 남들과의 차이를 드러내 주는 표식이었다)으로 인해 나는 영원히 그 상처받은 정체성을 잊을 수 없을 것 같았다.[52]

혼자 있을 때면 한없이 걱정 속을 맴돌았기 때문에, 밖에 나가서 나와 비슷한 형편의 다른 사람들과 함께 있는 편이 좋았다. 우리가 서로를 즐겁게 해 주며 다른 생각을 하지 못하게 막아 줄 수 있기 때문이다. 병동에서도 집단치료 때도 자유 시간에 우리는 가족들의 압박에 시달리는 서로의 긴장을 풀어 주며 그래도 자신을 이해해 주는 사람이 있다는 기분을 느꼈다. 그냥 함께 앉아 있을 때는 재잘재잘 수다를 떨었지만, 집단치료 때 함께 있는 것은 좀 달랐다. 말투도 더 진지하고 정중해졌다. 나는 일주일에 세 번씩 만나는 여성 환자 집단에 속해 있었는데, 그 자리에서 애나의 죽음과 병원에 입원까지 하게 된 나의 상태에 대해 이야기하기 시작했다. 어느 날 정신병원의 사회복지

사로 일하던 새로운 환자가 입을 열었다. 그녀는 몇 년 전 급속순환싱 조울증 진단을 받고 다른 병원에 8개월 동안 입원했다고 말했다. 그런데 지금 또 입원하게 되었고, 그 와중에 남편까지 그녀의 곁을 떠나 버렸다. 이런 이야기들이 내 마음을 움직였다. 그녀의 이야기를 들으면서 나는 자꾸 재발하는 정신적인 장애 때문에 정상적인 생활과 그렇지 않은 생활을 오가는 삶이 어떤 것인지 언뜻 맛볼 수 있었다. 이 파괴적인 병을 받아들이고 그래도 품위를 지키며 살아가는 사람들이 존경스러웠다.

치료 상담 때 영 선생은 고통스러운 주제들을 집중적으로 다뤘다. 결혼 생활에 대해 내가 품고 있는 회의가 만천하에 드러나고, 제3자가 그것을 자세히 들여다보게 되면서 제이크에게는 상황이 점점 나빠지기만 했다. 나는 마치 그를 배신한 것 같은 기분이었지만, 내가 너무 어린 나이에 결혼한 탓에 약해졌음을 깨달았다. 나는 미처 꽃을 피우지 못한 내 잠재력을 슬퍼하고 있었다. 그래서 나와 대략 비슷한 나이인데도 이미 의사가 된 사람과 이 점에 대해 이야기할 필요가 있었다. 대학을 졸업할 때 나는 교수가 될 수 있을 것이라는 자신감이 없어서 대학원에 진학해 문학을 공부하겠다고 밀어붙이지 못했다. 교외로 이사해서 비참한 기분으로 방황하는 동안 나는 독립성이 필요하다는 사실을 깨달았다. 제이크와 함께 만들어 가는 삶에 더 이상 나를 맞출 수 없게 되는 한이 있더라도 내가 행복해지는 길을 추구할 필요가 있었다.

나는 병원에 온 날 없애 버린 일기장에 나의 불만을 적어 두기만 했을 뿐 제이크와는 별로 그 이야기를 나누지 않다가 ECT가 끝나고 심리치료를 받을 때에야 그것이 큰 문제임을 알게 되었다. 애나의 죽음이라는 충격적인 사건 앞에서 나는 스스로 선택한 인생과 충실하겠다고 약속한 결혼 생활을 어떻게든 구하고 싶었다. 그러나 어떻게 해도 낙관적인 생각을 할 수 없었다. 내가 느끼는 감정들과 관련해서 믿을 수 있는 것이 무엇이고, 우울증으로 인한 부정적인 생각이 무엇인지 구분하기가 힘들었다. 입원 중 외출 허가를 받아 두어 번 집에 돌아갔을 때 나는 도무지 집에 유대감을 느낄 수가 없어서 망연자실했다. 영 선생에게 나는 내가 '돌멩이'가 된 것 같다면서 평생 이 기분이 사라지지 않을까 무섭다고 털어놓았다. 그러나 돌멩이가 된 것 같은 기분은 내 기분이 얼마나 우울한지를 보여 주는 징후였다. 영 선생은 내 결혼 생활이 큰 스트레스 원인 중 하나라고 보고, 우리가 그 주제에 대해 이야기를 나눌 때 "그 감정적인 징후가 자주 재발하는 듯 보였다"고 내 기록에 적어 두었다.

영 선생이 증상의 재발을 다스리기 위해 처방한 약은 또 다른 삼환계 약인 노르트립틸린이었다. 그러나 옛날에 약을 먹었을 때처럼 두드러기가 나지는 않았다. 잠도 잘 와서 수면 시간이 크게 늘었다. 정말 잠이 달았다. 일주일 만에 체중이 2.2킬로그램 늘었지만 상관없었다. 제멋대로 치닫는 불안감이 크게 줄어들어서 내 인생을 참고 살아 볼 수 있을 것 같다는 생각이 들었기 때문이다. "오늘 처음으로 완전히 절망적이라는 생각이 들지 않는다. 그 약이 효과가 있는 것 같다. 이렇게 희망이 생긴 것이 잘 믿기지 않는다." 나는 공책에 이렇게 썼다. 12일 뒤에도 긍정적인 반응은 지속되었다. "난 살아 있어. 사람들과 이야기도 할 수 있어." 잠을 자기 못해 눈이 퀭하고 자살 충동을 느끼던 유령 같은 모습 대신, 나는 노르트립틸린을 먹으면서 점점 명랑하고 사교적이고 통통한 사람으로 변했다.

이렇게 증상이 좋아지자 병원에서 내게 최고의 특권을 주었다. 다른 환자나 문병객들과 함께 마당에 나가 시간을 보낼 수 있게 되었다는 뜻이다. 그중에 뚜렷이 기억나는 날이 있다. 나는 제이크의 부모님과 함께 병원 안의 9홀 골프장으로 나가 퍼팅 그린에서 게임을 했다. 그러다 문득 손님을 맞아야 한다는 스트레스와 나로 인해 이 두 분의 아들이 고통을 겪고 있다는 죄책감이 여전한데도 우리가 그럭저럭 즐거운 시간을 보내고 있다는 사실을 깨달았다. 두 분은 골프를 잘 치지만 나는 아니었다. 그래도 그날 내 퍼팅 실력은 상당히 좋은 편이었다. 내가 영원히 병원에 살면 안전할 것 같다는 생각이 들었다. 친구들과 친지들이 병원으로 날 만나러 오면 되지 않겠는가. 그러면 나는 손님들을 데리고 퍼팅 그린으로 나가 즐거운 시간을 보내고, 함께 산책을 하다가 테니스도 칠 것이다. 내가 좋아지고 있는지에 대해서는 언급을 피하면서. 필연적으로 벌어질 나의 자살로부터 나를 사랑해 주는 사람들을 보호할 수 있는 방법이었다.

6월 초에 병동의 동료들이 나를 환자 대표로 뽑았다. 사회복지사에게서 내가 가장 인기 좋은 환자 중 한 명이라는 말을 이미 들은 적이 있기는 했다(틀림없이 나의 부정적인 자기 인식을 물리치려는 노력이었을 것이다). 내가 다른 환자들의 눈에 매주 한 번씩 열리는 의료진과 환자 회의에 환자 대표로 나가 의사를 전달할 수 있을 만큼 멀쩡한 사람으로 보인다면 내 정신이 생각보다 더 좋은 상태인지도 모르겠다는 생각이 들었다. 그들이 나를 뽑아 준 것이 영광이라는 생각도 했다. 우리는 서로를 응원해 주는 공동체를 이루고 있었다. 나는 점점 좋아져서 자주 집에 갈 수 있게 되었으며, 친구들도 만났다. 그렇게 병원에서 보내는 시간이 점점 줄어들다 보면 곧 병원을 떠나게 될 터였다.

영 선생은 퇴원 뒤 생활에 적응하는 과정에서 나를 봐 줄 정신과 의사를 추천했다. 맨해튼에서 개인 병원을 하고 있는 워터스 박사였다. 나는 그녀가 뉴욕병원에 일하러 오는 날 그녀를 만나러 갔다. 보자마자 마음이 편안해진 나는 당시 내 상태를 설명하다가 애나의 죽음을 꺼낼 수밖에 없었다. 그런데 이야기를 듣던 워터스 박사의 눈에 눈물이 고인 것을 보고 나는 깜짝 놀랐다. 박사는 자신도 얼마 전에 아이를 낳았다고 말했다. 이런 식의 감정이입은 처음 겪는 일이라서, 그녀에게 더욱 희망을 품게 되었다. 우리는 내가 퇴원 뒤 일주일에 두 번씩 상담을 받으러 가기로 의견을 모았다.

퇴원 기록에서 영 선생은 내 결혼 생활을 다음과 같이 진단했다. "입원 당시부터 오랫동안 환자는 이상적인 결혼 생활을 하고 있다고 말했으며, 남편도 정말로 훌륭한 결혼 생활을 하고 있다고 진심으로 믿는 듯했다. 두 사람 관계의 중요한 문제들은 입원 생활 중에 드러났다… 사실 환자는 남편에게 대단히 통제당하는 상황이었으며, 그런 지배 관계에 순응하면서도 무의식적으로 크게 분개하고 있었다. 의식적인 수준에서는 자신이 깊이 관련되어 있는 그 관계에 대한 지식이 극히 얕아서 마치 진정 조화로운 관계를 맺고 있는 것처럼 행동했다." 30여 년 뒤 이 글을 처음으로 읽으면서 나는 너무나 정확한 진단에 깜짝 놀랐다. 그러나 당시 내가 남편과의 관계에 대해 영 선생의 말처럼 전혀 모르는 상태는 아니었다. 제이크와 함께 하는 동안 나는 점점 더 하찮은 존재가 되어 가는 것 같았다. 그와는 별개의 인간으로서 내게 필요한 것을 주장하는 법도 배운 적이 없었다. 치료를 받으면서 나는 비로소 나만의 공간을 차츰 마련해 혼자서 앞으로 나아가기 시작했다.

의사의 진단을 받은 적이 없어서 나도 모르고 있던 우울증이 적어도 10년 동안 나의 인식과 결정에 영향을 미치고 나의 욕망과 포부를 마비시켰음을 몇 년에 걸쳐 이해하는 과정이 이때부터 시작되었다. 나는 내 인생에서 가장 힘든 부분에 대해 진심을 털어놓으며 내 상황을 점차 명확히 볼 수 있게 되었다. 그러나 퇴원 서류에 적힌 내용에 따르면 나는 아직 건강한 것과는 거리가 멀었다. 100점을 만점으로 하는 총괄기능평가(GAF)에서 영 선생은 내게 45점을 주었다. 기능에 '심각한 장애'가 있다는 뜻이었다. 그는 나의 예후를 '좋다'로, 내 상태를 '개선됨'으로 표시했다. '크게 개선됨'이나 '회복됨'이 아니었다. 마지막 가족 치료 시간에 영 선생은 정신과 외래 진료로 오랫동안 집중적인 치료를 계속 받아야 한다고 권고했다. 사회복지사는 제이크와 내가 자녀를 잃은 부모들 모임에 함께 나가 보고, 부부 상담을 받아 보는 것이 어떻겠느냐고 제안했다. 나는 복용 방법이 적혀 있는 약봉지를 받았다. 병동에서 보내는 마지막 날이라 홀에서 모두 한자리에 모였을 때 작별 인사를 했다. 묘하게도 졸업식 같은 느낌이 들었다. 병원에 입원해 있는 동안 교육을 받는 기분이었으니, 졸업이라는 말도 그리 이상한 비유가 아니다.

내 경험상 정신 요양원에서 궁극적으로 중요한 것은 환자들 사이의 동료애와 응원이었다. 끔찍한 상황에서 낯선 사람들과 함께 살게 된 우리는 서로의 고통을 나누는 수밖에 없었지만, 고통뿐만 아니라 유머와 회복력도 함께 나눴다. 그러면서 서로를 인간 사회 속으로 다시 끌어 주기 시작했다. 내가 회복하는 데 ECT가 필수적이었고 장기적인 관점에서는 항우울제가 훨씬 더 필수적인 역할을 했지만, 이런 방법들만으로는 충분하지 않았다. 병원에서 만난 환자들과 의료진이

나를 받아 주고 애정을 보여 준 덕분에 나는 나 자신의 가치를 인정하고 절망 대신 다른 대안을 찾아보게 되었다. 당시 블루밍데일병원은 환자가 다른 사람들과 다시 관계를 맺을 수 있게 돕는 데에 헌신한다는 점에서 초창기 퀘이커교도들의 인간적인 원칙을 잘 이어 가고 있었다.

5

죽으면 어디로 가나?

세계 인구의 2퍼센트가 같은 날 같은 순간에 사라지는 상상을 해 본
다.[1] 아기 엄마가 휴대전화로 통화를 하느라 다른 데 정신을 팔고 있
는 동안 자동차 뒷좌석에서 유아용 카시트에 앉아 있던 갓난아기가
사라진다. 유부남과 불륜 관계인 젊은 여자가 호텔에서 그 남자와 열
정적으로 첫 성관계를 맺다가 그대로 사라진다. 또 다른 여자의 두 아
이와 남편은 유난히 정신없는 어느 날 아침 식탁에서 사라진다. 어린
딸이 오렌지 주스 잔을 실수로 쓰러뜨린 직후다. HBO의 드라마 〈레
프트오버The Leftovers〉는 이렇게 시작된다. 수많은 사람이 이렇게 이유
없이 동시에 사라졌기 때문에, 이 드라마는 마치 사고실험이나 끔찍
한 꿈처럼 펼쳐진다.

　뒤에 남겨진 사람들, 이른바 남은 사람들은 어째서 이런 일이 일
어났는지 전혀 모른다. 복음주의 기독교인들이 오래전부터 기다리

던 휴거인가? 그들이 사랑하는 사람들은 선택을 받아 천국으로 올라 갔지만, 그리 착하게 살지 못한 그들은 지상에 남아 고난의 시대를 맞아야 하는 건가? 아니면 어떻게든 과학적으로 설명할 수 있는 사건일까? 드라마는 이런 의문의 답을 말해 주지 않고, 사건의 후유증에만 초점을 맞춘다. 사라진 사람은 그냥 사라졌을 뿐이고, 남은 사람들은 비탄에 빠진다. 몹시 가까운 사람을 잃은 사람이든 그렇지 않은 사람이든 생존자들은 분노하거나 허탈해한다. 아예 무너지는 사람도 있다. 남은 사람들은 두 부류로 갈라진다. 슬픔을 이겨 내고 앞으로 나아가려는 사람과 불행을 끝내 기억하려는 사람. 후자의 집단 중에 '죄 많은 나머지'라는 사이비 종교가 있다. 이 종교 신자들은 함께 살면서 하얀 옷만 입고, 줄담배를 피운다. 그리고 보통 남에게 민폐가 되는 짓들을 저지른다. 그들은 모든 사람이 그 불행한 사건을 기억하기를 바라며, 세상의 종말이 가까웠다고 믿기 때문에 허무주의자처럼 행동한다. 그들이 사람들에게 하고 싶은 말은 그날의 그 사건 이후 누구도 정상적인 생활을 되찾을 수 없으며 아무런 희망도 없다는 것이다.

〈레프트오버〉는 알 수 없는 이유로 가까운 사람을 잃어버린 사람들의 독특한 고통을 다룬다. 사람들은 당황해서 평형을 잃어버린다. 다시 삶을 이어 가려는 사람들과 그렇지 않은 사람들 사이의 차이점은 지그문트 프로이트가 기념비적인 글 「애도와 멜랑콜리아」에서 설명한, 애도하는 사람과 멜랑콜리아 환자의 차이와 대략 일치한다. 애도하는 사람들은 자신의 세계가 아무리 줄어들었다 해도, 스스로 아픔을 치유한 뒤 삶을 이어 나가려고 애쓴다. 반면에 멜랑콜리아 환자들은 '죄 많은 나머지'의 신도들과 아주 흡사하다. 슬픔이 불만으로 변해 버린 그들은 앞으로 나아가려 하지 않는다.

내가 이런 차이에 마음을 빼앗긴 것은 병원에서 퇴원한 뒤의 내 생활이 떠올랐기 때문이다. 당시 나는 이 두 부류에 동시에 속해 있었다. 아직 슬퍼하면서도, 내게 일어난 일을 받아들이고 다시 세상에 합류하려고 애썼다는 뜻이다. 정신적인 충격을 모두 벗어 버리지는 못했기 때문에 애나를 내 마음속에서 편히 놓아주기가 힘들었다. 아이의 죽음과 그 뒤의 일들로 인해 내가 정상적으로 기능하는 인간으로서 익숙하게 행세하던 것을 모두 잊어버리고, 아무런 가치도 없이 공허하게 떠도는 본모습이 겉으로 드러나 버린 것 같았다. 여전히 정신적으로 연약한 상태인 나는 모든 것이 무의미하다는 생각을 떨치지 못했다.

영국의 정신분석학자 대리언 리더가 지적한 것이 어쩌면 내가 계속 공허감과 황폐함에서 벗어나지 못한 이유인지도 모른다. "애도하는 사람은 죽은 사람 때문에 슬퍼하지만, 멜랑콜리아를 앓는 사람은 그들과 함께 죽는다."[2] 애도하는 사람은 슬픔을 이겨 내려고 애쓰면서 어떻게든 표현할 말을 찾아 다른 사람들과 감정을 나눈다. 그렇게 해서 점차 슬픔을 과거로 만들어 가는 것이다. 멜랑콜리아를 앓는 사람은 상실이라는 충격적인 경험 안에 계속 남아 있기 때문에 에밀리 디킨슨이 "납덩이같은 시간"이라고 표현한 시간이 미래까지 무한정 연장된다. 나의 새로운 정신과 의사 워티스 박사는 병으로 인해 절망과 자살만 생각하느라 미처 다 하지 못한 애도를 다시 시작하라고 나를 격려했다.

많은 사람이 지적했듯이, 정신분석은 일종의 세속적인 종교다. 죽음, 질병 등 다양한 개인적 재난을 만났을 때 오래전부터 순응과 기도에 의지했던 우리 집안의 방식과는 근본적으로 다른 방식이기도 했다. 정신분석은 대화를 통해 환자가 느끼는 감정의 근원을 조사하는 방식으로, 절망이 불러온 위기의 대안을 제시해 주겠냐고 약속했다. 우리 집안사람들은 몇 세대 전부터 매일 저녁 무릎을 꿇고 묵주기도를 했다. 고통을 덜어 달라고 수호성인에게 기도하고, 미사 중의 기도에는 병자와 죽어 가는 사람도 반드시 언급했다. 하지만 내게 가톨릭 신앙은 위안보다는 죄책감과 자책의 근원으로서 더 강력한 힘을 발휘했다. 외가와 친가가 모두 아일랜드에서 온 이민자들이지만, 그들의 손녀인 나는 집안 어른들의 고향에서는 상상도 할 수 없었던 행동들을 했다. 대학에 진학한 것, 미사에 발길을 끊은 것, 지금처럼 심리치료를 받는 것이 모두 그런 행동이었다. 우리 집안사람들은 대부분 심리치료를 자기만 아는 자에게나 어울리는 헛소리라고 생각했다. 그들은 내가 행복하지 않다느니, 어쩌면 이혼을 하게 될 것 같다느니 하는 파괴적인 생각을 하게 된 것도 정신과 의사 탓으로 돌렸다.

내가 아이를 낳은 지 얼마 안 돼서 내 형제 한 명과 친구 두 명도 부모가 되었다. 그들의 건강한 아이를 보면서 나는 애나가 정말 희귀한 사례였다는 생각이 더욱 굳어졌다. 그 뒤로 지금까지 나는 가족을 잃고 나보다 더 힘들어하는 사람들을 많이 만나면서,[3] 내가 애나와 보낸 시간이 길지 않았던 것이 행운임을 깨달았다. 2년 동안, 12년 동안, 20년 동안 매일 사랑으로 키운 자식을 잃는 경험은 내 경우보다 헤아릴 수 없을 만큼 힘들다. 그렇다면 내가 지나친 반응을 보인 것일까? 그렇게 보일 수도 있을 것이다. 그러나 제대로 알지 못하는 아이를 잃는 것은 이상한 경험이다.[4] 나도 다른 사람들도 그 아이에 대해 알지 못했다.

나는 위안을 구하면서 도저히 이해할 수 없는 일을 이해하려고 애

썼다. 무려 9개월 동안이나 나와 한 몸이었던 아기가 내 몸 밖으로 나
온 뒤 나와 보낸 시간이 워낙 짧았기 때문에 내가 아기에 대해 갖고
있는 가장 강렬한 기억은 죽어 가던 모습뿐이었다. 사뮈엘 베케트의
희곡『고도를 기다리며』중 한 구절이 내가 겪은 일의 부조리함을 잘
표현해 준다. "그들은 무덤을 타고 앉아 아이를 낳지. 순간적으로 빛
이 번쩍 하고는 다시 밤이야."[5] 제대로 형성되지 못한 심장을 갖고 태
어난 순간부터 아기는 죽어 가기 시작했다. 그렇다면 아기의 삶 자체
가 무의미한 실수 아니었을까? 생명에 종지부를 찍은 그 오류를 제외
하면, **그 아기는** 과연 어떤 존재였을까? 어린이로서, 사람으로서, 영
혼으로서 중요한 존재가 아니었을까?

　나와 제이크의 종교는 모두 이런 의문에 대해 믿음직한 답변을 내
놓지 못했다. 가톨릭의 가르침은 죽기 전에 세례 의식을 치르지 못한
신생아는 계속 원죄에 묶여 있기 때문에 영원한 대기실이라고 할 수
있는 림보에 가게 된다고 수백 년 전부터 주장했다. 림보라는 개념이
공식적인 교리가 아니라서 지금은 가르침에 포함되지 않지만,[6] 이 주
장은 구원을 위해서는 세례 의식이 반드시 필요하다는 가톨릭교회의
고집스러운 주장을 한층 강조해 준다.

　신생아의 죽음을 바라보는 유대교의 태도는 중세 유대교 현자 마
이모니데스의 시대에 확립되었다. 그는 "태아" 또는 "30일 이상 살
지 못한 모든 것을 위해 슬퍼하지 않는다"고 썼다.[7] 임신 말기에 유
산되거나 사산되거나 생후 한 달이 되기 전에 죽은 아이는 애도를 받
지 못하고 아무런 표시가 없는 무덤에 묻혔다. 그러나 가톨릭교회가
림보를 바라보는 시각과 마찬가지로, 유대교의 이런 전통에도 도전
이 없었던 것은 아니다. 최근 보수적인 랍비들 일부가 신도들을 위해

이 전통을 수정해야 한다는 데 표를 던졌다. 아이를 잃은 부모에게는 죽은 아이도 사람이라는 심리적인 현실을 인정한 것이다. 1992년 현재 새로운 의식 규정에 따르면 부모들은 애도의 카디시를 하고, 정식 장례식을 치르고, 시바(가까운 친척들이 일주일 동안 애도하는 것-옮긴이)를 시행하고, 아기가 죽은 날을 매년 기려야 한다.[8] 그러나 정통파 유대교에서는 지금도 마이모니데스의 규칙을 지킨다. 이 규칙에는 고대의 여러 문화에서 아이의 죽음을 바라보던 시각이 반영되어 있음이 분명하다. 당시에는 아이가 죽는 일이 워낙 잦았기 때문에, 부모들은 슬퍼하기보다 계속 앞으로 나아가는 편이 더 나았다. 전근대를 연구하는 역사학자들은 죽는 아이들이 너무 많아서 부모들이 요즘처럼 아이에게 애착을 품지 않았다고 주장한다.

그러나 과거에 지어진 시들은 이런 주장과 다르다. 역병과 질병이 끊이지 않던 16세기는 사망률이 상상조차 할 수 없을 만큼 높은 신앙의 시대였으나, 폴란드 시인 얀 코하노프스키는 두 살짜리 딸이 죽고 자신은 살아 있는 것이 얼마나 어이없는 일인지를 다음과 같이 표현했다.

석수들이 돌을 갈고
날카로운 정이 돌에 글자를 새긴다
"우르술라 코하노프스키가 여기 잠들다,
사랑하는 아버지의 손에서 사라진 아버지의 기쁨.
이 무덤에서 무심한 죽음의 행태를 배우라.
초록색 새싹은 깎이고, 잘 익은 곡식만 서 있다."[9]

그는 아이의 죽음에 너무나 충격을 받은 나머지 그 슬픔을 이기기 위해 탄식을 담은 일련의 시를 썼다. 나는 이 시에 크게 공감해서 《타임스 문학 부록》에서 이 시 몇 편을 발견하고는 오려서 보관해 두었다. 이 연작시의 마지막 편에서 코하노프스키는 꿈에 돌아가신 어머니가 우르술라를 품에 안고 나타났다고 말한다. "사랑스럽기 그지없는 내 딸… 장미꽃잎 같은 피부, 새로 밝아 온 날처럼 반짝이는 눈." 그의 어머니는 그를 위로하기 위해 "먼 물가에서" 왔다고 그에게 말한다.

우리는 살아 있다
육체를 벗어난 곳에. 흙은 흙으로 돌아가지만
영혼은 신성하니, 반드시 그것을 주신 분에게
돌려드려야 할 선물이다.

시인의 꿈에서 어머니는 아들에게 "믿고 이해해라/아이가 하느님의 오른편에 앉은 이 신비를"이라고 말하면서, 예리한 단언으로 긴 말을 끝맺는다. "잊지 마라/빛과 축복의 주님 한 분뿐임을." 이렇게 해서 「탄식」 연작은 불확실하게 끝을 맺는다. "어머니가 사라지자, 나는 깨어나 방금/무엇을 본 건지 어리둥절했다. 꿈인가 아닌가?" 꿈이든 아니든 돌아가신 어머니는 아들 앞에 나타나 위안과 질책을 동시에 준다. 너는 왜 그리 믿음이 약한 것이냐? 만약 믿음이 약한 탓에 이런 고통을 겪는 것이라면, 이것은 네 탓이 아니냐? 마치 어머니가 아들이 스스로 도달하지 못한 간단한 해결책, 즉 신앙의 위안을 일깨워 주려는 것 같다. 코하노프스키가 어머니의 마지막 말을 받아들였

느지 어떤지는 잘 모르겠지만, 감정적으로는 위안이 되는 것이라도 이성적인 분석을 버텨 내지 못할 수 있음을 이 꿈은 확인해 준다.

그로부터 4세기가 흐른 뒤 나 역시 슬픔에 잠긴 회의주의자가 되어 집안의 어른들에게 조언을 듣는 처지가 되었다. 당시 양쪽 조부모님 중 유일하게 살아 계시던 외할머니 브리디는 내가 병원에 있을 때 편지를 여러 통 보내셨다. 그런데 최근에 그중에서 미사 카드 한 장을 발견했다. 이것이 무엇인지 잘 모르는 사람들을 위해 설명하자면, 대개 연민의 감정을 표현하기 위해 보내는 이 미사 카드는 돌아가신 분의 영혼을 위해 앞으로 미사를 몇 번 올릴 것인지 알리는 역할을 한다. 외할머니가 내게 보내신 카드에는 죽은 아이가 예수님, 마리아님과 함께 영생을 누리고 있으며, 천국에서 부모를 기쁘게 환영할 날을 기다리고 있다는 내용이 적혀 있었다. 그뿐만 아니라 심지어 세상을 떠난 사람들의 목소리도 카드에 포함되어 있었다. "너무 슬퍼하지 마세요. 우리는 지금도 여러분 곁에 살아 있어요." 할머니도 외동아들을 갓난아이 때 잃고 이런 믿음으로 마음을 지탱했을 것이다. 그때 이후로 반세기가 넘도록 할머니는 매일 미사에 참석했다. 내게 보낸 편지에서 할머니는 내가 입원하기 몇 주 전에 돌아가신 내 할아버지와 애나가 틀림없이 천국에 함께 있을 것이라고 말했다.

할머니가 이렇게 위로의 손길을 내밀었어도, 나는 물리적인 사실에만 매달렸다. 애나가 죽은 것은 분명한 사실이었다. 아이가 죽는 것을 내 눈으로 직접 보았고, 아이를 담은 관이 불꽃 장벽 속으로 미끄러져 들어가는 것도 보았다. 애나가 어딘가에 있다면 그곳은 애나의 유골이 담긴 유골함 속일 수밖에 없었다. 하지만 잠들었을 때는 다른 가능성들과 앞으로 태어날 수도 있는 다른 아이들이 무대를 차지했다. 애나가 죽은 뒤 여러 해 동안 나는 임신과 출산에 관한 꿈을 꾸며 뒤척이다가 꿈 내용을 글로 적어 두기 일쑤였다. 어느 날은 꿈에 빨리 아이를 보고 싶은 마음에 엄청나게 부푼 내 배에서 사내아이를 손으로 퍼내듯이 꺼내 바라보았다. 마치 팽팽하게 당긴 스타킹의 막을 통해 아이를 보는 것 같았다. 아장아장 걸어 다니는 나이로 보이는 그 사내아이는 연한 노란색 멜빵 반바지와 하얀 티셔츠를 완전히 갖춰 입고 있었다. 나는 아이의 이름을 앤드루로 정했다.

또 다른 꿈에서는 의사가 내게 사내아이 쌍둥이를 임신하고 있다고 말했다. 또 다른 꿈에서는 내가 광대한 하늘 아래에 알몸으로 서서 갓 태어난 여자아이를 안고 있었다. 머리 위에서는 별들이 온갖 색깔로 깜박거리고, 나는 평화 속에서 온전해진 기분이었다. 또 다른 꿈에서는 내가 널찍한 공터에 텐트를 치고 야외 생활을 하고 있었다. 거기서 딸 둘과 아들 하나를 낳았는데 세 아이 모두 죽었다. 나는 소나무 관에 누워 있는 아이들을 보면서도 아무런 느낌이 없었다. 마치 이런 일이 일어날 줄 처음부터 알고 있었던 것 같았다. 꿈에는 내가 갓난아이를 잃어버리거나 다시 찾아내는 내용이 가끔 나왔다. 어느 날 밤 나는 텅 빈 임대 건물에 버려진 여자 아기를 발견했다. 아이를 안고 밖으로 나오는데 두 남자가 나를 뒤쫓았다. 그때 제이크가 나타나서 우리가 문을 빠져나온 뒤 재빨리 판자로 분을 막아 버렸다. 거리로 나온 우리는 캐나다까지 가는 버스를 탔다. 그래야 내가 유괴 혐의로 체포될 위험이 없어지기 때문이었다.

아이가 나오는 꿈에서 대부분 나는 혼자였다. 내가 퇴원한 뒤 3년 동안 제이크와 내가 가끔 따로 떨어져 살았다는 사실이 그렇게 꿈에 반영된 건지도 모르겠다. 우리는 한동안 함께 살아 보려고 애쓰다가 약 1년 동안 별거했다. 그다음에 내가 다시 그 집에 들어가 살아 보려고 했다. 우리가 마지막으로 함께 살던 기간에 나는 다시 임신했지만 8주 만에 유산했다. 우리 결혼 생활의 불안한 미래 또한 그 당시 내 꿈에 생생하게 포착되었다. 꿈에서 나는 미켈란젤로의 〈피에타〉에 묘사된 마리아처럼 앉아서 내 품에 누운 제이크의 시신을 내려다보았다. 그러나 내가 앉은 곳이 의자가 아니라 자전거였기 때문에, 베넷 박사의 병원 앞 가로수 길에서 천천히 움직이고 있었다. 베넷 박사는 내가 입원하기 전에 잠깐 진료를 받았던 정신과 의사다. 자전거는 다른 꿈에 등장한 텐트나 야영 장비처럼 우리 결혼 생활을 상징하는 것 같았다. 우리는 등산과 캠핑을 자주 하는 편이었는데, 보통 자전거로 버몬트의 산악 지대를 몇 킬로미터나 달리곤 했다. 힌편 〈피에타〉는 예전에 배를 타고 로마에서 퀸스로 운반되어 만국박람회에 전시되었는데, 당시 여덟 살이던 내가 식구들과 함께 그것을 보러 간 적이 있었다. 부모님 집의 식당 수납장에는 〈피에타〉 복제품이 한자리를 차지하고 있었다. 〈피에타〉가 나온 꿈은 기괴한 정지 화면이었다. 마리아라는 이름의 슬퍼하는 어머니가 자전거에 앉아 있고, 그녀의 품에 시신이 되어 누워 있는 사람은 자식이 아니라 남편이다. 애나의 죽음은 내 결혼 생활의 죽음을 예언한 것이었을까? 지금 생각해 보면 궁극적으로 그렇게 되었다.

모든 꿈 중에서 가장 생생했던 것은 내가 항구에 접안한 여객선의 통로를 따라 뛰면서 정신없이 아이를 찾는 꿈이었다. 선실들을 죄다 들여다보던 나는 마침내 친숙한 선실 바닥에 빈 침낭이 펼쳐져 있는 것을 발견했으나, 바로 그때 뱃고동이 울렸다. 내가 부두를 향해 서둘러 달려갔더니, 작은 배 한 척이 막 멀어지는 참이었다. 거기 맨 꼭대기 층 갑판 벤치에 세상을 떠난 내 조부모님 세 분이 있었다. 그리고 할아버지 무릎에 어두운 색 곱슬머리의 애나가 걸음마를 할 만큼 큰 모습으로 앉아 있었다. 아이는 편안한 얼굴로 통통한 손을 들어 내게 흔들었다. 할아버지는 즐겨 쓰시던 파이프를 이로 꽉 물고 있었다. 나는 여객선의 트랩이 제거되고 우리 사이의 바다가 점점 넓어지는 모습을 지켜보며 경악했다. 너무 늦었다. 그들이 날 떠나고 있었다. 그런데도 그들은 만족스러운 표정이었다. 함께 만나서 여행을 떠날 날을 고대하는 사람들처럼.

애나가 조부모님과 함께 있는 것을 보니 마음이 놓였다. 내 조부모님과 달리 나는 천국이나 내세를 믿지 않았는데도. 나의 세속적이고 지적인 의식과는 달리 꿈은 죽음 이후의 일에 대해 때로 희망을 제시해 주었다. 젊었을 때 대서양을 건너온 내 조부모님은 내 인생에 강력한 영향을 미쳤다. 꿈은 그분들이 그리스신화 속의 하계처럼 죽은 자만이 건널 수 있는 강이나 바다 건너편의 어떤 장소로 가고 있음을 암시했다. 애나는 그분들의 보살핌을 받으며 함께 있었다.

내 무의식이 스스로 나를 위로하려고 부지런히 애쓰고 있었음이 분명하다. 무의식은 애나가 보살핌과 사랑을 받고 있으며, 세상을 떠난 가족들이 함께 있다고 내게 말해 주었다. 나는 아직 그곳에 갈 때가 아니었으므로, 우리를 갈라놓은 바다 이편에서 내 삶이라는 임무를 해내야 했다. 내가 가톨릭신앙과 아무리 소원하더라도, 우리가 사랑하는 사람들과 내세에 다시 만날 수 있다는 생각은 내 머리를 떠나지 않았다. 사람들이 위안이 될 것이라며 계속 제안하던 또 다른 방법, 즉 새로 아이를 낳는 것은 꿈에서나 현실에서나 온갖 난관에 봉착해 있었다.

이런 슬픔을 이겨 내는 데 시간이 오래 걸린 것은 그럴 만한 이유가 있기 때문이었다. 애나를 잃으면서 나는 안정적인 정신건강도 함께 잃었다. 어쩌면 내가 자식도 없이 고독한 미래를 맞게 될지도 모른다는 생각이 들었다. 아이의 죽음을 받아들이고 앞으로 나아가야 했지만, 또한 그 경험에서 모종의 의미를 찾아내는 것도 필요했다. 나는 혼란스럽고 임의적으로 느껴지는 일, 아니 심지어 어떤 신이 내게 벌을 주려고 일부러 내려보낸 타격처럼 느껴지는 일을 내가 받아들일 수 있는 이야기로 바꿔 놓고 싶었다. 온통 불확실한 일들 가운데에서 심리치료는 내가 슬픔을 받아들이고 미래를 받아들일 수 있게 든든한 도움을 제공했을 뿐만 아니라, 정연한 틀도 마련해 주었다.

애도 과정은 병원에서 어느 정도 시작되었다. 병원 사람들은 내게 애나의 죽음에 대해 이야기해 보라고 항상 격려했다. 마치 이야기하는 것이 슬픔을 덜어 내는 최선의 방법이라고 생각하는 것 같았다. 모두들 내게 틀림없이 분노를 속에 품고 있을 것이라면서, 절망과 공허감 대신 그 분노에 자리를 내어 주라고 했다. 예를 들어, 전기충격치료를 처음 받은 주에 내 담당 의사는 치료 계획을 짜면서 두 가지 목표를 정했다. '환자의 망상을 줄일 것'과 '환자가 분노를 표현할 수 있게 될 것'이었다. 워터스 박사도 내가 겉으로 드러내지 않는 분노에 관심이 많았다. 나는 화가 난 것이 아니라 공허할 뿐이라고 계속 주장했다. 영 선생도 워터스 박사도 말로 하지는 않았지만, 프로이트의 원칙을 바탕으로 삼고 있었다. 멜랑콜리아 환자가 분노로 가득하다는 생각, 애도는 반드시 활발하고 언어적인 과정을 통해 이루어져야 한다는 생각은 「애도와 멜랑콜리아」에서 나온 것이다. 이 글에서 프로이트는 애도 작업에 이름을 부여했다. 트라우어아르바이트Trauerarbeit, 즉 슬픔의 작업이다. 이 글에서 프로이트는 사람들이 현재 상황과 과거의 기억들을 일일이 나란히 놓고 살펴보는 방식으로 사랑하는 사람이 정말로 세상을 떠났다는 현실을 받아들이게 해야 한다고 제안했다. 슬픔에 빠진 사람은 이런 과정을 통해 리비도, 즉 자아 중에서 애정에 깊이 빠져 있는 부분을 해방시킬 수 있게 된다. 그래야 궁극적으로 새로운 애정의 대상이나 욕망의 대상을 잃어버린 대상의 대체물로서 받아들일 수 있다. 다른 정신분석 이론가들은 이 모델을 여러 방식으로 변형한 안을 내놓았지만, 사랑하는 사람과 관련된 기억과 희망, 특히 부정적인 감정의 원인들을 찬찬히 살펴볼 필요가 있다는 점을 강조한 것은 모두 똑같았다.[10]

우울증이 내면을 향한 분노라는 원칙은 멜랑콜리아에 걸린 사람의 심리에 대한 프로이트의 분석을 바탕으로 한 것이다. 프로이트는 "대상의 그림자가 에고 위로 떨어졌다."라는 유명한 말을 남겼다. 멜랑콜리아 환자가 무의식적인 동일시를 통해, 잃어버린 대상의 이미지를 자신 안으로 끌어들인다는 뜻이다. 그러면 그 사랑하는 사람을 향한 분노가 에고를 향하게 된다. 그 사람이 세상을 떠난 것이 아니라, 나를 거부하거나 상처 입힌 애인 또는 부모로 바뀌는 것이다. 어쩌면 이런 심리적 상처가 아주 먼 옛날에 생긴 것이라서 고통받는 사람 본인은 의식적으로 기억하지 못할 수도 있다. 애도와 멜랑콜리아에서 모두 상실의 경험은 부상負傷으로 인식되지만, 애도하는 사람은 슬픔의 작업을 통해 에고를 회복하고 새로운 관계를 맺을 수 있는 상태가 된다. 프로이트는 멜랑콜리아에 생리적인 요소가 있음을 인정하면서도, 그것을 정신분석학적으로 접근해야 할 병으로 보았다. 환자가 마음속에 묻어 두었던 해로운 애정을 다시 찾아내서 내려놓을 수 있게 치료 과정에서 도와야 한다는 것이다. 프로이트는 「애도와 멜랑콜리아」를 완성한 직후 몇 년 동안 슈퍼에고라는 개념을 내놓았다. 슈퍼에고는 도덕을 내면화하고 이를 어긴 사람에게 벌을 내리는 감시자다. 프로이트는 압도적인 슈퍼에고가 멜랑콜리아 환자의 고통에 틀림없이 핵심적인 역할을 한다고 보았다.

많은 세월이 흐른 뒤 나는 프로이트가 이런 이론들을 만들어 낼 당시, 그가 창조한 정신분석 운동이 고통스러운 분열을 겪고 있었음을 알게 되었다. 카를 융이 이끌던 스위스 분파가 프로이트의 빈 학파에서 떨어져 나가던 중이었다. 1913년 9월 초에 프로이트는 국제정신분석학회 4차 회의를 위해 뮌헨으로 갔다. 융과의 결별이 분명히 드러난 곳이 바로 여기다.[11] 융의 추종자들은 프로이트 학파와 따로 떨어져 앉았고, 프로이트와 융은 그날은 물론 그 뒤로도 영원히 서로 말 한마디 하지 않았다. 프로이트는 "내 후계자이자 황태자"[12]라고 부르며 아버지처럼 보살펴 주던 융과의 관계가 끝났을 때, 상실의 심리적 충격에 관한 이론을 다듬고 있었다.

1913년에 불행하게 끝난 프로이트의 뮌헨 방문 중 아주 흥미로운 장면이 하나 있었다. 프로이트의 친구이자 추종자인 루 안드레아스 살로메가 회의에 참석하면서 자신의 옛 연인이자 시인인 라이너 마리아 릴케를 데려왔다. 릴케는 뮌헨에서 프로이트를 만나기 전에 정신분석을 받을까 고려하다가 받지 않기로 결정한 적이 있었다. 그는 정신적으로 약해질 때가 많고 항상 글이 잘 써지지 않는 슬럼프를 겪었지만, 그래도 혼자 계속 나아가는 것이 최선이라고 생각했다. 그 자신의 말에 따르면, 정신분석으로 괴로움이 사라진다면 그동안 자신을 보살펴 주던 천사들도 함께 떠나 시적인 재능에 영향이 미칠지 모른다는 두려움 때문이었다. 문필가라는 천직을 무엇보다 소중하게 생각하며 『두이노의 비가』 집필을 다시 시작하고 싶어 하던 릴케는 글을 자아내는 무의식적인 원천에 이상이 생길까 저어하여 자기 마음속의 어두운 부분들에 빛을 비추지 않기로 했다. 안드레아스 살로메는 프로이트와 릴케 사이의 만남이 성공적이었다고 단언했다. "두 사람은 서로에게 호감을 느꼈다. 우리는 그날 밤늦게까지 함께 있었다."[13] 그들이 무슨 이야기를 나눴는지 알려진 것은 순전히 프로이트가 2년 뒤 「덧없음에 대하여」라는 글에서 릴케와의 대화를 언급했기 때문이다. 「애도와 멜랑콜리아」와 짝을 이루는 작품이라고 할 수 있는 이 짧은 글을 프로이트가 쓴 1915년은 그가 독일과 연합국 사이의 전쟁에서 전선에 복무하던 두 아들 마르틴과 에른스트의 소식을 궁금해하며 항상 불안에 떨던 해다. 가정과 가족, 전원 풍경과 도시, 문학, 도서관, 문명 그 자체, 이 모든 귀한 것들이 위협받고 있었다. 그리고 전쟁으로 인해 애도는 개인적으로나 문화적으로나 급박한 주제가 되었다.

프로이트는 덧없음과 거기에 동반하는 상실감에 관한 주장을 펼치기 위해 뮌헨에서 릴케와 나눴던 대화에 새로이 설정을 입혔다. 십중팔구 도시의 공원에서 이루어졌을 대화를 "명랑한 시골"에서 여름 날 산책을 즐기며 한 대화로 바꿔 놓은 것이다. 프로이트는 릴케를 "젊지만 이미 유명한 시인"으로만 언급하면서, 그가 "우리 주위의 아름다운 풍경에 감탄하면서도 기쁨을 전혀 느끼지 못했다. 이 모든 아름다움이 사라질 운명이라는 생각, 겨울이 오면 모두 사라질 것이라는 생각에 마음이 산란한 모양이었다… 그가 어쩌면 사랑하고 경탄했을 모든 것이 그에게는 그 운명적인 덧없음으로 인해 가치를 빼앗긴 것처럼 보였다"고 썼다.[14]

시인의 이런 심리 상태에 당혹한 프로이트는 그가 "애도에 맞서… 반항하고 있다"고 생각한다. 앞으로 사라질 모든 것에 대해 미리 슬픔을 느끼느라 시인이 현재를 즐길 수 있는 능력을 일부 빼앗겼다는 것이다. 릴케가 실제로 한 말이 무엇이든(그의 편지를 바탕으로 짐작해 보면, 릴케는 당시 상당히 우울한 상태였다), 프로이트는 애도와 치료에 대한 자신의 견해와 대조하기 위해 시인의 감정을 글에 소개했다. 프로이트가 보기에 릴케는 상실에 고착되어 있었으며, 따라서 미래의 행복에 대해 생각하지 못했다. 프로이트가 보기에 그의 사례는 "리비도가 대상에게 달라붙어, 대체물이 바로 옆에 있을 때조차 이미 사라진 것들을 포기하려 하지 않는다. 그렇다면 애도도 그렇다"는 점을 분명히 보여 주었다. 시인이 거부한 대체물은 바로 해가 바뀌면 이 아름다운 풍경이 되돌아오리라는 지식이었다. 적어도 자연에서 시간은 제 손으로 우리에게서 훔쳐 간 것을 보상해 준다.

그러나 이런 주장은 당혹스럽다. 자연에는 정확히 **인간의** 삶과 죽음을 비유할 만한 것이 없다는 점을 프로이트가 결코 인정하지 않기 때문이다. 봄이 되어 새로운 잎과 싹이 돋고, 꽃과 씨앗이 만들어지면 자연이 상실했던 것은 다시 보충된다. 그러나 인간의 삶은 딱 한 번뿐이다. 대체물에 대한 프로이트의 이론이 그의 비유를 어느 정도 정당화해 주기는 한다. 오래지 않아 새로운 애정의 대상이 나타나 떠난 사람의 빈자리를 채울 수 있기 때문이다. 이러한 적응 과정과 새로운 관계의 가능성을 지금의 단어로 표현한다면 회복력resilience이라고 할 수 있을 것 같다. 이 단어는 현재 심리적인 건강의 시금석 역할을 하고 있다. 따라서 「덧없음에 대하여」의 프로이트는 상실 앞의 회복력이라는 실용적인 대응을 받아들인 반면, 풀 죽은 시인은 상실로 인해 미래의 즐거움을 볼 수 없게 되어 버린 우울한 사람처럼 보인다.

「애도와 멜랑콜리아」를 발표한 지 3년째 되던 1920년 1월에 프로이트의 딸 조피 할베르슈타트가 당시 세계적으로 유행한 독감에 희생되었다. 두 아이를 낳고 셋째를 임신 중이던 조피는 병에 걸린 지 며칠 만에 스물여섯 살의 나이로 눈을 감았다. 프로이트는 "우리 조피를 제대로 애도할 수 없을" 만큼 자신이 작업에 깊이 열중하고 있는 것에 오히려 안도했으나, "저 깊은 곳에서 깊은 자기애적 상처가 느껴진다. 나는 이 상처를 극복하지 못할 것이다."라고 썼다.[15] 그는 친구 샨도르 페렌치에게 보낸 편지에서 이런 평화 시에 닥친 죽음의 의외성에 대해 다음과 같이 썼다. "몇 년 동안 나는 아들들을 잃을 각오를 했네. 그런데 닥친 것은 내 딸의 죽음. 나는 불신자 중의 불신자이니 비난할 상대가 없네. 비난을 제기할 곳 또한 없다는 것도 알지." 사위에게 보낸 편지에서는 이렇게 탄식했다. "분별없고 잔인한 운명의 장난이 우리에게서 조피를 빼앗아 갔네… 이런 타격 앞에서 머리를 숙일 수밖에 없군. 더 높은 존재의 장난감이 된 무기력하고 가엾은 인간이니."

"불신자 중의 불신자"인 프로이트는 정말로 더 높은 존재가 자신과 사위에게서 사랑하는 조피를 빼앗아 갔다고 생각했을까? 아직 죽어서는 안 되는 젊은 사람들이 뜻하지 않은 죽음을 맞았을 때, 더 높은 존재가 우리에게 벌을 내린 것이라며 비난하고 싶은 원시적인 충동이 생길 수는 있다. 프로이트는 또 다른 편지에서 이렇게 썼다. "자식을 먼저 보내는 것은 정말로 좋지 않아. 운명은 이런 순서조차 지켜주지 않는군." 조피가 세상을 떠난 뒤 프로이트가 쓴 편지들은 모두 그가 타격을 받았음을 암시한다. 그렇게 타격을 준 것이 운명인지 아니면 전쟁이 남기고 간 전염병인지는 모르겠지만, 그는 한 번도 경험해 본 적이 없을 만큼 깊은 슬픔과 당혹감에 빠졌다.

프로이트는 1913년에 이미 『토템과 금기』에서 궁극적으로 상실감에서 회복하는 데 애도가 수행하는 중요한 역할을 명확히 규정했다. "애도가 수행해야 하는 상당히 정밀한 심적인 임무가 있다. 살아남은 사람의 기억과 희망을 죽은 자에게서 분리하는 것이 애도의 기능이다."[16] 1933년 시인 힐다 둘리틀은 프로이트에게 정신분석을 받으면서 문제의 인플루엔자가 유행할 때 심하게 아팠다는 이야기를 했다. 프로이트는 자신이 사랑하는 딸도 그 전염병으로 죽었다고 대꾸했다. 그러고는 시곗줄의 로켓을 열어 둘리틀에게 조피의 사진을 보여 주었다. "그 아이는 여기 있습니다." 마치 그 로켓 안에 조피가 실제로 존재한다고 생각하는 것 같았다. 딸을 잃은 뒤 그가 쓴 편지들처럼 그가 심장 가까이 가지고 다니던 로켓도 그가 딸과의 유대를 끊고 싶어 하지 않았음을 암시한다.

조피가 세상을 떠난 지 겨우 3년밖에 안 되었을 때 그에게 두 번이나 불행이 찾아왔다. 먼저 프로이트의 구강에 암이 발생해서 수술을 받았고, 그다음에는 1923년 6월에 이제 네 살이 된 조피의 아들 하이넬레가 결핵으로 사망했다. 프로이트의 전기를 쓴 피터 게이는 그를 가리켜 "눈물이 없는 사람"이라고 했으나, 그는 마인 킨트mein Kind(독일어로 '나의 아이'-옮긴이)라고 부르며 사랑하던 손자의 죽음 앞에서 울음을 터뜨렸다. 그가 나중에 친구에게 설명한 바에 따르면, 조피가 세상을 떠났을 때 그는 어느 정도 마음의 준비가 되어 있었다. 전쟁으로 인해 "운명에 체념"하게 된 탓이었다. 그러나 조피보다 훨씬 더 어린 아이를 죽음이 그에게서 훔쳐갔을 때는 충격이 이루 말할 수 없이 컸다. "어떻게 해야 할지 모르겠다. 평생 이보다 더 힘든 일은 없었던 것 같다… 근본적으로 모든 것이 가치를 잃었다." 7월이 되자 그는 "이제 살고 싶은 생각이 없다"고 말했다. "우울증을 앓은 적이 한 번도 없지만, 틀림없이 이것이 그것 같다." 8월에 그는 한 친구에게 보낸 편지에 "사랑하는 아이를 향한 무력한 그리움에 집착"하고 있다고 썼다. 또 다른 친구에게는 아이가 "내게 미래를 의미했기 때문에 아이와 함께 미래도 사라졌다"고 말했다. 우울증에 빠진 프로이트는 성공적인 애도를 위해 자신이 스스로 내린 처방을 따를 수 없었다. 나이도 많고, 병도 앓고 있고, 상실감의 무게도 점점 커져서 그는 기력과 희망을 회복할 수 없었다. 하이넬레를 잃은 뒤 늙은 프로이트는 다른 손주들에게 무심해지고 삶에서 기쁨을 느낄 수 없게 되었다.

친구인 루드비히 빈스방거의 여덟 살짜리 아들이 1926년에 세상을 떠났을 때, 프로이트는 그에게 보낸 위로의 편지에서 조피와 하이넬레의 죽음을 다음과 같이 떠올렸다. "이렇게 커다란 상실을 겪은 뒤 시간이 흐르면 강한 애도의 감정이 점차 가라앉지만, 그 무엇도 위안이 되지 않는 상황이 계속되어 결코 대체물을 찾지 못하리라는 것 또한 확실히 알고 있네. 그 틈을 메워 준 것이 무엇이든, 설사 그것이 틈을 완벽히 메워 준다 해도, 여전히 그건 달라."[17] 죽음에 빼앗긴 아이나 진심으로 사랑했던 사람의 대체물을 찾기는 불가능할지도 모른다. 어떤 사람이나 물건이 그 틈을 메울 수는 있어도, 그 틈은 부재라는 형태로 계속 남는다. 지금은 아이가 죽었을 때 애도 과정이 힘들고, 길고, 어쩌면 영원히 끝나지 않을 수도 있는 프로젝트가 된다는 것을 보여 주는 증거가 많다. 프로이트도 「덧없음에 대하여」에서 채택했던 희망적인 시각을 잃어버리고 **그 무엇도 위안이 되지 않는 상황이 계속되어 결코 대체물을 찾지 못하리라는 것**이라고 썼다. 덧없음이 가장 고통스러운 형태인 자손의 죽음이라는 형태로 나타났을 때, 프로이트는 애도가 "똑같이 소중하거나 훨씬 더 소중한 새로운 것으로 잃어버린 대상을 대신할 수 있게"[18] 우리를 해방해 준다는 원칙을 버렸다. 얄궂게도 프로이트는 릴케와 만난 지 10년이 흐른 뒤, 자신의 이론이 점점 힘을 얻으면서 미국을 비롯한 여러 곳에서 정신과 치료에 강력한 영향을 미치기 시작했을 때, 자신이 반박했던 릴케의 슬픔과 근접한 상태가 되었다. 그래도 그는 애도에 관한 자신의 이론을 수정하지 않았고, 그가 개인적으로 이 이론을 뒤집었다는 사실은 정신분석학계에서 인정받지 못했다. 그래서 정신분석가들은 프로이트가 전쟁 중에 쓴 글 「애도와 멜랑콜리아」를 바탕으로 치료 모델을 만들었다.

그럼 릴케는 어떻게 됐을까? 그는 1912년부터 시작한 『두이노의 비가』를 계속 간헐적으로 집필해서 10년 뒤 완성했다. 그리고 그때쯤에는 "죽음을 향해 삶을 열어 두자"[19]는 결심이 더욱 강해진 상태였다. 이 시집에 실린 시들은 삶과 죽음 사이에 연속성이 있다고 보고, 이 둘이 합쳐져서 "위대한 전체"를 이룬다고 말한다. 삶과 죽음 사이에서 심리적으로 방어적인 경계선을 지키려 하기보다 릴케는 하계로 통하는 문을 열어 두고자 했다. 물질적인 현실과 이성적인 인식 너머에 무엇이 있는지 찾아보자는 것이 죽음을 바라보는 릴케의 시각이었으므로, 죽음은 보이지 않는 것들의 영역으로 존재의 말살이 아니라 변형을 의미했다.

릴케의 비가를 읽으며 나는 인간의 유한한 삶을 감안할 때 누구나 불가피하게 애도 상태를 경험하게 된다는 생각에 도움을 받았다. 삶과 죽음은 똑같이 정당하고 똑같이 현실적인 존재다. 릴케는 사랑하는 이를 잃은 친구에게 애도는 꼭 필요한 지식으로 통하는 길을 열어 준다는 의견을 내놓았다. "우리의 본능은 상실에 대한 위로를 원하지 않고, 오히려 이 상실을 완전히 탐사해 보고 그 독특함과 특이함, 특히 **이번의** 상실이 우리 삶에 미치는 영향을 경험해 보고 싶다는 심오하고 고통스러운 호기심을 만들어 냅니다."[20]

1912년에 첫 번째 비가를 완성할 때 이미 릴케는 "젊어서 죽은 사람들"을 언급하며, 슬픔은 부정적인 상태가 아니라고 주장했다. 죽은 사람들과의 관계가 본질적이고 꼭 필요한 것이라서 아직 끊어지지 않았기 때문이다. "일찌감치 불려 간 사람들에게 결국 이제는 우리가 필요하지 않다." 그는 이렇게 썼다.

그러나 우리는
그 커다란 신비가 필요한 우리는, 슬픔에서
영혼의 성장을 자주 얻는 우리는, 그들 없이 존재할 수 있을까?[21]

아홉 번째 비가에는 프로이트가 1926년에 아들을 잃은 루드비히 빈스방거에게 보낸 편지와 비슷한 구절이 있다. 모든 사람, 모든 상실은 유일하기 때문에 대체물이 있을 수 없다는 내용이다.

그 무엇보다 덧없는 우리.

모두에게 한 번씩. 딱 한 번만. 우리도 역시

딱 한 번. 두 번은 없다.[22]

우리가 유일한 존재이자 지상에서 덧없는 존재라는 두 가지 신비를 릴케는 끊임없이 뒤쫓다가 결국은 찬사를 보낼 수밖에 없었다. 비가를 쓰는 과정에서 릴케는 "이곳에 존재하는 것이 장엄하다"[23]는 선언에 도달할 수 있었다. 1926년 백혈병으로 세상을 떠날 순간이 점점 다가오고 있었는데도. 그는 죽음에 대한 생각을 밀어붙여 우리가 지식으로 알 수 있는 것과 말할 수 있는 것의 한계에 이르렀다. 그러면서 릴케는 위대한 시인들이 그렇듯이 불멸을 획득했다.

나는 죽은 사람들이 어떤 식으로든 우리 곁에 남아 있다는 릴케의 확신에 마음이 끌린다. 그의 말을 믿게 되었다. 버지니아 울프는 이런 존재들을 "보이지 않는 존재"[24]라고 불렀다. 이것이 상실에 대한 방어기제처럼 보일 수도 있겠지만, 애도하는 자가 상실감을 느끼고 있는 현재와 사랑하는 사람이 아직 살아 있던 과거를 이어 주는 다리이기도 하다(내세에 대한 믿음에 기대지 않는 다리). 많은 세월이 흐른 뒤 이글을 쓰면서 나는 내가 애나가 죽었다는 사실을 오랫동안 받아들이지 못했다는 사실을 깨달았다. 나는 애나를 그리워하며 애나를 되찾고 싶었다.

이런 사고방식, 즉 기본적으로 애도를 거부하는 태도가 그리 드문 것은 아니다. 나는 오랜 기간 동안 많은 저술가들의 저서에서 이런 태도를 보았다. 조운 디디언은 회고록 『상실The Year of Magical Thinking』에서 남편 존 그레고리 던이 갑자기 세상을 떠난 뒤 몇 주, 몇 달 동안 본인이 말로 표현하지 않았고 어쩌면 의식하지도 못했던 주제에 관해 썼다. 디디언은 세인트존더디바인 대성당 벽에 남편의 유골이 안치되는 것을 보고, 수백 명의 사람들이 참석한 가운데 감독파 교회(미국의 성공회-옮긴이) 성직자와 가톨릭 신부가 이끈 추모 미사까지 마친 뒤 그 결과에 대한 실망감을 인정했다.

나는 그 의식을 치렀다. 모두 치렀다…. 그런데도 그는 돌아오지 않았다. '그를 되살리는 것'은 그 몇 달 동안 나도 모르게 집중하고 있던 마법이었다. 늦여름이 되자 이 점이 차츰 분명하게 눈에 보였다. 그러나 '눈에 분명하게 보인다'고 해서 그가 앞으로 입게 될지도 모르는 옷을 처분해 버릴 수는 없었다.[25]

나는 디디언이 마법을 생각한 것을 깊이 이해했다. 만약 소망의 힘만으로 죽은 사람을 살려 낼 수 있다면, 디디언의 남편은 그 옷을 다시 입게 되었을 것이다. 애나가 세상을 떠난 뒤 제이크와 나는 자그마한 옷가지들, 포장을 뜯지도 않은 기저귀, 이불과 요람의 충격 방지재, 내가 만든 작은 스웨터를 치웠다. 나는 그 물건들이 언젠가 모두 사용되는 날이 올 것이며, 그것을 사용하는 아이는 되돌아온 애나가 될 것이라고 생각했다.

멀고 먼 과거의 이야기에도 죽음을 되돌릴 수 없다는 사실을 거부하는 사람들이 나오다. 시인 오르페우스는 결혼식 날 뱀에 물려 죽은 아내 에우리디케를 살려 달라고 빌기 위해 직접 하계로 가는 엄청난 일을 벌인다. 어렸을 때 그리스신화 책에서 이 이야기를 처음 읽고 울었던 기억이 난다. 오르페우스는 지상으로 걸어서 돌아오던 도중 정말로 아내가 뒤따라오는지 확인하려고 뒤를 돌아본다. 지상에 도착할 때까지 뒤를 돌아보지 말라는 지시를 어긴 것이다. 그 순간 그는 아내를 잃는다. 에우리디케와 나란히 걷던 헤르메스(신들의 사자使者-옮긴이)가 그녀를 멈춰 세우더니 함께 돌아서서 온 길을 되돌아간다. 릴케는 이 이야기에 대해서도 시를 한 편 썼다.[26]

고전 속 이야기 중에 나의 개인적인 사연과 가장 닮은 것은 망자들의 세계에서 딸 페르세포네를 데려오려고 애쓰는 여신 데메테르의 이야기였다. 이 이야기는 호메로스풍의 「데메테르에게 바치는 찬가」라는 고대 시에 기록되어 있는데, 나는 어느 여자 대학에서 1학년 문학 강의로 이 작품을 가르치면서 비로소 알게 되었다. 당시 나는 나와 애나가 겪은 일이 내게 왜 그토록 파괴적인 영향을 미쳤는지 이해해 보려고 아직 애쓰던 중이었다. 애나가 세상을 떠난 무렵인 12월에 날이 점점 어두워지기 시작하면 슬픔과 불안감이 강해지는 증세도 여전했다. 익명의 저자가 쓴 이 찬가는 엘레우시스 제전이라는 비밀 종교의 문학적 잔재로, 유한한 생명 앞에서 위안을 구하는 사람들에게 수백 년 동안 위로를 주었다.

기원전 6세기 초에 호메로스풍을 따르는 무명의 저자가 지은 이

찬가는 곡식의 여신 데메테르를 기리는 종교적인 축제에서 노래로 불렸다. 이 작품은 죽음의 손에 아이를 빼앗긴 어머니가 어떻게 되는지를 강렬하게 묘사하면서, 덧없음, 상실, 애도 등 한참 세월이 흐른 뒤 프로이트의 마음을 차지했던 주제들을 직접적으로 다룬다. 이야기의 전체적인 윤곽은 친숙하다. 하계의 하데스가 올림포스산으로 올라가 형제 제우스에게 한 가지 제안을 한다. 제우스의 딸 페르세포네를 자신의 아내이자 왕비로 맞고 싶다는 것이다. 제우스는 데메테르가 절대 죽음의 신에게 딸을 내놓을 사람이 아니라는 것을 알기 때문에 고민에 빠진다. 그래서 두 형제는 데메테르 몰래 페르세포네를 납치하기로 의견을 모은다.[27] 꽃밭에서 여자 친구들과 놀던 페르세포네는 몹시 아름다운 꽃을 향해 손을 뻗는다. 대지의 신 가이아가 미끼로 놓아둔 만개한 수선화였다. 페르세포네가 그 꽃을 꺾는 순간 하데스의 전차가 깊은 구렁에서 나타나고, 그가 페르세포네를 붙잡은 뒤 전차는 다시 땅속으로 사라진다.

여기서 어머니와 딸은 공생적인 유대 관계로 묶여 있기 때문에, 데메테르도 납치 순간 이상한 낌새를 알아차린다. 신들의 집인 올림포스에서 페르세포네의 비명이 들린 것 같다는 생각에 황망해진 그녀는 머리를 풀어헤친 채 지상으로 내려와 아흐레 동안 딸을 찾아 헤매다가 헤카테 여신에게서 하데스가 딸을 훔쳐 갔다는 말을 듣는다. 데메테르는 올림포스로 돌아가기를 거부하고, 노파로 변장해 엘레우시스의 여자들 틈에 섞여 있다가 왕의 갓난 아들을 돌보는 보모가 된다. 그리고 밤에 아이를 몰래 불 속에 담가 불멸의 존재로 만들려고 한다. 그러나 아이의 어머니가 도중에 이 광경을 보고 겁에 질려 저지하자 데메테르는 여신의 아름다운 모습을 드러내고 어리석은 어머니를 꾸

짖는다. 그녀로 인해 아들이 불멸의 삶을 살 수 있는 기회를 놓쳤기 때문이다.

데메테르가 올림포스에서 사라진 탓에 곡식들이 죽어 간다. 지상의 모든 곡식이 시들어 죽고 인간들이 기근에 시달릴 지경이 되자 제우스는 페르세포네를 어머니에게 돌려주기 위해 헤르메스를 하계로 보낸다. 데메테르는 뛸 듯이 기뻐하지만, 페르세포네가 하데스가 준 석류 몇 알을 먹었다는 사실을 알게 된다. 하계의 주인이 내민 음식을 받아먹은 탓에 페르세포네는 하계로 돌아갈 수밖에 없는 몸이 되었다. 그래서 1년 중 3분의 1은 하계에서 하데스의 왕비로 살고, 나머지 3분의 2는 어머니와 함께 살게 되었다. 겉으로 보면 이 이야기는 단순한 자연의 우화일 뿐이다. '봄'을 뜻하는 이름을 지닌 페르세포네는 꽃처럼 아름다운 아가씨다. 데메테르는 생명을 주는 어머니로, 옥수수 열매와 곡식 다발로 상징된다. 하계에서 페르세포네는 씨앗이 가득한 열매 석류를 먹는다. 「데메테르에게 바치는 찬가」는 설정은 물론 은유에서도 꽃, 열매, 씨앗으로 여성의 번식주기를 비유한다. 물론 필연적으로 죽음을 뜻하는 비유이기도 하다. 씨앗이 땅에 떨어지면 주기가 다시 시작된다. 그리스인들은 죽은 사람을 데메트리오demetri-oi, 즉 데메테르의 사람이라고 부르며, 그들의 무덤에 곡식 씨앗을 뿌렸다.

나는 많은 현대 시인들이 데메테르와 페르세포네의 이야기를 다뤘음을 곧 알게 되었다. 이 현대 시인들의 작품은 고대의 그 시와 나란히 놓고 보아도 잘 어울렸다. 이번 볼런드의 시 「석류」는 어머니의 시각 또는 딸의 시각에서 여성이 어떻게 데메테르와 페르세포네의 이야기 속에 들어갈 수 있는가에 초점을 맞춘다.[28] 이 시에는 딸이 집을 나설 때마다, 몸이 아프거나 배가 고프다고 할 때마다 어머니가 느끼는 불안감을 표현한다. 이렇게 딸을 보호하려는 충동은 생명의 주기가 다시 시작되려면 딸이 반드시 성장해서 성적으로 성숙한 여성이 되어야 한다는 지식과 불화를 빚는다. 루이즈 글릭은 시집 『아베르노Averno』와 초창기에 쓴 시 「석류」에서 이 신화에 대한 관심을 드러낸다.[29] 그녀는 어머니의 소망과는 정반대로 딸이 강력한 성적인 매력을 느끼는 유혹적인 젊은 남성으로 하데스를 묘사했다. 나는 「데메테르에게 바치는 찬가」와 더불어 이 현대 작품들을 가르치면서, 학생들이 이제 막 어머니의 보호에서 떨어져 나와 마음껏 시험하고, 반항하고, 상처받을 나이라는 사실을 생각했다.

이 시가 강의의 필수 항목으로 지정되어 있는 것이 이상하다는 생각이 들었다. 내 학생들은 모두 여자인데, 이 작품은 여성의 역할을 신체의 생식능력으로 규정하면 안 된다는 여성주의 원칙과 긴장 관계를 이루고 있기 때문이었다. 「데메테르에게 바치는 찬가」는 물론 페르세포네와 데메테르 사이의 유대감은 어머니와 딸이 공유할 수 있는 출산이라는 독특한 여성의 역할을 바탕으로 한 것이었다. 내가 보기에 이 시는 출산이 세대를 이어 앞으로 나아가는 일이라는 깨달음을 분명하게 표현해 주고 있었다. 어머니의 딸이었던 나는 애나를 낳음으로써 어머니가 되었다. 그렇게 해서 나의 죽음에 한 세대만큼 가까워졌다. 새로운 생명이 태어나 세대가 바뀌는 일에는 모두 시간이 필요하며, 시간은 유한한 생명을 알려 주는 매개다.

그러나 신화에는 시간이 없다. 「데메테르에게 바치는 찬가」가 처음 지어졌을 때와 내가 벽돌담과 방수 지붕이 내다보이는 도시의 연구실 책상에서 이 작품을 읽은 때 사이에 존재하는 2,000년의 세월은 전혀 문제가 되지 않았다. 나는 딸을 되찾겠다는 데메테르의 굳은 결심에 공감했다. 오르페우스처럼 그녀는 하계가 돌아올 수 없는 곳이라는 생각을 받아들이지 않는다. 데메테르가 어떻게든 뜻을 이룰 수 있었던 것은 순전히 그녀가 형제들 못지않게 강력한 힘을 지닌 여신이기 때문이다. 그녀가 분노해서 생명을 주는 역할을 방치해 버리자, 제우스와 하데스는 그녀와 타협에 나설 수밖에 없었다.

데메테르가 인간 아이를 불에 담가 불멸의 존재로 만들려고 하는 장면에서 처음에는 잃어버린 딸을 대신할 존재를 구하는 것처럼 보였다. 프로이트의 애도 모델에 따르면, 이것은 그녀의 에너지를 긍정적으로 사용해서 다시 사회에 적응하려 애쓰는 행동이다. (데메테르의 이야기 중 이 부분은 엘레우시스 제전이 입문자들에게 제시했던 더 행복한 내세의 약속을 암시하는 듯하다.) 페르세포네 모녀가 상징하는 여성의 번식 주기를 비유한 꽃과 씨앗도 삶과 죽음에 이어, 새로운 세대로 상실을 대체하는 또 다른 모델을 제공해 준다. 이렇게 보면 이 이야기는 덧없음에 대한 프로이트의 낙관적인 견해를 지지하고 있다. 사랑하는 사람의 귀환은 물론이고, 프로이트가 「덧없음에 대하여」에서 주장했던 상실의 대체물까지도 언젠가 봄이 올 것이라는 자연의 약속을 통해 제시해 주기 때문이다.

이 약속이 내게 특히 의미가 깊었던 것은 겨울을 견디기가 유난히 힘들었기 때문이다. 마치 애나의 출산으로 시작해서 나의 정신병원 입원으로 끝난 그 긴 겨울의 상처를 내 몸이 기억하는 것 같았다. 나는 애타게 봄을 기다리며 3월 초에 산책을 나가곤 했다. 죽은 이파리들 사이로 크로커스나 수선화 씨앗이 고개를 내밀지 않았는지 보기 위해서였다. 제이크와 아직 함께 살고 있을 때 매년 봄이 되면 나는 우리 집 처마 밑에서 자라는 은방울꽃을 꺾어 안으로 가지고 들어왔다. 가느다란 줄기를 따라 밝은 초록색 이파리에 둘러싸인 이 향기로운 하얀 꽃을 보면 여린 갓난아기이던 애나가 생각났다. 연상을 통해서나마 아이를 되찾는 방법이었다. 페르세포네와 달리 애나는 되돌아오지 않았으므로, 내게는 이 방법밖에 없었다.

두 번의 별거와 두 번의 재결합, 그리고 유산으로 끝난 짧은 임신을 거친 뒤 제이크와 나는 이혼을 결정했다. 애나의 죽음으로부터 거의 5년이 흘렀을 때였다. 그동안 내내 애나의 유골이 담긴 통은 제이크의 서랍장 맨 아래 서랍에 조용히 들어 있었다. 그럼 이제 헤어지기로 한 우리가 애나의 유골을 어떻게 해야 할까?

나는 그 집에서 나온 그해 여름에 제이크와 함께 다닌 버몬트의 대학 근처에서 몇 주를 보냈다. 친숙하고 아름다운 풍경이었다. 과거의 어느 해 겨울에 눈보라가 지나간 뒤 여러 날 동안 화창한 날씨가 이어지자 우리가 숲에서 스키를 즐긴 적도 있었다. 벌판에는 햇빛이 밝게 비췄고, 말채나무는 살얼음에 덮여 반짝거렸다. 소나무 농장에서는 우리가 지나간 뒤 가지들이 위로 튀어 오르며 쌓여 있던 눈을 흩뿌렸다. 산길 한쪽 옆에 허물어져 가는 오두막이 있었다. 지붕이 둥글게 휘고, 한쪽 벽이 없는 집이었다. 안에는 파랗게 칠해진 나무 침대가 있었다. 대학 시절에는 이렇게 황폐한 집들이 강한 향수를 불러왔다. 나는 문 앞에 우글거리는 어린 나무들을 잘라 내고, 지하실 구멍에 뿌리를 내린 라일락을 옮겨 심어 낡은 집을 구해 주고 싶었다.

결혼 생활이 끝났으니, 제이크와 내가 처음으로 함께 보낸 곳에서 애나를 위한 안식처를 찾는 것이 좋을 것 같았다. 버몬트에는 오래된 묘지가 흔하다. 때로는 외지고 후미진 길가에 묘지가 있을 때도 있다. 가족들만 묻힌 곳도 있고, 지금은 폐허가 된 작은 정착지 주민들의 묘지였던 곳도 있다. 그런 곳에 가 보면 무덤들 사이로 나무와 풀이 높이 자라 있다. 옛날에 좁은 흙길을 따라 집에서 몇 킬로미터쯤 걸어갔다가 어느 일가의 사람들이 묻힌 작은 묘지를 우연히 발견한 적이 있었다. 이름이 없는 다섯 아이의 무덤에는 '아기'라는 말만 새겨진 작은 화강암 덩어리가 있을 뿐이었다. 열여덟 살에 죽은 딸의 무덤에는 번듯한 묘석이 있었다. 그 옆에 묻힌 어머니와 아버지는, 가족 중 다른 사람들이 더 오래 살아서 어디 다른 곳에 묻힌 게 아니라면, 자식들을 모두 먼저 저세상으로 보낸 듯했다. 이런 낡은 묘지에는 언제나 슬픔이 가득했다. 석판이나 화강암을 깎아서 만든 묘석은 죽은 이의 이름과 날짜를 알려 준다. 우리가 발견한 그 묘지의 사람들은 모두 차일드라는 성을 갖고 있었다. 으스스한 일이었다. 제이크와 나는 우리의 불행이 저 앞에서 우리를 기다리는 줄도 모르고, 이 불행한 풍경 앞에서 말을 잃고 서 있었다.

이혼한 해 여름 내가 찾아간 묘지는 대부분 19세기에 이 세상에 태어나 살다가 떠나간 사람들의 안식처였다. 늙은 단풍나무의 널찍한 가지들 아래에 묘석들이 느슨하게 놓여 있고, 누군가가 걸어 놓은 작은 종은 지나가는 바람의 존재를 희미하게 알려 주었다. 묘지 옆 벌판 너머의 바위투성이 계곡에서는 강이 산 아래로 빠르게 흘러갔다. 강물 소리 또한 희미하게 들려왔다. 묘석들 사이를 걷다가 나는 이곳에 묻힌 많은 부모들이 자식을 먼저 저세상으로 보냈음을 알게 되었다. 어느 일가의 자리에는 애비라는 아이가 1853년 9월에 '생후 11개월 11일'로 세상을 떠났다고 적힌 묘석이 있었다. 거기에 적힌 짧은 시의 첫 구절은 "그래도 우리는 너를 다시 만나고 싶다"였다. 또 다른 자리에는 같은 토대 위에 서로 닿을 정도로 나란히 놓인 두 개의 묘석에 버티("생후 10개월 11일")와 앨리("생후 10개월 20일")라는 두 사내아이의 이름이 새겨져 있었다. 세상을 떠난 때는 1876년 4월이었다. 아이들의 나이를 이렇게 날짜까지 정확하게 세어서 표시한 것을 보니 나도 괴로워졌다. 어느 일가의 기념비에는 1894년에 6개월도 채 되지 않는 기간 동안 두 아들을 잃었다고 적혀 있었다. 열아홉 살이던 한 아들은 "쏟아진 목재에" 목숨을 잃었고, 열여섯 살이던 다른 아들은 7월 4일에 "대포 폭발로" 목숨을 잃었다. 이런 묘석에 새겨진 짧은 내용들은 웅변 같았다. 작은 마을에서 자식의 죽음을 겪은 가족들이 얼마나 많았는지 알 수 있었다. 우리 시대에는 그런 일이 훨씬 드물게 일어난다. 길가의 이 조용한 묘지는 나와 같은 불행을 공유한 장소라는 점에서 내 마음을 건드리는 동시에 묘하게 위로가 되었다.

나는 여기에 애나의 유골을 묻자고 제이크에게 제안했다. 제이크도 좋다고 했다. 우리 둘이 언젠가 이 근처에서 살게 될 일은 없을 것 같았지만, 여기가 꼭 맞는 장소인 것 같았다. 내가 이곳에 묏자리를 사려면 어떻게 해야 되는지 알아보았더니, 요즘은 이 주변 사람들이 이보다 훨씬 더 큰 신식 묘지에서 장사를 치른다고 했다. 시청 직원은 이 옛 묘지의 배치도를 찾을 수가 없다면서, 이 묘지가 비공식적으로 새로운 매장 신청을 받지 않고 있다고 말했다. 그러나 묘지 가장자리나 도로에서 갈라진 지점에는 틀림없이 아무도 묻혀 있지 않을 것이라고 알려 주었다. 그가 한쪽 가장자리의 묏자리를 내가 살 수 있게 해 준 것이 고마웠다.

가까운 마을에서 나는 석수를 찾아가 경사진 모양의 작은 화강암 표지석을 샀다. 애나의 이름 아래에 아이가 태어난 날과 떠난 날을 새긴 나는, 아이를 잃은 내 심정을 정확히 표현해 주는 시를 한 줄 거기에 포함시키고 싶었다. 오래전부터 내가 생각해 둔 시는 T. S. 엘리엇의 「마리나」였다. 굳이 한 줄만 고르기보다는 시 전문을 새기는 편이 더 쉬웠겠지만 그건 당연히 불가능한 일이었다. 그래서 아주 압축적으로 뭔가를 표현하면서도 시 전체를 느낄 수 있게 해 주는 구절을 골라야 했다.

「마리나」는 대학 때 배운 엘리엇의 시 중에는 포함되지 않은 작품이었다. 예전에 다니던 출판사의 명성 높은 시집 부문 편집자이던 내 상사는 근처의 중고 서점 '고담과 아거시'에 자주 들렀는데, 어느 날 엘리엇의 시와 희곡을 모두 수록한 초기 판본 한 권을 내게 사 주었다. 나는 나중에 다시 일을 시작한 뒤 심한 우울증 때문에 생긴 자살 충동을 물리치려 애쓰고 있을 때 그 책을 펼쳐 「네 개의 사중주」와 「재의 수요일」을 읽었다. 처음 「마리나」를 읽었을 때는 그 음악 같은 리듬이 놀라웠다. 이 시는 당혹감에 젖어 머뭇거리며 던지는 질문으로 시작해서, 매번 고집스럽게 '죽음'과 '내 딸'이라는 말로 끝나는 구절들을 통해 상실과 슬픔과 기억을 거친 뒤 위안에 다다른다.

「마리나」가 셰익스피어의 후기작 『페리클레스』에 등장하는 왕의 딸 이름에서 따온 제목이라는 사실을 모르는 독자에게도 이 시는 강렬함을 안겨 준다. 처음에 이 시를 읽을 때는 이 작품의 바탕이 된 그 이상한 희곡에 대해 아무것도 몰랐다. 그리고 그 뒤로 이 시를 다시 읽었을 때는 이미 그 희곡을 읽은 대학원생이었다. 셰익스피어의 희곡은 연달아 불행을 겪는 젊은 그리스 왕 페리클레스를 중심으로 펼쳐진다. 심한 폭풍으로 날뛰는 바다에서 페리클레스의 아내 타이사는 딸 마리나를 낳은 직후 세상을 떠난다(그렇게 보인다). 시신이 배에 있으면 불운을 가져온다는 선원들의 고집스러운 주장 때문에 페리클레스는 아내의 관을 배 밖으로 밀어 버려도 좋다고 허락한다. 그리고 갓 태어난 딸을 직접 돌볼 수 없어서 친구들에게 맡기고 왕국으로 돌아오지만, 몇 년 뒤 딸이 살해당했음을 알게 된다. 그는 딸이 사실은 아직 살아 있다는 것도, 아내의 관이 물가로 쓸려 가서 아내가 다시 살아났다는 것도 알지 못한다. 희곡은 세 사람이 다시 만나는 장면으로 끝난다. 이 작품에서는 인물들의 행동이 지닌 미덕이나 의지와 상관없이 행운과 불운이 사건들을 좌우한다.

엘리엇의 시는 이 소설의 절정에 해당하는 순간을 바탕으로 한 것이다. 말을 잃고 안으로 침잠한 채 삶에 대한 관심을 모두 잃어버린 페리클레스가 이미 오래전에 죽었다고 생각한 딸이 자기 앞에 있음을 서서히 깨닫는 장면이다. 이 장면을 여는 것은 갈피를 잃은 왕의 의문들과 그의 기억을 일깨우는 감각적 연상이다. 그의 눈앞에 보이는 광경이 점차 기억 이상의 존재가 되어 가는 동안 그의 당혹감은 계속된다. 그의 눈앞에 환영이 나타나고, 그는 더듬더듬 이어지는 문장을 통해 이 젊은 여자가 자신의 딸임을 알아본다.

내가 만든 이것, 잊었다가,

기억한다.

…

알지 못하는 이것, 반쯤 깨어난, 미지의, 내 것.[30]

「마리나」는 내 아이가 다시 살아나면 좋겠다는 나의 무력한 소망에 강렬하게 와 닿았다. 나는 그런 기적이 일어나지 못한다면 하다못해 언젠가 다른 아이라도 내게 주어지기를 바랐다. 하지만 어떤 구절을 골라 돌에 새기면 시 전체의 분위기를 느낄 수 있을까? 나는 시의 마지막 세 줄을 새기고 싶었다.

어느 바다 어느 해안 나의 배로 향하는 어느 화강암 섬
개똥지빠귀가 안개 속에서 부르는
내 딸.

그러나 애나의 작은 묘석에 이 세 줄을 모두 집어넣을 수는 없었다. 그래서 나는 페리클레스가 마리나라는 미래를 위해서라면 자신의 목숨을 포기할 수도 있다는 사실을 깨닫는 부분의 마지막 줄을 골랐다. 죽은 줄 알았는데 살아 돌아온 딸을 그는 이렇게 표현한다.

깨어났다, 벌어진 입술, 희망, 새로운 배.

이 구절에는 이 희곡이 실현해 준 희망과 소망이 모두 담겨 있다. 잃어버린 아이가 돌아올 수 있을 것이라는 희망. 이제 이혼해서 어쩌면 평생 아이가 없을 수도 있는 불안한 미래로 나아가던 내게 이 구절은 내 희망이 보류되었으며 나의 새로운 배들은 아직 도착하지 않았음을 표현해 주었다.

버몬트까지 오신 내 부모님과 함께 우리는 묘지에 자리 잡은 새로운 묘석 앞에서 즉흥적인 장례식을 치렀다. 나는 「마리나」를 읽은 뒤

전날 밤 애나에게 쓴 편지를 읽었다. 이제 떠난 지 5년이 된 아이에게 나는 그 뒤로 우리 집안에 태어난 아이들에게서 아직도 너의 모습을 찾고 있다고 말했다. 애나와 거의 비슷한 나이인 여자 조카들과 놀아 주면서 나는 애나가 내 앞에 있다고 상상할 수 있었다. 내 편지는 다음과 같이 끝났다.

우리가 네게 줄 수 있는 것이라고는 이름뿐이었는데, 이 자리와 이 묘석이 네 이름을 오래 보존해 줄 거야. 이 화강암 묘석은 네가 한때 우리 곁에 있었다는 사실, 네가 그 짧은 생애 동안 투쟁했다는 사실을 보여 주는 증거란다. "괴로울 때 우리는 어느 강둑으로 돌아온다."[31] 이건 시인 밀로시의 글인데, 그래서 너를 강둑 근처에 묻는 것이 좋을 것 같아. 앞으로 여기서 새들이 노래할 테고, 봄이 되면 고사리와 야생화가 고개를 내밀고, 단풍잎들이 빨간색 황금색으로 달아올라 아래로 떨어져서 널 덮어 주고, 겨울밤에는 높이 쌓인 눈이 네게 담요가 되어 줄 거야. 이곳의 아름다움과 그동안 흐른 세월 덕분에 나는 너와 내가 겪은 일을 좀 더 받아들일 수 있게 되었단다. 너를 잃은 우리의 상처가 어쩌면 이제 나은 건지도 모르겠어. 그래서 너를 이곳에 평화로이 두고 떠난다.

편지를 다 읽은 뒤 나는 무릎을 꿇고 앉아 묘석 앞에 15센티미터쯤 되는 구멍을 팠다. 그리고 유골을 담아 둔 통의 뚜껑을 열어 그 구멍 안에 재를 쏟은 뒤, 직접 손을 넣어 바닥에 뭉쳐 있는 꺼끌꺼끌한 재를 손가락으로 떼어 냈다. 그리고 통의 바닥을 톡톡 두드려서 그 고운 가루를 구멍에 마저 쏟았다. 허공에 아지랑이가 나타나지도 않고,

통 안에서 흐릿한 유령 같은 것이 빠져나오지도 않았다. 유골은 순전히 물리적인 존재였다. 애나의 하나뿐인 삶이 남긴 마지막 흔적이 이제 이 사랑스러운 곳의 흙과 섞이고 있었다. 우리는 그 자리에서 어떻게든 애나의 영혼에 집을 만들어 주겠노라고 고집을 피우는 중이었다. 나는 곧 모종삽으로 구멍에 흙을 다시 채우고 표면을 매끄럽게 다듬었다. 그렇게 우리는 애나를 두고 떠났다. 나무와 하늘, 강과 새소리가 있는 그곳에.

6

우울하지 않은 파란색

기분장애가 있는 대부분의 사람들은 자신의 주관적인 경험을 말로
잘 표현하지 못한다(다른 종류의 정신 질환이 있는 사람들도 마찬가지인 것
같다). 색깔, 은유, 시각적인 이미지가 정확한 언어 표현보다 더 쉽게
떠오르기 때문이다. 나는 우울증을 새하얀 색이 여러 단계의 회색을
거쳐 새까만 색으로 점점 짙어지는 이미지로 시각화하게 되었다.[1] 내
게 있어 이 이미지는 기분이 좋았다가 나빴다가 다시 나빠지기를 반
복할 때마다 내 우울증도 밝은 쪽과 어두운 쪽을 살짝살짝 오가는 현
상을 표현해 준다. 다시 말해서, 만약 건강한 정신을 깨끗한 물이 든
유리잔에 비유한다면, 우울증은 거기에 잉크를 연달아 여러 방울 떨
어뜨리고 저었을 때의 모습이라고 할 수 있다. 잉크를 한 방울 떨어뜨
릴 때마다 의식이 어두워지고, 거기서 밖을 내다보는 시야도 어두워
진다.

우울증을 다양한 색조이 회색으로 시각화하다 보니, 왜 사람들이 우울증을 파란색을 뜻하는 블루스blues라고 부르는지 궁금해졌다. 오래전 악마에게 홀리면 멜랑콜리아에 걸린다고 생각하던 초기 기독교 시대에 수도사들은 아케디아acedia, 즉 무심하고 낙담한 상태에 맞서 싸웠다. 4세기의 수도사 에바그리우스 폰티쿠스는 이것을 한낮의 악마라고 불렀다.[2] 18세기 사람들은 기분이 어두워진 상태를 파란 악마, 또는 파랑의 발작이라고 지칭했다.[3] 미시시피삼각주에서 블루스를 연주하고 노래하던 노예와 소작인의 후손들은 음주와 도박, 실연과 성적인 갈망, 가난과 인종차별 등 온갖 종류의 문제들을 위대한 음악으로 변모시켰다.

그렇다면 파란색(파란색 염료가 합성된 것은 1876년이다)이 예술이 아니라 과학 덕분에 정말로 효과적인 항우울제를 만들어 내기 위한 노력의 첫 단계가 되었다는 사실은 기묘한 우연이다. 당시 정신 요양원의 의사들은 환자들이 나타내는 증상의 원인을 알지 못했기 때문에 치료를 위해 할 수 있는 것이 없었다. 불안해하거나 흥분했거나 병적인 행동을 보이는 환자들을 차분하게 만드는 것, 폭력적인 환자들을 물리적으로 구속하는 것, 자살을 막는 것, 가족이 돌볼 수 없는 환자들을 병원에 가둬 두는 것이 그들의 임무였다. 1950년대에 정신병과 우울증에 효과적인 약들이 (파란색 염료를 통해) 나오기 전에 의사들은 아편, 디기탈리스, 클로랄, 바르비투르 약제, 브롬화물로 환자들을 진정시켰다.

효과적인 항우울제를 찾아 나선 과학자들이 직면한 두 가지 커다란 과제는 병의 원인을 파악하는 것과 그 원인을 겨냥해서 반전시킬 방법을 찾는 것이다. 이 두 개가 결국 같은 이야기처럼 보일지도 모르지만, 사실은 그렇지 않았다. 신경계에 영향을 미치는 약품들이 발견되었을 때는 신경계에 대한 우리의 이해가 아직 형편없었으나, 학자들은 이 약품들을 바탕으로 더 많은 연구를 하며 가설을 세워 볼 수 있었다. 20세기 중반부터 우리는 우울증 증상을 완화해 주는 화학약품들을 알고 있었지만, 우울증의 바탕에 깔린 복잡한 신경생리학적 장애와 관련해서 이런 효과가 어떤 의미를 지니는지를 명확히 이해하는 것은 더 어려운 과제였다. 그래도 이제는 수많은 미국인들이 이 약들에 의존하고 있다.

이 모든 것의 출발점이 된 메틸렌블루는 헤르베르트 카로라는 화학자가 만들었다. 당시는 화학자들이 활황을 맞은 19세기 방직 산업을 위해 염료를 개발하던 때였다.[4] 고국 독일에서 캘리코 염색을 배운 그는 나중에 영국 맨체스터로 이주해서, 새로운 색을 요구하는 업계의 수요에 맞춰 아닐린 기반의 염료를 만들던 화학 회사에서 일했다. 알고 보니 메틸렌블루는 바래는 성질 때문에 면에 염료로 쓰기에는 적당하지 않았지만, 이 염료의 핵심인 화합물이 몇 년 뒤 하인리히 베른트센에 의해 합성되었다. 페노티아진이라는 분자였다. 나중에 이 물질은 약학과 의학에서 마취제, 항정신병 약, 항히스타민제, 말라리아 약으로 중요한 위치를 차지하게 되었다.

1880년대 말에는 또 다른 독일인 화학자 파울 에를리히가 메틸렌블루를 이용해 세포를 염색할 수 있다는 사실을 발견했다. 현미경 관찰을 통해 그는 이 염료가 말라리아원충을 비롯해 일부 살아 있는 유기체들을 분리해 비활성화할 수 있음을 알 수 있었다. (제2차 세계대전 때 태평양에서 복무하던 군인들에게 말라리아 예방을 위해 이 약을 주었으나, 소변 색깔과 눈의 흰자위가 파란색으로 변하는 바람에 반응은 그리 좋지 않았다.[5] 에를리히는 메틸렌블루가 신경세포에 친화력을 보이는 것이 페노티아진 때문임을 깨달았다.[6] 그가 이 염료를 개구리에게 조금 주입한 뒤 개구리의 혀끝을 절개하자, "혀의 신경계가 몹시 섬세한 검푸른 색 가지들처럼 뻗어 있는 것이 보였다… 대단히 아름다운 모습이었다."[7] 에를리히는 면역계 항체에 대한 연구로 1908년 노벨상을 받았을 때 수상 연설에서 신경계에 수용체가 있음이 분명하며, 페노티아진이 정신병 치료에 유용할 수 있다는 가설을 내놓았다.[8] 그의 가설은 수십 년 뒤 옳은 것으로 판명되었다. 제노바의 정신 요양원 의사 피에트로 보도니는 이 역사에서 언급되지 않고 지나가는 경우가 많지만, 1899년에 메틸렌블루로 흥분한 환자와 정신 질환자를 진정시키는 데 성공했다는 기록을 남겼다.[9]

약품 발견의 역사를 읽다 보면, '뜻밖의 발견serendipity'[10]이라는 표현과 마주칠 확률이 매우 높다. 이 표현은 고대 페르시아의 동화 중 세렌디프의 세 왕자가 여행 중 일부러 찾으려 하지 않았던 것과 계속 우연히 마주치는 이야기에서 나온 것이다. 감염 치료제 페니실린, 천연두 치료제 와파린이 이런 우연한 행운의 사례다. 새로운 화학약품의 우연한 발견은 흔히 이 약품이 어디에 유용할지 찾아보는 과정으로 이어진다. 메틸렌블루와 그 안의 활동적인 분자 페노티아진의 경우도 마찬가지였다. 헤르베르트 카로가 만든 염료는 면을 염색하는 데 쓸모가 없었지만, 파울 에를리히는 그것이 세포를 염색하는 데 유용하다는 사실을 발견했다. 정신병과 멜랑콜리아로부터 한숨 돌릴 수 있는 길의 시작점에는 페노티아진, 그리고 신경계 수용체에 대한 에를리히의 가설이 있었다. 그러나 그 뒤로는 수십 년 동안 이렇다 할 일이 일어나지 않았다.

1950년에 프랑스 제약 회사 론풀랑의 연구원들은 페노티아진의 항히스타민제 측면, 특히 중추신경계에 미치는 진정 효과에 주목했다.[11] 과학자들은 마취제와 항히스타민제를 함께 투여하면, 간혹 마취제로 인해 혈압이 갑자기 치명적으로 떨어지는 현상인 수술 쇼크의 가능성을 낮출 수 있음을 이미 알고 있었다.[12] 파리에 있는 발드그라스 군병원의 외과의 겸 마취의인 앙리 라보리는 수술 중 환자의 자율신경계를 안정시켜 쇼크를 예방할 수 있는 방법을 찾고 있었다. 1952년에 그는 론풀랑에서 나온 페노티아진 화합물인 클로르프로마진을 사용해 본 결과,[13] 이 약이 수술 쇼크 예방에 효과가 있을 뿐만 아니라 환자의 의식을 유지한 채로 차분하고 무심한 상태를 빠르게 유도하는 효과도 있음을 발견했다. 이것 또한 페노티아진이 중추신경계에 모종의 작용을 한다는 증거였다(정확히 어떤 작용을 어떻게 하는지는 불분명했다). 라보리는 발드그라스의 정신과 의사들에게 이 약이 흥분 상태의 환자들을 치료하는 데 도움이 될지도 모른다고 제안했고, 오래지 않아 파리는 물론 다른 지역의 정신과 의사들이 클로르프로마진으로 시험을 하기 시작했다. 무작위 임상시험이 표준이 되기 전에는 정신과 의사들이 이렇게 소규모로 그때그때 시험을 실시해서 대상 약물이 환자에게 어떤 영향을 미치는지 면밀히 관찰했다. 때로는 의사가 자신의 몸에 약을 시험하는 경우도 있었다.

파리 생트안병원의 장 들레와 피에르 드니커는 조증 환자 서른여덟 명에게 이 약을 소량 투여한 결과[14] 놀라울 정도로 진정 효과가 있음을 알게 되었다. 정신 질환자들에게는 그 효과가 훨씬 더 인상적이었다. 1955년 들레가 국제회의를 열어 15개국의 정신과 의사들에게 자신의 시험 결과를 발표한 뒤, 클로르프로마진이 급속히 여러 곳에서 쓰이기 시작했다. 몬트리올의 어느 정신병원 원장인 하인츠 레만은 흥분 상태인 정신분열증 환자와 조증 환자에게 클로르프로마진이 놀라운 효과를 보였다면서, 그 환자들 중에는 수년 동안 망상에 시달린 사람이 많았다고 밝혔다. "이 약이 차분히 가라앉아서 비판적으로 고찰하는 태도를 부추기는 듯하다. 증세가 격심한 환자들에게도 마찬가지다."[15] 레만은 이렇게 썼다. 경우에 따라 물리적인 구속이 필요한 환자들과 그들을 돌보는 사람들에게 획기적인 방법이 나타난 것이다. 제약 회사인 스미스, 클라인&프렌치는 미국 시장에 소라진이라는 상품명으로 이 약을 내놓았는데, 의사들이 미국 정신병원에서 이 약을 사용하기 시작한 지 겨우 1년 만에 7,500만 달러를 벌었다.[16] 이 약을 장기적으로 사용할 경우 나타나는 부작용, 예를 들어 틱 현상과 체중 증가 등은 사람들의 흥분된 반응 속에서 잘 언급되지 않았다.

클로르프로마진을 둘러싼 흥분이 터져 나오기 전, 스위스에서는 가이기사社가 역시 진정 효과가 있는 항히스타민제를 만들려고 애쓰고 있었다.[17] 가이기는 처음에 염료 제조업체로 출발했기 때문에, 이 회사 연구원들은 페노티아진과 비슷한 물질이 있는지 회사의 창고를 다시 뒤져 보기로 했다. 그들이 고른 것은 1898년에 만든 서머블루 summer blue라는 염료였다.[18] 그들은 이미노디벤질이라는 활성 분자가 있는 이 염료에서 유용한 진정제나 수면제를 찾을 수 있기를 희망했다. 이 물질을 여러 버전으로 만들어 시험해 본 연구원들은 1953년에 클로르프로마진과 가장 가까운 구조를 지닌 물질에 노력을 집중했다. 가이기는 이 화합물에 G22355라는 꼬리표를 붙여,[19] 과거에 이 회사를 위해 화합물 시험을 해 준 적이 있는 정신과 의사들에게 보냈다.

그 의사들 중 한 명이 보덴 호숫가에 있는 뮌스털링겐정신요양소의 수석 정신과 의사 롤란트 쿤이었다.[20] 당시 이 병원에는 약 700명이 입원해 있었는데, 가이기가 병원의 정신분열증 환자들에게 새 약을 시험해 달라고 요청했을 때 쿤은 이미 클로르프로마진을 사용하던 중이었다. 그러나 새 약의 시험 결과는 그리 희망적이지 않았다. 어떤 환자는 흥분 상태가 되었고, 어떤 환자는 경조증(조증보다 완화된 상태-옮긴이) 증세를 보였으며, 전부터 클로르프로마진을 복용하던 환자들은 상태가 오히려 나빠졌다. 한 남성 환자는 병원을 탈출해 긴 잠옷 차림으로 자전거를 타고 내내 큰 소리로 노래를 부르며 시내까지 갔다. 뮌스털링겐의 주민들에게는 반갑지 않은 상황이었으므로, 가이기는 시험을 끝냈다.

얼마 뒤 가이기는 쿤에게 G22355를 다시 시험해 달라고 요청했다. 이번에는 우울증 환자가 시험 대상이었다. 당시의 다른 정신과 의사들과 마찬가지로 쿤도 우울증 환자를 두 가지 범주로 나눠서 생각하는 데 익숙했다. 그가 내인성 우울증이라고 부르던 멜랑콜리아 유형(질병)과 심리반응성 우울증(살면서 겪은 일에 대한 반응)이 그것이다. 1950년대 초에 나와 있던 치료법 중에 쿤이 효과적이라고 생각한 것은 두 가지뿐이었다. 그는 첫 번째 범주에서 증상이 가장 심한 환자들에게 전기충격치료를 썼고, 두 번째 범주의 환자들에게는 심리치료를 시행했다. 둘 다 이상적인 치료법은 아니었다. 전기충격치료를 장기적으로 사용하면 인지력에 부작용이 나타나기 때문에 조심스럽게 관리해야 했다. 심리치료는 결과가 나올 때까지 시간이 오래 걸릴 수 있었다. 암페타민 같은 흥분제도 가끔 우울증 환자 치료에 쓰였지만 효과가 일시적이고 중독으로 이어질 가능성이 있었다. 쿤은 원래 정신분석을 배운 사람이지만, 그것만 고집하지는 않았다. 그는 심한 우울증을 앓는 환자들이 언젠가 클로르프로마진처럼 효과적인 약으로 치료될 수 있기를 바랐다.

쿤은 우울증과 망상에 시달리는 환자 파울라 F.에게 1956년 1월 12일에 G22355의 시험을 시작했다. 엿새 뒤 아침에 일어난 파울라가 완전히 좋아진 것처럼 보였다고 간호사가 보고했다. "표정, 행동, 존재 전체"[21]가 바뀌었다는 보고였다. 4월까지 쿤은 더 많은 환자들에게 이 약을 시험한 결과, "항우울 속성이 뚜렷"하며 "엄청난 잠재력"을 지니고 있다고 확신하게 되었다. 그는 스위스 의학 저널에 보낸 보고서에서 G22355가 내인성 우울증 환자에게 가장 효과적이었다고 썼다. "피로, 묵직함, 무기력감, 우울하거나 심지어 절망적인 기분으로 인해 사고와 행동이 전반적으로 느려진 환자를 뜻한다. 이 증상들은 모두 아침에 악화되었다가 오후와 저녁에는 조금 나아지는 경향이 있다."[22] 이런 환자들은 "잦은 우울 망상과 자살 충동"[23]을 나타냈다. 1957년 가을에 쿤은 제네바에서 열린 제2차 세계정신의학회의에서 겨우 10여 명의 정신과 의사들을 상대로 자신의 시험 결과를 발표했다. 청중의 반응은 시큰둥했다. 십중팔구 정신분석학에 기울어진 사람들이었기 때문일 것이다. 그 자리에 참석한 미국인 의사 프랭크 에이드는 그 방에 있던 사람들이 "정서장애 치료법을 혁명적으로 변화시킬 약이 처음으로 발표되는 것을 듣고 있다"는 사실을 금방

깨닫지 못했다고 나중에 말했다.[24]

6개월 뒤 쿤은 자신이 발견한 혁명적인 사실을 미국에 알렸다. 일리노이주 게일스버그주립병원의 의사들에게 이미프라민이 짧은 시간 내에 커다란 변화를 가져올 수 있다고 보고한 것이다. 그는 환자들을 괴롭히는 고정관념, 낙담, 절망이 모두 사라지면서 환자들이 점점 기운을 차려 미래에 대해 새로운 희망을 품게 되었다고 말했다. 그리고 이런 극적인 변화를 "장기간의 집중적 심리치료로는 일궈 낼 수 없을 것"이라고 말했다. 쿤은 아직은 이미프라민의 작동 방식이 "완전히 미지의 영역"임을 인정했다.[25] 그럼에도 이 보고서에 내포된 의미는 부정할 수 없었다. 이미프라민을 사용하면 입원과 전기 요법이 필요하지 않게 될 수 있으며, 내인성 우울증 환자를 위한 심리치료에 시간과 노력을 쏟는 일 또한 시대에 뒤떨어진 방법이 될 수 있었다. 빠른 약효는 내인성 우울증, 즉 멜랑콜리아가 몸의 문제라는 오랜 믿음을 확인해 주었다.

쿤의 환자들에게서 이처럼 긍정적인 반응을 얻었는데도 가이기는 이 새로운 항우울제를 금방 시장에 내놓지 않았다.[26] 원래 그들은 유럽과 미국 전역의 정신 요양소에서 환자들의 흥분 상태와 정신 질환을 진정시키는 클로르프로마진 같은 강력한 진정제를 개발할 생각이었다. 가이기의 중역들은 멜랑콜리아 환자에게 아주 적합한 이미프라민이 클로르프로마진처럼 이윤을 창출해 낼 수 있을 것이라고 확신하지 못했다. 멜랑콜리아 환자가 그렇게 많지 않았기 때문이다. 그러나 이 약의 효과는 멜랑콜리아 환자에게만 미치는 것이 아니었다. 쿤은 "순전히 반응성 우울증으로 보이는 여러 사례"에서도 훌륭한 결과를 얻었다고 보고했다.[27] 1956년에 가이기는 이미프라민이 투자해도 될 만큼 넓은 시장을 호령할 수 있을지 외부 전문가들에게 자문을 구하기 시작했다. 회사는 이사 한 명이 심한 우울증을 앓던 친척에게 이 약이 엄청난 효과를 발휘하는 것을 직접 목격한 뒤에야 스위스에서 이 약을 발매하기로 결정했다. G22355는 이제 이미프라민 하이드로클로라이드라고 불렸으며, 상품명은 토프라닐이었다. 메틸렌블루와 클로르프로마진처럼 고리가 세 개인 분자구조를 갖고 있다는 뜻에서 삼환계 항우울제로 명명된 약품들 중 첫 번째 약이었다.

학문적인 느낌의 토프라닐 광고가 1956년 스위스 의학 저널에 실렸다. 가이기가 이미프라민의 시장을 어떻게 생각했는지 이 광고에서 살짝 엿볼 수 있다.[28] 먼저 15세기 약초학 책에서 가져온 흰독말풀 그림이 있고, 과거에는 기분장애 치료를 위해 약초와 마법에 의존했다는 말이 작은 글자로 적혀 있다. 사람들은 마법의 힘을 갖고 있다고 여기던 흰독말풀 즙을 조증과 멜랑콜리아 등 고대로부터 내려온 여러 질병의 환자들에게 수면제로 주었다. 이 즙에는 독성도 있었기 때문에, 큰 글자로 된 광고 문구에서는 이미프라민이 커다란 발전을 의미한다고 지적한다. 이 설명을 영어로 번역하면 다음과 같다. "토프라닐, 멜랑콜리아 치료의 이정표."

이미프라민은 1959년 마침내 미국 시장에 역시 토프라닐이라는 이름으로 출시되었다. 흥분제와 밀타운 같은 가벼운 진정제로 포화 상태인 시장에서 경미한 우울증과 불안증이 이미 다뤄지던 때였다. 토프라닐의 영업은 순전히 의사들에게만 이루어졌으므로, 광고도 《멘털 하스피털즈》와 《미국 정신의학 저널》 같은 의학 저널에만 실렸다. 40년 전 《타임》, 《뉴스위크》 등 일반 잡지를 통해 전체 소비시장을 겨냥한 항우울제 광고의 밝고 낙관적인 분위기에 비해, 토프라닐의 광고는 칙칙하고 진지했다. 가이기는 미국 시장에서도 광고의 분위기를 바꾸지 않고, 이 약이 치료해 줄 질병의 어두운 분위기를 풍기는 광고를 만들었다. 1963년에는 눈이 푹 꺼지고 으스스한 외계인처럼 생긴 얼굴이 《내과학 아카이브즈》에 실렸다. 우울증 환자에게서 생기 있는 자아가 점차 희미해지듯이, 이 그림도 점차 흐릿해지는 것 같았다. 그림 옆에 작은 글자로 두 단에 걸쳐 실린 설명문은 의사에게 필요한 정보를 제공해 주면서, 우울장애가 "깊이 파고 들어가기 전에" 토프라닐이 증세를 멈춰 줄 수 있으며 "입원과 전기 충격으로부터 환자를 구해 줄 것"이라고 강조했다.

우울증이 전 세계적으로 장애의 주요 원인 중 하나인 오늘날에는[29] 가이기가 이미프라민을 금방 시장에 내놓지 않고 머뭇거린 것을 이해하기 힘들다. 그러나 당시에는 우울증보다 조증과 정신분열증으로 입원하는 사람이 훨씬 더 많았다.[30] 사람들은 더 이상 제대로 기능할 수 없거나 자살 충동을 느낄 때에만 다른 사람의 손에 이끌려 정신 요양소를 찾았다. 우울증 증세가 비교적 덜한 사람들은 아마 치료도 받지 않고 그냥 살아갔을 것이다. 주위 사람들 역시 눈치 채지 못했을 가능성이 있다. 우울증 환자들은 보통 수치심 때문에 자신의 상태를 남에게 잘 이야기하지 않기 때문이다. 효과적인 약이 만들어지면서 이 병도 어둠 속을 벗어나기는 했으나, 이런 변화가 정말로 뿌리를 내린 것은 1980년대 말이었다.

항우울제를 비롯한 여러 정신과 약은 정신분석 이론이 여전히 정신과 레지던트 훈련의 기반이던 시절에 커다란 치료법의 발전을 의미했다. 내가 이미프라민을 먹기 시작했을 때에는 약물치료와 심리치료가 모두 치료 방법에 포함되어 있었다. 이 두 방법은 우울증의 원인과 치료법에 대해 각각 다른 가정을 바탕으로 삼았다. 생물정신의학은 생리적인 문제 때문에 병이 생기는 것이므로 약으로 병을 다스릴 수 있다고 보았다. 정신역동 정신의학은 우울증의 뿌리가 살면서 겪은 일에 있다는 가정하에 환자의 기억을 살펴서 무의식 속의 해결되지 않은 갈등을 밝은 곳으로 끌어내는 방법으로 문제를 해결하고자 했다. 내가 병원에 입원했던 때로부터 수십 년이 흐르는 동안 다양한 약이 개발되면서 비용과 시간이 많이 드는 심리치료는 불필요해진 것처럼 보였다. 약을 한 알 먹기만 하면 우울한 사람이 밝고 사교적이고 성공적인 사람으로 스스로를 변화시킬 수 있다고 약속하는 제약사들도 프로이트의 문화적 영향력이 뒷걸음질 치는 데 일조했다.

정신역동 모델과 생물학적 모델이 서로 한 판 겨룰 준비를 하는 동안, 이미 양측을 모두 지지하는 이론이 나와 있었다. 스트레스 체질 모델에 따르면,[31] 어떤 사람들은 어렸을 때 겪은 스트레스나 상실이 장애의 발단이 될 수 있는 유전적 위험(체질)을 물려받는다. 가족이라고 해서 유전적 위험이 다 똑같지는 않겠지만, 그들이 사는 환경은 똑같다. 가족 중 어떤 사람은 병에 걸리고 어떤 사람은 병에 걸리지 않는 것은 심리적인 회복력과 행복한 기질이 보호막이 되어 줄 수 있기 때문이다. 나는 이런 유전적 위험을 물려받았을 뿐만 아니라 나의 성별, 기질, 종교적인 가정교육, 부모님의 스트레스 등 다른 요인들도 그 위험이 병으로 발전할 가능성을 높였음을 점점 더 분명히 알 수 있었다. 나의 과거사는 유전적 위험과 심리적인 스트레스의 조합이 어떻게 우울증이 자라날 수 있는 틀을 만드는지 잘 보여 준다. 또한 약물치료와 심리치료를 모두 사용하는 것이 생리적 요소와 심리적 요소를 치료하는 최선의 방법이라는 사실도 알 수 있다.

롤란트 쿤의 환자 파울라는 1956년 1월의 어느 날 아침 일어났을 때, 놀랍게 회복된 모습으로 뮌스털링겐정신요양소 의료진을 깜짝 놀라게 했다. 나는 아직 어머니의 배 속에 있을 때였다. 우리 부모님은 4월에 나를 데리고 필라델피아 북동쪽에 있는 집으로 돌아왔다. 나는 오빠와 17개월 터울인 둘째였다. 1964년 1월까지 우리 집에는 아이 네 명이 더 태어났다. 우리는 각자 여섯 살 때부터 어머니가 다녔던 바로 그 가톨릭 초등학교에 다니기 시작했다. 집에서 세 블록 떨어진 곳이었다.

우리 동네 집들은 제2차 세계대전 직후에 지어진 것으로, 돌로 된 전면에서 툭 튀어 나간 출입구가 현관 계단으로 이어졌다. 안으로 들어오면 현관이 나왔다. 그곳을 통과할 때마다 현관vestibule이라는 이상한 단어가 내 머릿속을 굴러다녔다. 현관 바로 앞에는 세 개의 침실이 있는 2층으로 이어진 계단이 있고, 오른쪽에는 거실이 있었다. 이 모습이 내 머릿속에 강렬한 기억의 배경으로 남아 있다. 내가 밖에 나가 놀려고 계단을 내려가 막 현관에 발을 들여놓는데, 갑자기 슬픔이 물결처럼 나를 휩쓸었다. 너무나 낯선 감정이라서 지금도 생생히 기억난다. 마치 차가운 공기 속이나 구름 띠 속을 걸어서 통과하는 것 같았다. 문을 통해 밝은 햇빛 속으로 나왔을 때는 그 느낌이 이미 사라진 뒤였다. 내가 그렇게 슬퍼질 만한 일도 생각나지 않았다. 하도 이상해서 나는 그 감정을 다시 느껴 보려고 내가 상상할 수 있는 가장 슬픈 일들을 일부러 떠올렸다. 부모님의 죽음, 나의 죽음. 내가 관 속에 누워 있고, 식구들이 옆에서 우는 모습도 상상해 보았다. 그러다 보니 눈에 눈물이 맺혔지만, 조금 전의 그 희한한 감정이 되살아나지는 않았다. 그때 내 나이가 아마 일고여덟 살쯤이었을 것이다. 우리가 그 집에 계속 사는 동안 나는 그런 감정을 한두 번 정도 더 느꼈다. 그것이 그때 내게 다가오던 중이거나 어쩌면 이미 존재하던 우울증의 그림자가 아니었는지 가끔 궁금해진다.

롤란트 쿤이 내가 태어나던 해에 발견한 그 약을 정확히 그가 묘사한 증상들, 즉 사고와 행동이 굼떠지는 것, 압박감, 우울하고 절망적인 기분, 우울 망상과 자살 충동 때문에 결국 복용하게 되었으므로, 어쩌다 내가 그런 상태에 이르렀는지 생각해 볼 필요가 있다. 처음 우울증이 내게 자리 잡은 것은 언제인가? 어떤 경위로? 암이나 당뇨병 같은 질병들과 달리, 이 경우에는 이런 의문에 곧바로 내놓을 수 있는 대답이 없다.

기분장애의 유전적인 측면을 연구하는 학자들은 대를 이어 우울증이 나타나는 집안에서 더욱 심한 형태의 우울증이 모습을 드러낸다는 사실을 알게 되었다.[32] 그런 집안에서는 우울증 에피소드가 나타나는 시기도 빠르고, 나중에도 훨씬 더 자주 재발한다. 주요우울증은 정신분열증이나 양극성장애에 비해 유전성이 덜하지만,[33] 한 연구에서는 스무 살 이전에 우울증 에피소드를 처음 경험한 사람의 형제자매와 자녀들이 우울증에 걸릴 위험은 그렇지 않은 사람들에 비해 다섯 배나 높다고 추정했다. 첫 우울증 에피소드를 중년 이후 경험한 사람의 가족과 친척에게서는 그 위험이 크게 감소한다. 또한 어렸을 때 겪은 스트레스, 상실, 방치, 학대와 우울증 사이에 강한 상관관계가 존재한다.

내가 처음 병원에 입원해서 가족력을 조사받을 때 부모님은 각자 자신의 아버지가 확실히 우울해하던 시기가 있었으며, 두 분 모두 정신과 의사에게 진료를 받거나 약을 먹은 적은 없다고 영 선생에게 말했다. 아버지는 자신도 2년 전 직장에서 받는 스트레스 때문에 일시적으로 심각한 우울증이 와서 이미프라민을 먹고 회복 중이며 복용량을 점점 줄이고 있다는 사실을 영 선생에게 밝혔다. 당시의 나는 모르던 사실이었다. 하지만 자상한 성격인 아버지가 항상 예민하게 굴고 자주 어두운 표정을 짓는다는 사실은 나도 잘 알고 있었다. 세월이 더 흐른 뒤에도 아버지는 항우울제를 일상적으로 복용하셨다. 한편 외할아버지는 70대의 나이로 당뇨병과 파킨슨병 때문에 입원했을 때 면도칼로 자살 시도를 하기 직전까지 가셨다. 나는 가족력을 조사하는 의사와 내 부모님의 상담 기록을 읽을 때까지 이런 일에 대해서는 한 번도 들은 적이 없었다. 식구들이 모두 이런 일에 입을 다물고 있었다는 말이 이상하게 들릴지도 모르지만, 우리 집에서는 조용히 입을 다무는 것이 늘 있는 일이었다. 우리는 자신의 감정에 대해 이야기하지 않고, 다른 사람이 우울해하거나 짜증을 내면 그저 귀찮게 굴지 않고 조심하기만 했다. 감정은 개인적인 것이므로, 우리는 겉으로 최대한 아무렇지 않은 척하면서 혼자서만 감정을 꽁꽁 싸매고 있었다.

상담 시간에 우리 가족은 아주 많은 토론의 대상이 되었지만, 식구들에 대해 이야기하면서 어렸을 때 받은 가정교육 중 일부를 비판적으로 돌아보는 것이 일종의 배신처럼 느껴졌다. 나는 어렸을 때의 여러 기억들을 떠올리면서, 당시 젊은 나이던 내 부모님이 스트레스 때문에 한계까지 몰려 있었음을 깨달았다. 아버지는 매일같이 직장인 시내의 보험회사로 출근했다가, 한낮에 펜실베이니아대학으로 가서 석사과정 강의를 들은 뒤 다시 회사로 돌아갔다. 아버지가 저녁 10시가 되어서야 집에 오시는 날이 허다했다. 아버지는 이렇게 짬짬이 시간을 내서 강의를 들어 석사 학위를 따는 데에는 6년이 걸렸다. 늦게야 집에 돌아오는 하루가 너무 길고 힘들어서 거의 포기하실 뻔한 적이 한두 번이 아니었다. 아버지가 펜실베이니아대학을 졸업한 것은 우리 집에 다섯 번째 아이가 태어난 지 겨우 며칠 뒤였다. 졸업 사진 속에서 아버지는 갓 태어난 내 여동생을 품에 안고 있다. 하지만 졸업 뒤에도 아버지는 재무 분석가 자격증을 따기 위해 퇴근 뒤 다시 공부를 시작했다. 아버지는 저녁 때 여러 블록 떨어진 조부모님의 집으로 가서 잠들지 않으려고 자주 책을 들고 서성거렸고, 어머니는 집에서 아이들을 목욕시키고 재우는 일을 여느 때처럼 해냈다. 아버지가 이렇게 힘들게 사신 것은 우리 모두를 반드시 대학에 보내는 데 필요한 돈을 벌기 위해서였다. 주말 저녁에는 아버지도 긴장을 풀고 편안히 음악을 들었다. 내가 침대에 누워 있으면 빌리 홀리데이, 아트 페퍼, 리 와일리, 게리 멀리건 등의 재즈 음악과 블루스 선율이 계단을 타고 내 방까지 올라왔다.

이 힘든 시기 동안 어머니는 잦은 임신과 수유를 감당하며 아버지가 미처 돌보지 못하는 모든 일을 책임졌다. 천 기저귀를 포함해서 빨래도 모두 어머니의 몫이었다. 어머니가 건조기를 살 여유가 생긴 것은 넷째 아이가 태어날 무렵이었는데, 그때까지는 모든 빨래가 빨랫줄에 널어져 있었다. 요리, 장보기, 청소도 어머니 일이었다. 다림질도 대부분 어머니가 했다. 아버지가 출근하실 때 입을 와이셔츠와 우리가 교복에 입는 하얀 면 셔츠 다림질도 여기에 포함되었다. 외할머니가 오후에 들러서 다림질을 거드실 때도 많았다. 어머니가 다림질을 한 날이면, 추운 날씨인데도 학교에 가려고 차려입은 내 블라우스가 따뜻하던 기억이 난다. 지금 생각해 보면 정말 굉장한 일이다. 부모님 두 분에게 모두 얼마나 힘든 세월이었을까. 그러나 가장 무거운 짐을 진 사람은 어머니였다. 요구하는 것이 많은 아기들에게 둘러싸여 살림하느라 정신없는 생활보다는 사무실에서 어른들과 함께 일하며 하루를 보내는 편이 더 낫기 때문이다.

우리 조부모님의 시대에 아일랜드 가정에는 아이가 많았다. 또한 그 아이들 중 여러 명이 결국 다른 나라로 이주해야 할 것이라는 생각이 있었기 때문에, 많은 어머니들이 자녀들과 감정적으로 거리를 두었다.[34] 미국으로 이주한 아일랜드계 가정인 우리 집에서도 비슷한 일이 일어났다. 어머니는 위의 아이들에게 독립적인 인간이 될 것, 갈등이 벌어졌을 때 잘 달랠 것, 어른들에게 방해가 되지 않게 굴 것을 가르쳤다. 나는 이 가르침을 받아들여 어머니에게 무엇도 요구하지 않고, 위안이나 지지를 구하지 않으려고 노력했다. 1950년대와 1960년대에 영국에서 활동한 소아정신과 의사 존 보울비와 D. W. 위니콧의 연구를 알게 된 뒤 생각해 보니 이 두 사람이 내 사례를 보았다면 애착 관계에 문제를 발견했을 것 같았다. 내가 보기에도 문제가 있었다.

나의 유년시절은 우리 부모님이 겪었던 것 같은 스트레스를 완화하기 위해 미국인들이 약을 먹기 시작한 시기와 우연히 일치한다. 우리 부모님은 당시 인기 있던 가벼운 진정제 광고에 등장하는 사람들, 즉 집에서 스트레스를 받는 어머니와 직장에서 스트레스를 받는 아버지의 판박이였다. 텍세드린과 리탈린 같은 약의 광고는 기진맥진한 부모들도 대상으로 삼았다. 광고 속 이미지들 중 일부는 내 어린 시절 풍경 그대로였다. 예를 들어 메프로스판 광고에서는 치마와 블라우스 차림의 아이 엄마가 지친 모습으로 욕조 턱에 걸터앉아 이제 막 알몸으로 욕조에 발을 들여놓으려 하는 어린 소녀를 바라본다. 빨리 하루가 끝나기를 간절히 바라는 것 같은 모습이다. 여기에 달린 광고 문구는 다음과 같다. "이런 스트레스는 하루 종일 갑니다. 진정제도 그래야 하지 않을까요?"[35] 그러나 우리 부모님은 결혼 초기에 결코 의사를 찾아가 불안감, 우울감, 피로 등에 대해 이야기하려 하지 않았다. 정신과 의사를 찾아가는 것은 말할 필요도 없었다. 약을 사 먹지도 않았다. 당신의 부모님들이 인생 초년기에 자신들보다 훨씬 더 고생하신 분들이었기 때문에, 우리 부모님은 애당초 편안한 삶을 기대한 적이 없었다.

1956년에 나온 텍세드린 광고는 광고사진 속의 젊은 여성처럼 지친 환자들에게 이 약을 처방할 수 있는 의사들을 겨냥했다. 사진 속 여성은 목욕 가운 차림으로 서서 행주를 들고, 설거지거리가 쌓여 있는 주방 조리대에 기대어 서 있다. 그리고 거기에 "이 분은 왜 이리 피곤할까요?"라는 말이 적혀 있다. 만약 그녀가 육체적인 과로에 지친 가정주부라면 의사의 처방은 휴식이다. 하지만 만약 그녀가 정신적으로 지친 상태라면, "지루하고 단조로운 일상의 무게에 눌린" 상태라면, 약이 "그녀의 기운과 행복감"을, "삶에 대한 흥미"를 되살려 줄지도 모른다.[36] 이 광고는 의사들에게 우울증과 비슷한 증상에 암페타민을 처방하라고 권유한다. 그러나 사실 이 광고가 겨냥한 것은 베티 프리던(미국의 페미니스트이자 사회심리학자-옮긴이)이 "이름 없는 문제"[37]라고 불렀던 성취감 부족이다. 여성들만 겪는 이 문제는 암페타민도 진정제도 치료할 수 없는 증상이었다.

어머니는 목욕 가운 차림으로 걸레질을 한 적이 없지만, 피곤한 건 확실했다. 열일곱 살 때 아버지를 처음 만난 새해맞이 무도회에서 찍은 사진 속 어머니는 행복하게 빛나고 있다. 두 분은 아버지의 군복무가 끝날 때까지 거의 5년을 기다린 끝에 결혼했다. 내가 태어났을 때 어머니의 나이는 스물다섯 살이었다. 그리고 내가 여덟 살이 되었을 때 어머니는 서른세 살의 나이로 여섯 아이를 기르고 있었다. 여전히 몹시 아름다웠지만, 광고 속 여자처럼 반복되는 지루한 일의 무게에 눌린 상태였다. 나는 어머니의 이름을 물려받았고, 어두운 색 머리카락과 담갈색 눈동자도 어머니와 같기 때문에 어머니와 나를 동일시할 수밖에 없었다. 외할머니는 처음 이 나라에 왔을 때 어느 부잣집에서 하녀로 일했다. 나는 이렇게 집에서 종처럼 일하는 것이 여자의 운명이며 내 앞에도 그런 길이 펼쳐져 있다는 생각을 하기도 싫었다. 차라리 남자가 되고 싶었다. 남자들이 확실히 더 많은 가치를 인정받고 더 많은 특권을 누리며 살림을 하지 않아도 되기 때문이었다.

어쩔 수 없이 어머니와 나를 동일시한 것처럼, 어머니의 감정을 내가 흡수하게 된 것도 어쩔 수 없는 일이었다. 어머니의 신경이 곤두섰을 때, 어머니가 기진맥진하거나 화가 났을 때 나는 어머니의 상태를 알아차렸다. 그래서 가게에 가서 우유를 사 오는 일이나 동생들의 기저귀를 가는 일이나 동생들을 보살피는 일처럼 소소한 일들을 거들었다. 우리 형제들은 우리끼리 싸우면 부모님이 더 힘들어진다는 사실을 알고 있었다. 지금도 어머니는 이런 말씀을 하신다. "난 그저 너희가 전부 착하게 굴기를 바랐어." 하지만 말처럼 쉬운 일이 아니었다. 아니, 이 말 자체가 하느님만큼이나 엄청난 것이었다. 착하게 군다는 것은 어지르지 않고 조용히 있는 것, 옷을 더럽히지 않는 것, 싸우지 않는 것, 공부를 잘하는 것, 식구들 얼굴에 먹칠을 하지 않게 이웃들 앞에서 얌전히 행동하는 것을 의미했다. 그래서 우리는 항상 이런저런 의미에서 착하게 구는 데 실패했다. 어느 날 좁은 골목 맞은편 집에 사는 아주머니가 어머니에게 우리 형제 중 한 명에 대해 불만을 늘어놓자, 어머니는 몹시 진지한 얼굴로 이렇게 대답했다. "전능하신 하느님 앞에서 이 아이들에게 책임이 있는 사람은 나예요." 어머니가 얼마 전 이 기억을 떠올렸을 때 나는 어머니와 함께 웃음을 터뜨렸다. 우리 식구들이 이제는 모두 교회에 다니지 않는다는 이야기를 하다가 떠오른 기억이었다.

어머니는 피로와 분노를 모두 느낄 때가 많았지만, 어머니의 몸에 밴 문화적 규범에 따르면 분노는 어머니의 처지에서 합당한 반응이 아니었다. 어머니는 아마도 1925년 이전에 성장기를 보낸 아일랜드 서부를 떠나 이 나라로 온 당신 부모님의 생각을 그대로 이어받았다. 그래서 부모에게 반항하지 않고, 자신을 희생하며 순종하는 아내이자 어머니라는 이상에 자신을 맞추려고 애썼다. 어머니는 청소, 요리, 아이들의 옷차림과 예의범절을 살피는 일 등 자신이 해야 하는 일을 더 이상 견딜 수 없을 때까지 계속 감당했다. 달리 선택의 여지가 없었다. 아버지의 어머니, 즉 시어머니의 기준에 자신을 맞춰야 했기 때문이다. 우리 할머니는 어렸을 때 수녀원의 기숙학교에서 프랑스어와 레이스 짜기와 고급 자수를 배운 분이었다. 외가와 친가의 조부모님 네 분 가운데 열네 살이 지난 뒤에도 학교에 다닌 분은 이 할머니 밖에 없었다. 할머니는 자신의 완벽주의 성향을 어머니에게도 적용했기 때문에, 어머니는 할머니에게서 단 한마디도 칭찬이나 긍정적인 말을 듣지 못했다.

나는 글을 읽을 수 있게 되었을 때부터 착한 아이가 되지 못할까 봐 걱정했다. 어쩌면 그 전부터였을 수도 있다. 내가 여섯 살 때 어머니가 성자들의 삶을 다룬 책을 한 권 내게 주었다. 나는 잔 다르크 이야기에 경악하고, 로마의 순교자들이 용감하게 죽음을 향해 나아가는 모습에 기가 막혔다. 그들은 죽기 전에 먼저 못이 잔뜩 박힌 판 위에 눕거나 눈을 뽑히는 등 상상할 수도 없을 만큼 끔찍한 일을 당했다. 나는 만약 내 신앙을 지켜야 하는 상황이 온다면 유다처럼 겁을 먹고 뒷걸음질 칠 것이라고 확신했다. 그저 그런 상황이 오지 않기를 바랄 뿐이었다. 학교에서 핵무기 폭발에 대비해 책상 밑에 웅크리는 연습을 가끔 하던 시대에 그런 걱정을 하는 것이 이상한 일이기는 했다. 당시 사람들이 정치적으로 두려워하던 일, 즉 쿠바 미사일 위기나 자주 사람들 입에 오르내리던 철의 장막 같은 것은 내게 아무런 영향을 미치지 못했다. 나는 항상 힘든 상황에서 신앙을 시험당하는 일을 걱정했다.

어린 시절의 기억이 하나 더 있다. 어느 여름날 밤 내가 동네 친구 집 앞에 다른 아이들과 함께 서 있었다. 집에 돌아갈 시간이었는데, 아이들과 이야기를 나누던 도중 나는 문득 시간에 대해 생각하게 되었다. 1학년 때 나를 가르친 수녀 선생님에게서 처음 들은 지옥의 문제가 발단이었다. 영원이란 끝이 없는 시간을 뜻한다. 그런데 지옥에서 겪는 고통에는 시간적인 제한이 없다. 나는 상상할 수 있는 한도까지 계속 멀고 먼 시간을 생각해 보려고 애썼지만 영원이라는 말을 이해할 수 없었다. 집까지 천천히 걸어가는 동안 머리로 이런 생각을 이어 가다 보니 이런 어려운 문제가 왠지 즐거우면서도 동시에 너무 엄청난 문제 같아서 겁이 났다. 나는 영원히 나를 태울 지옥 불의 고통을 상상하지 않으려고 애썼다.

3학년 때 종려 주일 미사에서 나는 가장 친한 친구 메리 켈리와 나란히 무릎을 꿇고, 신부님이 읽어 주시는 그리스도 수난기를 듣고 있었다. 그러다 갑자기 눈물이 고였다. 메리가 놀란 표정으로 나를 바라보았다. 집까지 걸어오는 동안 메리는 나의 신앙에 감탄했다고 말했지만 나는 신앙이 깊지 않았다. 멀게만 느껴지는 그리스도의 수난에 좀 더 가까이 다가가려고 애썼을 뿐이다. 나는 그저 마땅히 느껴야 한다고 생각한 감정을 느끼려고 애쓰고 있었다.

내 성격 때문인지, 나는 그 모든 가르침을 아주 진지하게 받아들였다. 물론 가르치는 분들도 엄청나게 진지했다. 하지만 우리 집의 다른 형제자매와 친구들은 비교적 편안해 보였는데 왜 나만 그 무게를 다 받아들였을까? 이 모든 것이 나중에 나를 찾아온 그 병과 맞아떨어졌다. 나의 죄책감과 수치심, 한 번도 정말로 착한 아이가 되지 못했다는 생각이 때로 커지고 커져서 내 의식을 모두 차지해 버렸다. 어린 시절의 죄책감과 수치심이 우울증과 이렇게 연결되는 것은 확실히 우연의 일치가 아니다.

초등학교 3학년 때 사진 등 옛날 사진을 넣어 둔 상자에서 나는 「어린이를 위한 십자가의 길」[38]이라는 빨간색 소책자를 우연히 발견했다. 어쩌면 이 책이 예수와 공감하고 싶다는 내 열렬한 소망의 원천이었는지도 모른다. 나는 표지 안쪽에 흔들리는 파머 필체로 내 이름,

주소, 전화번호를 적었다. 뒷표지에도 내 이름을 썼다. 어린 내가 이 작은 책에 완전히 홀려 있었던 것을 생각하면 재미있다 싶다가도 한 편으로는 경악스럽다. 아마 이 소책자를 학교에서 아이들에게 나눠 주었을 것이다. 아니면 내가 사순절 때 성당에서 집어 온 책일 수도 있었다. 사순절에는 그리스도가 당당하게 예루살렘에 입성할 때부터 재판과 십자가형을 거쳐 부활에 이를 때까지의 고난에 대해 명상하는 관습이 있었다. 소책자 안에는 십자가의 길 14처의 그림과 기도문이 실려 있는데, 기도문은 모두 "저를 가르쳐 주세요."라고 부탁하는 말로 끝난다. 십자가의 길 제2처인 '예수님이 십자가를 어깨에 메시다'의 기도문을 예로 들면 다음과 같다.

> 사랑하는 예수님, 그들이 예수님의 어깨에 얹은 십자가가 너무 무겁습니다.
>
> 얼마나 아프세요!
>
> 온몸이 상처 입어 피투성이인데
>
> 어떻게 그것을 지고
>
> 저 가파른 길을 올라가시려고요?
>
> 저를 가르쳐 주세요.
>
> 제가 죄를 지으면
>
> 저 무거운 십자가보다 훨씬 더
>
> 예수님을 아프게 한다는 걸 기억하라고.

하느님의 아들이 우리의 죄를 구원하기 위해 죽었으므로, 고통스러운 그분의 죽음에 대해 아이들도 어른과 마찬가지로 책임을 받아들여야 한다는 논리로 만들어진 책이었다. 이 논리에 따르면, 세상에 순수하고 무고한 아이는 존재하지 않았다.

지금 관점에서 보면 모두 기괴할 뿐만 아니라, 아이들의 교육에는 확실히 해로운 주장이다. 당시 가톨릭교회는 교육보다 교리 주입과 규율에 더 중점을 두었던 것으로 보이기 때문에, 아이들 자체는 그리 중요하지 않았다. 교회가 아이들을 개인으로 대우하지도 않았다. 가톨릭 가정과 학교 모두 감시와 감독의 공간이었다. 아이들도 스스로를 감시하고 감독했다. 우리는 교리문답을 외우고, 아이다운 죄를 신부님에게 고해하고, 하느님이 모든 것을 보고 계신다는 말을 들었다. 내가 이런 가르침을 얼마나 진심으로 받아들였는지 보여 주는 가련한 기억이 하나 있다. 어떤 친척이 내게 작은 빨간색 일기장을 선물로 주었을 때의 일이다. 나는 그 일기장 첫 페이지에 이렇게 썼다. "저를 유일하게 진심으로 이해해 주시는 하느님께." 그 뒤로 그 일기장에 일기를 쓴 것은 몇 번 되지도 않지만 모두 '하느님께'라는 말이 첫머리에 적혀 있었다. 나는 그 일기장을 편안하게 사용하지 못했다. 작은 자물쇠가 달려 있기는 했어도, 모든 식구들이 할 수만 있다면 틀림없이 이 일기장을 읽어 보려 할 것이라고 확신했기 때문이다. 사람이 바글거리는 집에서 내가 속내를 털어놓을 수 있는 친구로 선택한 것은 하느님이었다.

대가족 속에서 내가 느낀 외로움이 일찌감치 나타난 우울증 증상인지 줄곧 궁금했다. 어쩌면 그것은 아이들이 흔히 느끼는 감정일 수도 있었다. 나는 든든한 어른들에게 말할 수 없는 고민들을 의식하고 있었다. 이런 식의 외로움이 때로는 자유로운 해방감을 안겨 줄 수 있다. 내 경우에는 책을 읽는 것이 혼자가 될 수 있는 즐거운 방법이었다. 유일한 방법일 때도 많았다. 그러나 일찍부터 나와 주위 사람들 사이에 불편한 거리감이 생겨났다는 데에는 의심의 여지가 없다. 나는 혼자서 말없이 남들을 지켜보며 따로 떨어져 서 있었다. 내가 남들 생각만큼 행복하지 않다는 것도 알고 있었다. 나의 고민은 눈에 보이지 않았고, 나는 계속 그것을 드러내지 말아야 한다고 생각했다.

나는 이렇게 속으로 고민을 하면서도 겉으로는 수줍어하거나 불안해하는 모습을 전혀 드러내지 않았다. 집 밖에서 동네 아이들과 놀 때 나는 더 자유로웠다. 자전거 경주, 길거리 야구, 나무 타기, 담장 위 걷기 등이 재미있었다. 몸을 움직여서 하는 일에는 용감무쌍했으므로, 말괄량이처럼 구는 것이 여자아이라서 겪는 문제들에 대처하는 최선의 방법임을 깨달았다. 사람들과 잘 지내는 법도 알고 있었기 때문에, 속으로 느끼는 외로움과 겉으로 드러난 사교성이 계속 평행선을 그렸다. 자아가 둘로 갈라진 채로 나는 아무 문제 없는 척하는 일에 도사가 되었다.

내가 열두 살 때 아버지가 맨해튼에 새로운 직장을 구하셨다. 식구들은 점점 근교 도시로 편입되고 있던 펜실베이니아 농촌의 더 큰 집으로 이사했다. 원래 살던 집보다 북쪽이었다. 처음으로 나만의 방을 갖게 된 나는 공립학교라는 멋진 신세계에서 7학년을 시작했다. 어린 시절에 받은 가톨릭 교육으로 내 머릿속에는 지나치게 활발히 활동하는 양심과 잔인한 자기비판이 자리 잡고 있었다. 세월이 흐른 뒤 영 선생이 "이렇게까지 강력한 슈퍼에고는 본 적이 없다"고 말할 정도였다. 워터스 박사는 나 자신에 대한 "감정이입이 부족하다"고 말했다. 세세한 부분과 정리 정돈에 신경을 쓰는 성격, 착한 사람이 되고 싶다는 욕망과 무슨 일을 하든 최대한 잘하고 싶다는 욕망은 바로 어린 시절 우리 집과 학교의 분위기가 만들어 낸 것이었다. 깊숙이 내면화된 수치심(성과 몸에 대한 수치심도 주입되어 있었다)과 더불어 이 모든 것이 초기 우울장애와 완벽하게 맞아 떨어졌다.[39] 내 마음속에는 항상 수치심이 살고 있는 좁은 구석이 있다. 내가 부모님과 조부모님의 세상에서 얼마나 많이 떨어졌든, 내가 성취한 것이 얼마나 되든 변하지 않는다.

세월이 흐르면서 압박감을 견딜 수 없게 되자 나는 가끔 반항했다. 열여섯 살 때는 어느 일요일 아침에 식구들이 모두 미사에 갈 준비를 하고 있는데 나는 가지 않겠다고 선언하기도 했다. 매주 미사는 똑같았다. 신부님은 지루하게 미사를 진행하시고, 신도들은 생기 없이 응답하고, 서로 어색해하며 영성체를 하러 앞으로 나갔다. 설교는 공허하고 진부했다. 이 모든 것 때문에 미칠 것 같아서 나는 성당 대신 근처의 퀘이커교 예배당까지 걸어가겠다고 선언했다. 부모님이 격노했지만 나는 차에 타지 않겠다고 버텼고, 결국 우리는 각자의 길을 갔다. 또 다른 주말에는 매주 여동생들과 함께 돌아가며 하던 욕실 청소를 하지 않겠다고 말했다. 변기 옆에 무릎을 꿇고 바닥을 닦다 보면 머리끝까지 화가 났다. 남자 형제들은 하지 않아도 되는 일이었기 때문이다. 마침 날씨가 몹시 좋아서 나는 자전거를 타고 친구들을 만나러 갔다. 그리고 집에 돌아와 어머니가 욕실 청소를 했음을 알게 되었다. 반항은 필연적으로 이렇게 부메랑이 되어 죄책감이라는 형태로 나를 강타했다.

방에서 혼자 책을 읽거나 음악을 들으며 시간을 보내고 싶다는 생각이 점점 강해졌을 때 나는 내가 '감수성이 예민하다'는 사실을 조금씩 깨달았다. 감수성은 시와 책에 대해 내가 품고 있는 흥미와도 관련되어 있으므로 좋은 일인 것 같았다. 고등학교 2학년 때 나는 사교적인 가면을 완전히 벗어 버렸다. 행복하고 인기가 있어서 심지어 남의 부러움까지 사던 내 이중 자아의 일부를 버린 것이다. 이제는 친구도 만나지 않고 데이트도 하지 않았다. 고등학교는 온통 시시하고 지루하고 무의미했다. 빨리 대학에 가고 싶어 견딜 수가 없었다. 나중에 알게 되었지만, 이것이 확실하고 장기적인 나의 첫 우울증 에피소드였다. 한밤중에 말똥말똥 누운 채 불안감에 가슴이 죄어들어서 숨쉬기가 힘들어지던 기억이 난다. 나는 몹시 짜증스러우면서도 동시에 사랑이든 열의든 즐거움이든 아무것도 느껴지지 않는다는 사실을 인식했다. 나는 졸업 무도회는 물론이고 졸업식에도 가지 않았다. 그 대신 여동생과 함께 블루리지산맥을 통과해 동쪽에 있는 아우터뱅크스의 해변까지 자동차 여행을 했다. 야외에서는 항상 숨을 쉬기가 더 편했다. 이렇게 오랫동안 우울을 경험하면서도 나는 부모님에게 털어놓을 생각을 한 번도 하지 못했다. 부모님 또한 사실을 알았더라도 나를 정신과 의사에게 보일 생각을 하지 못했을 것이다. 또는 부모님이 보기에는 평범한 10대의 고뇌처럼 보이는 현상에 사용할 수 있는 약이 나와 있는 줄도 전혀 몰랐을 것이다.

내가 어린 시절 우리 집의 분위기와 당시의 문화적 환경을 대략적으로 설명한 것은 스트레스가 심한 집안 환경에 내가 어떻게 반응했는지 보여 주기 위해서이다. 부모님이 너무 지쳐서 아이들 하나하나의 자신감을 키워 주는 데 신경을 쏟지 못하는 우리 집이 특별히이상한 것은 아니었다. '감정지능'은 아직 주목을 끌지 못했고, '육아parenting'라는 단어는 아예 존재하지도 않았다. 우리 부모님은 여섯자녀를 반드시 대학에 보내겠다면서 몸을 아끼지 않았다. 그 점에서 우리는 정말 운이 좋았다. 아버지는 대학 시절 부모님의 집에 살면서 슈퍼마켓에서 일했다. 어머니는 고등학교에서 취업반을 선택했으므로 졸업한 뒤 경리 직원으로 취직했다.

힘든 환경이 아이들에게 생리적인 흔적을 남겨 발달 중인 신경 연결 통로를 바꿔 놓는다는 사실이 지금은 확실히 알려져 있다.[40] 어린 시절의 스트레스와 상실을 우울증과 설득력 있게 연결시킨 연구 결과가 지난 수십 년 동안 아주 많이 나왔기 때문에 이제는 그 상관관계를 현실로 받아들일 수 있게 되었다. 최근의 연구에서는 또한 태아가 어머니의 스트레스에 장기간 노출되면 시상하부-뇌하수체-부신(HPA) 축이 평생 동안 과활성화되어서 우울증을 비롯한 여러 문제에 더 취약해진다는 결과가 나오고 있다.[41] HPA 축은 스트레스에 대응해서 활성화되는 신경내분비계의 일부로서, 멜랑콜리아 환자에게서 코르티솔이 걷잡을 수 없이 분비되는 원천이기도 하다. 아이들은 워낙 흡수성이 크고 무방비하기 때문에, 부모의 감정이 물속을 통과하는 번개처럼 아이들을 통과해 지나간다. 어린 시절에 부모를 잃거나 부모의 사랑을 잃는 등 어떤 형태로든 상실을 경험한다면, 아이는 그것을 거의 감당할 수 없는 스트레스로 받아들인다. 우울증이 보편적으로 널리 퍼져 있는 스트레스 등과 밀접하게 연관된 질병이라면, 우울장애가 이처럼 흔하게 발견되는 것도 놀라운 일이 아니다.

죄책감과 수치심 또한 어린이에게는 스트레스가 된다. 어린 시절 내가 겪은 일들이 나중에 우울증에 걸리는 데 단순한 우연 이상의 역할을 했을 것이라는 나의 오랜 짐작은 최근 새로운 연구 결과가 발표되면서 옳은 것으로 확인되었다. 워싱턴대학 연구팀은 뇌에서 감정과 지각에 관여하는 앞뇌섬엽의 크기가 지나친 죄책감을 드러내는 우울한 아이들의 경우 그렇지 않은 아이들에 비해 더 작다는 사실을 발견했다.[42] 이런 아이들은 나이를 먹으면서 재발이 잘 되는 만성적인 우울증에 걸릴 가능성이 높았다. 이 연구의 제1저자인 앤드루 벨든은 지나친 죄책감이 우울증을 예언하는 요인으로 오래전부터 인정받았지만, "우리의 연구 결과는 어린 시절의 죄책감이 섬엽의 축소를 예언한다고 시사하는 듯하다"면서 어린 시절의 우울증이 두뇌의 변화를 예언할 수 있다고 썼다. MRI 검사 결과들은 두뇌의 여러 영역과 우울증을 연관시키는 증거를 점점 더 많이 보여 준다. 이런 해부학적 특징들이 우울증의 원인인지 결과인지를 항상 명확히 알 수 있는 것은 아니지만, 이 연구에 나타난 것처럼 일찍부터 치료가 필요한 아이를 가려내는 데에는 도움이 될 수 있다.

내가 퇴원할 때 내 담당의 두 사람은 모두 심리적인 문제가 내게 가장 시급한 것이라고 믿는 듯했다. 나를 외래환자로 담당할 워터스 박사를 처음 만났을 때 나는 출산 직후 아이를 잃은 데서 촉발되었음이 분명한 우울증 에피소드를 한 번 겪은 뒤 아직 그 여파에서 벗어나지 못한 상태였다. 유명한 정신분석가이기도 한 병원 원장이 워터스 박사에게 보내 준 내 퇴원 기록에는 내가 입원한 다음 날 영 선생이 제이크와 내 부모님에게서 가족사를 듣고 적어 둔 메모도 포함되어 있었다. 나는 그날 영 선생과 가족들이 만난 자리에 참석하지 않았으므로, 세월이 흐른 뒤 영 선생의 보고서를 처음 읽으면서 다른 사람의 눈을 통해 나를 바라보는 기분이 이상했다.

개인사

환자의 과거사는 어느 시점에도 의미심장한 문제가 없는 듯 보인다는 점에서 무엇보다 놀랍다. 환자는 일관되게 아주 높은 수준의 기능을 유지했으며, 에고 자원 동원성이 줄곧 상당히 안정적이었다. 환자는 뉴 잉글랜드의 유명 대학을 우수한 성적으로 졸업한 우등생이며, 졸업 뒤 맨해튼에서 북 디자이너로 일했다.

발병 전의 성격

환자는 항상 사람들과의 관계에 제한을 두고, 소수의 친구들만 유지하며 가족들에게 크게 의지했던 것으로 보인다. 타인들과 소통하는 능력은 사실 상당히 좋은 편이지만, 수줍음이 많고 조용히 안주하는 성격 때문에 상당히 제한적인 생활을 했다.

과거 병력

환자는 과거 정식으로 정신과 관련 접촉을 한 적이 없고, 정상/신경증 스펙트럼 중 적절한 범위를 벗어난 기분과 정서의 변화를 장기적으로 보인 적이 없다. 현재의 에피소드는 전문가의 도움이 필요한 최초의 심리적 에피소드다.

치료를 위한 권고 사항

이 환자에게는 장기적으로 집중적인 개인 치료를 하면서 통찰력 중심으로 접근하는 것이 필수적이다. 노르트립틸린을 계속 복용할 것을 권고한다.

제이크와 내 부모님은 가족력을 묻는 그날의 만남에서 나를 학교에서나 직장에서나 항상 잘 적응하며 훌륭한 성과를 거둔 사람으로 묘사한 만큼, 내가 우울증 때문에 자살 충동을 느꼈다는 사실뿐만 아니라 나중에 마음속 깊이 불행하다는 점을 인정한 것에 대해서도 완전히 놀랄 수밖에 없었다. 이 점 또한 내 자아가 둘로 나뉘어 있었음을 시사한다. 남들 앞에서 나는 그들이 보고 싶어 하는 모습, 즉 사람들과 잘 지내며 능력도 있는 모습을 보여 주었다. 그러나 속으로는 내가 처한 상황을 묵묵히 받아들이고 혼자서 불행을 감당하려고 애썼다. 그런데도 '발병 전의 성격' 항목에서 식구들은 나를 수줍음이 많고, 안주하는 성격이고, 인간관계가 제한된 사람으로 묘사했다. 내가 보기에는 이미 적어도 가벼운 우울증을 앓고 있는 듯한 모습이다. 만약 내가 남들 앞에 겉치레로 내보이던 행복한 모습이 이런 것이었다면, 내 연기가 그리 좋지는 않았던 셈이다. 그렇다 해도 식구들에게는 이렇게 말이 없고 조용하며 '제한된' 내가 익숙했던 것 같다.

영 선생은 장기적인 심리치료를 강력히 권고했다. 노르트립틸린을 계속 복용하는 것은 이에 비해 덜 중요해 보인다. 영 선생은 이 보고서에서 나의 대상관계object relation(결혼 생활에서 불평등한 역학 관계)에 대한 통찰력을 보여 주었지만, 우리는 내가 전에도 우울증 에피소드를 경험한 기억이 있는지에 대해서는 이야기를 나눈 적이 없었다. 만약 그런 에피소드가 있었다면, 내인성 장애가 이미 옛날부터 존재했으며 여러 번 재발했다는 뜻이 될 것이다. 영 선생은 내가 결혼 생활의 문제를 어떻게 해결하는지에 따라 예후가 달라질 수 있다고 본 것 같다. 퇴원 서류에는 병원 측이 치료에서 정신역동적인 측면에 중점을 두었음이 강조되어 있다.

당시 나는 퇴원 후의 치료에서 심리치료가 더 중요한 요소이며, 약은 내가 세상으로 돌아가는 과정에서 재발을 막아 주는 역할을 한다는 인상을 받았다. 영 선생과 마찬가지로 워터스 박사도 정신분석학을 공부한 사람이었다. 우리는 정신이상을 동반한 멜랑콜리아 에피소드가 무엇을 불러올 수 있는지에 대해서는 한 번도 언급하지 않았다. 워터스 박사는 내 결혼 생활을 넘어 어린 시절까지 나와 함께 거슬러 올라가는 동안 계속 항우울제를 처방해 주었다. 나를 당시의 상태로 이끈 요인들을 모두 훑어 내기 위한 치료였다. 나는 어렸을 때 느낀 외로움과 슬픔을 10대 때와 20대 초반에도 간헐적으로 느꼈음을 차츰 알아차렸다. 내가 언젠가 약 없이도 살 수 있는 날이 오겠느냐고 물으면, 워터스 박사는 자신 있게 대답할 수 없는 질문이지만 확실히 가능한 일이기는 하다고 대답했다.

그 뒤로 몇 년 동안 우울증 에피소드가 계속 재발하면서, 내가 고등학교 때 처음 스스로에게 말하기 시작한 생각, 즉 **나한테 뭔가 문제가 있다는 생각**이 단순히 10대 청소년의 흔한 불안감이 아니라 진실이었음이 더욱더 분명해졌다. 내가 오랫동안 알아차리지 못한 채 짊어지고 살아온 기분장애가 바로 나의 문제였다. 그런데 이 문제는 내 성격의 내성적이고 비관적이고 자기비판적인 측면과 구분하기가 힘들었다. 어렸을 때부터 가정교육을 통해 만들어진 내 성격의 여러 요소들, 즉 조용히 입을 다물고 자신을 억제하는 것과 언뜻 안주하는 성격처럼 보이지만 사실은 죄책감 때문에 남에게 쉽게 양보하는 버릇이 어느 정도 내 문제로 이어졌음이 분명했다. 유전과 교육이 지닌 힘을 생각하면, 사람이 성년기에 이를 때까지 사고방식과 감정에 아주 깊이 각인된 버릇들을 심리치료나 약이 바꿔 줄 수 있을 것이라고 기대하는 것은 너무 지나친 일이다. 게다가 나는 그런 버릇들을 고쳐 보려고 노력하기 시작한 시기가 아주 늦었다.

사람이 스스로 우울증을 앓으며 살아왔음을 서서히 깨닫고 그 덕분에 새로운 시각으로 과거의 경험들을 선명히 바라볼 수 있게 되는 과정에 대해 헤아릴 수 없이 많은 환자들이 언급한 바 있다. 우울증을 앓는 사람 수백 명을 면담한 사회학자 데이비드 카프는 이렇게 점차 상황을 파악하는 과정을 설명하는 틀을 제공해 준다. 환자가 자신의 상태를 이처럼 점차 인정하기 위해서는 약을 복용할 필요가 있다는 사실을 받아들이고, 질병 때문에 생겨난 한계에 맞춰 자신의 기대를 조정해야 한다. 카프의 책『슬픔에 대해 말하자면』을 읽었을 때 나는 이 각성 과정의 네 단계에서 모두 나의 과거를 보았다. 카프는 이렇게 썼다. "내가 면담한 사람들은 모두 우울증과 관련된 자신의 문제와 자아를 바라보는 관점에서 이러한 정체성의 전환점을 통과했다."

1. 적당한 말을 찾지 못해 자신의 경험에 우울증이라는 이름표를 붙이지 못하는 **초기 단계**.
2. 자신에게 정말로 문제가 **있다**는 결론을 내리는 단계.
3. 환자를 치료 전문가의 세계로 밀어붙이는 **위기 단계**.
4. 이런 문제가 생긴 원인에 대해 직접 가설을 세우고 우울증을 극복할 가능성을 평가해 보는, **환자로서의 정체성을 이해**하기 시작하는 단계.

카프는 다음과 같이 썼다. "이 단계들을 거칠 때마다 자아의 재정의가 필요하다."[43] 병이 완전히 자리를 잡을 때까지 전문가에게 도움을 청하지 않는 사람이 많은 것은 이 과정이 느리게 진행되기 때문인지도 모른다. 처음 두 단계는 내가 어렸을 때 막연히 슬픔을 인식하던 시기와 고등학교 때 점점 불안감이 깊어지던 시기에 해당한다. 세 번째 단계는 애나를 잃은 뒤의 위기와 일치한다. 그러나 환자로서의 정체성을 이해하기 시작하는 단계, 즉 약을 먹을 필요가 있음을 인정하는 네 번째 단계에는 아주 오랜 시간이 걸렸다.

내가 태어나던 해에 롤란트 쿤이 발견한 이미프라민이 내가 처음으로 처방받은 약이었다. 비록 광고와 달리 이 약이 나를 입원과 전기충격치료에서 구해 주지는 못했지만, 만약 내가 한두 달만 더 일찍 그 약을 먹기 시작했다면 광고와 같은 효과가 있었을 것이라고 나는 상당히 확신한다. 삼환계 약물의 혈중 농도가 치료 효과를 낼 만큼 쌓이는 데에는 여러 주가 걸릴 수 있다. 게다가 나는 이미 병이 깊어져서 자살 충동을 느끼는 상태로 그 약을 먹기 시작했다. 처음 자살 시도를 하기 겨우 2주 전이었다. 자살 충동을 느끼는 환자들은 항우울제를 먹기 시작한 뒤 몇 주 동안 잘 감시할 필요가 있다. 약효가 돌기 시작하면서, 그동안 병 때문에 움직이지 못하던 환자들이 행동을 취할 수 있게 되기 때문이다. 기분이 나아지기 전에 몸에 기운이 먼저 돌아온다면, 그 기운을 바탕으로 삼아 자살을 시도하게 될 수 있다. 내 경우가 그랬던 것 같다. 그래서 내가 병원에 입원한 뒤 의료진은 계속 이미프라민을 처방하면서 약이 효과를 발휘하기를 기다리기로 했다. 그러나 이 계획은 나의 두 번째 자살 시도로 끝났다.

ECT가 끝나고 2주쯤 뒤에 내가 두 번째로 처방받은 약은 역시 삼환계 약물인 노르트립틸린이었다. 이미프라민처럼 이 약에도 문제가 아주 없지는 않았다. 퇴원한 뒤 나는 이 약을 먹으면서 찐 살도 빼고 체력도 다시 기르기 위해 일주일에 몇 번씩 달리기를 하려고 했다. 그러나 천천히 편안한 속도로 달려도 심장이 걱정스러울 정도로 빨리 뛰었다. 맥박이 분당 180을 넘을 정도였다. 아직 나이가 젊고 몸도 비교적 건강한 편이었으니, 훨씬 더 힘든 운동을 해야만 이 정도 맥박이 나오는 것이 정상이었다. 맥박 때문에 나는 달리기를 멈추고 걷다가 다시 천천히 뛰곤 했다. 아침에 침대에 가만히 누워 있을 때의 맥박도 평소보다 훨씬 빨랐다. 워터스 박사의 처방으로 심전도검사를 받은 결과, 빠른맥이 확인되었다. 삼환계 약물을 복용할 때 흔히 나타나는 증상이다. 마침 내 기분이 막 안정되던 참이었으므로, 워터스 박사는 약을 바꾸고 싶어 하지 않았다. 그래서 내게 달리기는 그만두고 대신 걷기만 하는 것이 어떻겠냐고 제안했다.

삼환계 약물은 노르에피네프린과 세로토닌을 증가시킬 뿐만 아니라, 다른 신경전달물질에도 영향을 미친다. 히스타민과 아세틸콜린도 여기에 포함되는데, 그 때문에 진정 작용과 점막 건조 증상이 나타난다. 이런 부작용들 때문에 나는 내가 정신적인 병을 앓는 환자임을 매일 되새길 수밖에 없었다. 그래서 한두 달 동안 기분이 나아지기만 하면 즉시 약을 끊었지만, 곧 절망의 골로 점차 미끄러져서 다시 약을 먹기 시작했다. 그렇게 여러 달 동안 기분이 나아져서 다시 약을 끊고, 다시 우울해져서 또 약을 먹는 생활의 반복이었다. 내가 정기적으로 정신과 의사의 진료를 받고 있었으므로, 이런 방법이 차라리 더 안전했다. 심리치료는 심리적 지원과 통찰력을 제공해 주었지만, 저변에 깔린 생리학적 장애까지 해결해 주지는 못했다. 나는 첫 번째 자살 시도로부터 8년 뒤 또 자살 충동 단계를 겪은 뒤에야 멋대로 추락하는 내 기분을 붙잡아 두기 위해서는 약이 반드시 필요하다는 사실을 깨달았다.

7

프로작의 약속

1985년에 친구의 결혼피로연에 참석했을 때, 대학 시절 알던 어떤 여자가 내게 아기가 그렇게 되었다니 너무 유감이라면서 내가 신경쇠약에 걸렸다는 말을 들었다고 말했다. 나는 당황해서 그게 아니라 **임상적 우울증**이라고 대답했다. 당시 그 여자는 의대생이었으므로 내 말을 알아들을 것 같았다. 1년 전 퇴원한 뒤부터 나는 그 용어를 쓰고 있었지만, 사실 내가 겪은 극한의 상태를 잘 표현해 주는 말 같지는 않았다. 내가 신경쇠약에 걸렸다는 말을 부정한 것은, 내 신경이 문제를 일으켰다는 주장을 뒤로 밀어내려는 시도였다.

믿기 힘들겠지만, 1980년대 중반까지도 우울증은 일반 사람들에게 병으로 그리 확실하게 인식되지 않았다. 어디에나 쓸 수 있는 용어인 '신경쇠약'은 수십 년 전의 과거가 남긴 잔재였다. 그때는 사교 생활에서 물러나거나 일을 쉬어야 할 만큼, 심지어 한동안 정신 질환자

시설에 가 있어야 할 만큼 사람이 무너지는 모든 경우를 완곡하게 에둘러서 신경쇠약이라고 표현했다. 정신 소모, 정신병, 알코올중독 같은 용어들이 모두 수치심으로 얼굴을 붉히며 '쇠약'이라는 단어 아래에 웅크리고 있었다.

그런데 겨우 10년 뒤 '우울증'이라는 말이 사방에서 들려왔다. 20세기가 끝날 무렵에는 우울증이 대유행병이 되기라도 한 것처럼 항우울제를 복용하는 사람들이 많았다. 내가 우울증을 진단받은 시기가 1980년대 중반이라는 것은, 나 또한 대량 실험의 대상이 된 우울증 환자 세대에 속한다는 뜻이다. 우리는 가장 흔하게 사용되던 과거의 약들, 즉 이미 효과가 입증되어 널리 알려져 있던 삼환계 약물에서 새로운 유형의 약으로 옮겨 갔다. 이 새로운 약의 특성, 위험성, 장기적인 효과는 아직 확실치 않았다. 선택적 세로토닌 재흡수 억제제, 즉 SSRI라고 불리는 이 약 중에 가장 먼저 출시된 것이 프로작이다. 정신과 의사를 한 번도 만나 본 적이 없는 사람들조차 이 약을 복용하는 대열에 대거 합류했다. 그래서 곧 일반 개업의들이 항우울제 처방전을 대부분 작성하게 되었다. 이것이 얼마나 대단한 혁명이었는지 이해하려면, 1975년에 항우울제를 복용한 경험이 있는 미국인이 전체의 4퍼센트에 불과하고 그해의 연간 항우울제 매출이 약 3억 달러를 넘지 못했다는 점을 먼저 알아두어야 한다. 그런데 프로작이 출시되고 겨우 7년 뒤인 1995년에는 프로작의 매출만 20억 달러에 이르렀다. 또한 프로작 출시 20년 뒤인 2008년까지 항우울제를 복용하는 미국인의 수는 무려 400퍼센트나 증가했다. 이제 우울증은 "흔한 감기 같은 정신 질환"[1]이 되었다. 이렇게 짧은 기간에 이토록 극적인 변화가 일어난 원인이 무엇일까?

지금 돌이켜 보면 확실히 프로작이라는 단 하나의 약이 커다란 몫을 차지하고 있다. 정신의학의 경전이라는 『DSM-III』도 그렇다. 이 책은 질병의 이름과 진단에 대해 완전히 새로워진 시각을 담고 1980년에 모습을 드러냈다. 이 두 가지 요인 덕분에 우울증의 정의가 더 광범위해졌고, 이 병의 파악과 치료에 대한 대중의 관심이 훨씬 더 늘어났다. 제약 업계의 마케팅도 여기에 도움이 되었다. 병을 진단하고 처방전을 쓰는 사람은 의사지만, 그들은 너무 바빠서 옛날에 먹던 약이 이제 한물가 버린 이유와 새로운 약을 시도해 봐야 하는 이유를 잘 설명해 주지 않을 때가 있다. 새로 나온 약이 정말로 옛날 약보다 좋은가? 아니면 단순히 제약 업체의 놀라운 마케팅이 의사를 통해 성공을 거뒀을 뿐인가? 이런 질문을 던지는 대신 환자들은 그냥 처방약을 먹으며 결과가 좋기만을 바란다. 1980년 이후로 변한 것들을 요약해서 말하려면 어쩔 수 없이 상세한 설명은 불가능하겠지만, 그래도 내게 유용했던 지식 중 일부를 여기에 밝히겠다. 약의 효능과 한계를 내가 받아들이게 된 경위에 대한 설명도 곁들일 것이다.

정신 질환을 효과적으로 치료할 수 있는 방법을 찾으려는 사람들에게 근본적인 의문은 역사적으로 두 가지였다. 첫 번째 의문인 **'환자의 몸에서 증상의 원인을 찾을 수 있는가?'**는 기능장애의 저변에 깔린 생리적인 과정에 대한 탐색으로, 생물의학적인 시각이 여기에 초점을 맞추고 있다. 두 번째 의문인 **'환자의 삶에 증상의 원인이 있는가?'**는 과거와 현재에 환자가 겪은 일에서 갈등이나 스트레스의 원인을 찾으려는 노력으로 이어져 정신역동적 시각의 중심이 되었다. 첫 번째 시각은 환자의 몸을 치료하려 하고, 두 번째 시각은 사람을 치료하려 한다. 20세기에 이 두 시각 사이의 권력투쟁을 통해 질병의 진단과 분류를 위한 모델이 만들어졌으며, 이를 통해 치료를 받은 수많은 환자들의 삶도 달라졌다.

역사가 에드워드 쇼터는 단호히 생물의학적인 시각 편에 서서 다음과 같이 썼다. "정신의학의 역사에서 중심을 차지한 인물은 프로이트가 아니라 크레펠린이다."[2] 20세기 미국에서 정신의학의 추는 크레펠린에게서 프로이트에게로, 그다음에는 『DSM-III』이 나오면서 다시 크레펠린에게로 이동했다. 1856년에 모라비아에서 태어난 지그문트 프로이트보다 딱 3개월 먼저 독일에서 태어난 에밀 크레펠린은 처음 일을 시작했을 때부터 정신 요양소에서 가장 심각한 정신질환을 앓는 환자들을 돌봤다. 그는 자신이 돌보는 환자들의 과거와 현재를 최대한 추적해서 병이 진행되는 과정을 체계적으로 연구했다. 환자 한 명당 카드 하나씩을 만들어 최초의 진단명을 적은 다음, 시간이 흐르면서 진단명이 어떻게 달라졌는지를 기록하는 것이 그의 연구 방법이었다. 퇴원한 환자가 나중에 다시 돌아와 입원하면 크레펠린은 카드에 그 환자의 변화를 적었다. 이렇게 몇 년 동안 기록을 계속하다 보니, 질병의 분류법이 점차 눈에 보이고 병의 원인과 결과 또한 짐작할 수 있게 되었다.[3] 그는 조발성치매(정신분열증의 옛 명칭─옮긴이)라고 불리던 젊은이들의 정신병이 뚜렷한 특징을 지니고 있으며, 생물학적인 원인을 지니고 있을 가능성이 높다는 것을 알게 되었다. 그 뒤로 크레펠린은 정신병을 두 종류로 나눴다. 정서적인 요소가 없는 병과 있는 병(오늘날의 용어로는 기분장애다). 그는 교과서적인 저서 『정신의학 개론』을 1883년부터 1927년까지 아홉 번에 걸쳐 수정해 펴내면서 자신의 생각을 계속 다듬었다.

크레펠린 덕분에 명확히 파악할 수 있게 된 정신병은 셋이다. 정신분열증, 그리고 오늘날 우리가 양극성 우울증과 단극성 우울증이라고 부르는 것(크레펠린은 이 둘을 같은 병의 다른 증상으로 보고,[4] 그 병을 조울병이라고 불렀다). 멜랑콜리아는 두 우울증에 모두 나타났지만, 크레펠린의 관찰에 따르면 모든 우울증 환자에게서 조증 상태가 나타나는 것은 아니었다. 두 우울증에서 모두 한동안 증세가 저절로 좋아지는 듯하다가 다시 원래대로 돌아가는 현상도 보였다. 현재『DSM』에서 주요우울증과 양극성장애는 별도로 분류되며 치료법도 다르다. 그러나 이 두 병의 유전성과 생물학적 토대가 서로 밀접하게 연관되어 있는 것으로 보이므로,[5] 이 둘을 같은 병의 다른 증상으로 본 크레펠린이 옳았을 가능성도 있다.

크레펠린은 "우리가 주의를 쏟아야 하는 것은 정신적인 생활의 **물리적 기초**에 나타난 혼란… 이해력, 기억력, 판단력의 혼란, 환상, 환각, 우울, 의지력의 행사에 나타난 병적인 변화"[6]라고 강조하면서, 정신 질환 진단을 위한 의학적 모델을 확립했다. 그는 뮌헨대학에 정신의학과를 신설했으며, 1917년 독일정신의학연구소가 문을 여는 데에도 힘을 기울였다. 이 연구소에서 학자들은 정신 질환의 생리적 토대를 발견할 수 있으리라는 희망을 품고 뇌의 해부학, 유전학, 신진대사 등을 연구했다. 크레펠린은 이런 질환의 원인에 대한 프로이트 이론을 거부했는데, 정신분석학에 과학적인 토대가 없다고 보았기 때문이다.[7]

크레펠린의 의학적 모델은 미국에서도 중요한 순간에 영향력을 발휘했다. 정신 요양소에서 근무하는 정신과 의사들의 협회(미국정신의학회의 전신)가 1918년 정신병리학적 상태에 대한 안내서를 만들 때였다. '기관들이 정신병에 적용할 수 있는 통계 편람'이라는 제목의 이 책에는 22개의 진단 카테고리가 수록되었으며, 집필자들은 크레펠린처럼 거의 모든 경우에 뇌의 기능 이상이 존재할 것이라고 가정했다.[8] 그러나 그 뒤로 수십 년 동안 뇌의 병증에 대한 확고한 증거가 여전히 잘 손에 잡히지 않으면서, 이런 견해가 뒤로 물러났다. 정신과 의사들은 사고와 행동의 혼란을 설명하는 방법으로 점차 프로이트의 심인성 이론에 의지하게 되었다.[9]

미국에서 이런 변화가 일어나는 데에 주로 기여한 사람은 영향력 있는 정신과 의사인 아돌프 마이어와 칼 메닝거였다.[10] 그들은 정신병과 건강이 연속선상에 존재한다는 프로이트의 신념을 받아들였다. 스위스 태생으로 코넬대학 정신의학과 교수를 지낸 뒤 존스홉킨스 스크립스클리닉 원장이 된 마이어는 수십 년 동안 엄청난 권위를 행사했다. 1921년 그는 화이트플레인즈 블루밍데일병원의 100주년 기념식에 연사로 참석해 달라는 요청을 받았다. 내가 나중에 입원한 바로 그 병원이다. 마이어는 그날 연설에서 사람이 "살면서 겪는 문제들"이 "사람의 정신과 몸 전체와 그 활동을 위험에" 빠뜨린다고 강조했다.[11] 정신 질환은 살아가며 겪는 여러 상황에 사람의 마음과 몸과 성격이 제대로 적응하지 못했을 때 나타나는 반응이었다. 이런 시각에서 뻗어 나온 해로운 이론 중 하나인 1950년대와 1960년대의 '냉장고 어머니refrigerator mother' 이론은 자폐아가 대인관계에서 위축된 모습을 보이는 것은 정서적으로 차가운 어머니 때문이라고 주장했다. 다시 말해서 자폐증은 신경학적인 반응이 아니라 심리적인 반응이라는 것이다.

미국에서 일찌감치 정신분석학을 배운 정신과 의사 중 한 명인 칼 메닝거는 "프로이트보다 더 프로이트적"[12]이라고 자평했다. 그는 아버지, 남동생과 함께 캔자스주 토피카에 메닝거 재단 및 클리닉을 세워, 환경에 대한 부적응이 정신 질환을 유발한다는 원칙을 수천 명의 학생들에게 가르쳤다. 전쟁, 사랑 없는 가족, 빈곤, 사회적 억압 등 환경이 주는 스트레스는 정신 신경증을 유발할 수 있으며, 심한 경우 정신병을 일으키기도 한다. 메닝거는 서로 다른 질병 유형 사이의 임상적인 차이에 초점을 맞추지 않고 대신 이렇게 썼다. "형태를 막론하고 모든 정신 질환이 질적으로는 같고 양적으로만 다르다고 생각할 것을 제안한다."[13] 예를 들어 멜랑콜리아와 가벼운 우울증은 정도의 차이가 있을 뿐, 질적으로는 똑같다는 것이다. 메닝거는 "환자에게서 관찰되는 부적응이 어떻게 생겨났는지, 갑작스러운 괴팍함 또는 절망적이거나 공격적인 폭발의 의미가 무엇인지, 증상 뒤에 무엇이 있는지"를 밝혀내는 것이 정신과 의사의 임무라고 단언했다.

미국정신의학회는 1952년에 펴낸 『DSM-I』과 1968년에 펴낸 『DSM-II』에서 프로이트, 마이어, 메닝거의 계보를 공식적으로 인정했다. 이 책에 실린 정신 질환 카테고리 중에는 다양한 유형의 반응과 신경증이 포함되어 있다. 미국정신의학회는 또한 모든 정신과 의사가 프로이트 이론과 정신역동 개념을 배워야 한다고 권고했다.[14] 따라서 미국 내 주요 도시에 정신분석 교육기관들이 생겨나기 시작했다.[15] 정신분석가가 대부분의 대학에서 정신의학과 학과장이 되었으며, 대부분의 정신병원에서도 의학적인 부분을 모두 관장하는 자리에 앉았다. 내가 나중에 치료받게 될 병원도 마찬가지였다. 정신 질환이 생리적 바탕에 대한 연구는 수십 년 동안 시들해졌고, 진단 기법을 더 명확히 다듬는 연구도 같은 길을 걸었다. 대부분의 정신과 의사들은 정신병동에 입원한 절박한 상태의 환자들보다는 비교적 가벼운 정서적 문제를 갖고 개인 병원을 찾는 환자들을 상대했다. 정신분석으로 정신병을 치료하려고 실제로 시도한 의사들도 있었지만 결과는 몹시 나빴다.

1970년대까지는 기본적으로 이런 상태가 이어지면서, 정신의학이 과연 정당한 학문인지 의심받는 지경에 이르렀다. 점점 세를 불려가던 반反정신의학 운동의 지도자 토머스 사스는 진단 카테고리가 합당한지 의문을 던졌다. '우울증이 질병인가?'라는 주제로 벌어진 토론에서 사스는 우울증이 병리학 교과서에 포함되지 않았음을 지적했다. 그리고 뇌의 병증은 부검하지 않는 이상 확인하기 힘들다는 당시의 현실을 무시한 채 "병리학적 증거를 내놓으라"[16]고 요구했다. 사회학자 어빙 고프먼, 정신의학자 R. D. 랭 등도 역시 정신의학에 반대하면서, 정신병 진단명이 실제 병명이라기보다는 사회적 비정상에 붙인 꼬리표인 경우가 더 많다고 주장했다. 1973년에 동성애 운동가들이 『DSM-II』에서 동성애 항목을 없애는 운동을 벌여 성공한 것은 이들의 주장이 옳다는 증거가 되었다. 그때까지 동성애는 사회병질적 성격장애로 분류되어 있었다. 같은 해에 스탠퍼드대학의 데이비드 로즈넌 교수는 정신병 진단이 얼마나 임의적으로 이루어지는지를 폭로했다. '정신 나간 곳에서 제정신을 유지하는 것에 대하여'라는 제목으로 발표한 글에서 그는 어떤 실험 결과를 설명했다.[17] 이 실험에서 그를 포함한 실험 참가자 여덟 명은 병원 여덟 곳을 찾아가 "털썩", "비었어", "공허해"라고 말하는 목소리가 들린다고 말했다. 병원들은 그들을 모두 입원시켜 정신분열증 진단을 내리고 항정신병 약을 처방했다. 입원 뒤에는 그들 모두 정상적인 행동을 보였는데도 소용없었다. 이 모든 사건들과 주장들은 정신의학의 대중적인 이미지에 나쁘게 작용했다.

미국정신의학회는 이런 도전에 맞서 1974년 『DSM』 개정을 위한 특별 팀을 만들었다. 진단 카테고리의 선을 새로 긋기 위해서였다. 그들의 목표는 진단의 균일성을 확립하는 것이었다. 어떤 환자든 『DSM』을 이용하는 의사와의 면담을 기반으로 똑같은 진단을 받게 하는 것. 이 특별 팀의 한 구성원은 많은 정신과 의사들의 심정을 다음과 같이 표현했다. "정신과 의사들이 엄청난 수치심을 느끼고 있어서, 우리의 진단법이 진짜 의학에서 사용되는 과학적인 진단법에 못지않다는 것을 항상 보여 주고 싶어 한다."[18] 이 특별 팀을 이끈 정신과 의사 로버트 스피처는 정신역동적인 시각의 결과가 분명하지 않다는 점에 역시 좌절감을 느끼고 있었기 때문에, 『DSM-III』을 "정신의학적인 문제에 적용되는 의학적 모델을 옹호하는 책"[19]으로 만들자고 제안했다. 여러 위원회들은 카테고리별로 설정 기준을 모아 토론을 벌이고, 각각 증상 몇 개를 진단의 기준으로 삼을 것인지 의견을 모았다.

스피처의 회상에 따르면 이 새로운 안내서를 만드는 과정은 결코 평화롭지 않았다.[20] 정신역동적인 치료를 신봉하는 사람들은 변방으로 밀려난 기분이었으며, 신경증 진단명들을 안내서에 넣지 말아야 한다는 스피처의 주장에 불만을 품었다. 그렇게 되면 보험회사들이 신경증 치료에 비용을 지불하지 않고, 대신에 '장애'라는 용어를 선호할 것이 분명했다. 여기서 더 나아가 생물학적 기능장애가 정신 질환

익 기초라는 가정이 채택되고, 연구를 촉진하기 위해 새로 마련된 진단 카테고리들이 등장할 예정이었다. 크레펠린으로부터 1세기가 흐른 뒤 정신의학은 과학적인 뿌리로 되돌아가서 의학의 한 분야로 다시 진지하게 받아 줄 것을 요구하고 있었다.

새로 만들어진 진단명인 주요우울장애는 『DSM-III』의 집필자들이 정신건강과 질병 사이에 명확한 선을 긋기가 얼마나 어려웠는지를 보여 주는 사례다. 주요우울장애 진단을 받으려면 적어도 2주 동안 아래의 핵심 증상 둘 중 하나가 나타나야 했다.[21]

☐ 우울한 기분
☐ 평소 활동에 대한 관심이나 즐거움 상실

또한 다음의 증상들 중 적어도 네 가지가 적어도 2주 동안 나타나야 했다.

☐ 식욕 부진이나 현저한 체중 변화
☐ 불면증이나 과다 수면증
☐ 정신운동성 초조 또는 지연
☐ 성욕 감소
☐ 피로 또는 기력 상실
☐ 무가치한 존재라는 느낌이나 자책감, 또는 지나치거나 부적절한 죄책감
☐ 사고력이나 집중력 감소 또는 결단력 부족
☐ 죽음이나 자살에 대한 생각 반복 또는 자살 시도

핵심 증상 중 하나와 기타 증상 중 네 개가 나타나면 그 병에 걸린 것이다. 핵심 증상 중 하나와 기타 증상 중 세 개만 나타나면 병에 걸리지 않은 것이다. 롤란트 쿤의 환자들이 병원에 입원하게 만들었던 질병이자 이미프라민과 ECT에 확실한 반응을 보이는 질병인 멜랑콜리아의 증상들이 여기 이렇게 나와 있다. 하지만 멜랑콜리아의 증상이 아닌 것도 있다. 이 목록 아래에는 구체적이고 상세한 조건들이 있다. 예를 들어 '멜랑콜리아' 항목 밑에 더 섬세한 진단을 위한 자체 메뉴가 있고, '정신이상의 특징'이라는 항목도 있다. 그러나 주요우울장애의 증상 메뉴를 보면 반드시 떠오르는 의문이 있다. 불면증을 지닌 사람과 과다 수면증을 지닌 사람이 같은 병을 앓는 것인가? 정도의 차이가 나는 이 다양한 증상들이 모두 똑같은 생리적 기능장애에서 유래하는가? 그럴 수도 있고 아닐 수도 있다.[22] 사람이 우울해진 경위나 이유는 중요하지 않았다. 진단에 필요한 기준을 충족하는지가 중요했고, 그것은 대체로 짧은 면담만으로 파악할 수 있었다.

장애와 비非장애 사이에 명확한 선을 그으려는 노력의 일환으로 '주요우울증'이라는 용어가 새로운 논란의 대상이 되었다. 이 새로운 안내서를 사용하는 정신과 의사들은 환자들 사이에 주요우울증 에피소드(MDE)가 부쩍 "크게 유행"[23]하고 있다고 보고했다. 예를 들어 브롱크스 VA 메디컬센터의 한 의사는 "약물치료나 심리치료 대상으로 전혀 고려되지 않아야 마땅한 아주 가벼운 우울증 환자들 중 많은 사람들이 MDE 기준을 충족시킨다"고 지적했다. 앨런 호위츠와 제롬 웨이크필드는 저서에서 주요우울장애의 정의가 너무 광범위해서, "1980년 이전에 존재했던 내인성, 외인성, 신경성 우울증은 물론 심지어 정신병적 우울증에 이르기까지 이질적인 범주들을 모두" 포함한다고 지적했다.[24] 『DSM-III』은 이 모든 범주에 속하는 사람들은 물론 그냥 평범하게 슬픔에 잠겨 있을 뿐인데도 이 기준을 충족하는 사람들까지도 이제 증상 완화를 위해 약물 복용을 권유받는 상황을 만들어 냈다.

이런 상황을 감안할 때, 8년 뒤 프로작의 등장은 그보다 더 시의적절할 수가 없었다. 『DSM-III』이 없었다면, 그래서 우울증의 정의가 크게 넓어지지 않았다면, 어떤 신약이든 이렇게나 시장을 호령했을 것 같지는 않다. 또 하나의 행운은 1988년 5월 국립정신보건연구(NIMH)가 우울증을 치료하지 않았을 때의 위험을 널리 알리기 위해 대중과 개인을 대상으로 한 야심 찬 프로그램인 '우울증 인식, 인정, 치료(DART)'를 시작했다는 점이다.[25] NIMH와 함께 이 프로젝트에 참가한 파트너들 중에는 의료인에게 교육적인 자료를 제공해 달라는 요청을 받고 참가한 여러 제약 회사도 있었다. 그중에서 일라이 릴리 사社는 세로토닌을 늘려 주는 약의 가치와 우울증에 대해 설명한 소책자 800만 부를 의사들에게 배포했다. 프로작이 전국의 약국 선반에 진열된 지 겨우 몇 달 뒤의 일이었다. DART 같은 선도적인 프로그램이 우울증인 줄도 모르고 있던 많은 사람에게 도움이 되었음은 분명하다. 우울증을 치료하지 않고 방치하는 것보다는 병이 아닌데도 병으로 진단받는 편이 장기적으로 봤을 때 훨씬 더 가벼운 문제인 것도 확실하다. 그러나 릴리가 DART 프로그램에 참가한 것은 전략적 마케팅을 위한 신의 한 수였다. 릴리는 또한 일반 개업의들이 최대한 간단하게 약을 처방할 수 있게 하기 위해서 프로작을 20밀리그램 캡슐 한 형태로만 출시했다.

《미국 정신의학 저널》에 실린 초창기 광고에는 이 약을 처방할 의사들이 프로작의 작용 기전을 시각적으로 상상할 수 있게 그림이 곁들여졌다. 풍선처럼 생긴 신경 말단에 밝은색 공 모양의 세로토닌이 가득 들어 있는 그림이다. 세로토닌은 긍정적인 기분과 관련된 신경전달물질이다. 이 그림 옆의 글귀는 이 제품의 특별한 점을 설명한다. "독특하고… 특효가 있다. 프로작(플루옥세틴염산염)은 세로토닌 재흡수를 대단히 특효 있게, 대단히 강력하게 억제하는 최초의 약이다. 프로작. 미국 정신과 의사들이 항우울제로 가장 많이 처방하는 약."[26] 이 항우울제가 뇌의 화학적 불균형을 바로잡을 수 있다는 주장을 널리 알리기 위해 릴리는 우울증을 금방 이해할 수 있게 해 주는 설명을 새로 내놓고, 우울증은 흔한 병이고 치료가 가능하며 누구의 잘못도 아니라는 믿음을 사람들에게 심어 주었다. 그 덕분에 사람들이 이약을 더 편안히 요구할 수 있게 되었다. 만약 우울증이 널리 퍼진 병이라면 혼자만 낙인이 찍힌 것 같은 기분을 느낄 필요가 없지 않은가. 오래전부터 환자들이 차마 입에 담지 못하던 우울증에 관해 사람들이 떠들어 대는 소리가 곧 여기저기서 들리기 시작했고, 누구나 본인은 프로작을 복용하지 않더라도 주위에는 이 약을 복용하는 사람이 반드시 있게 되었다. 이 마케팅 전략에서 정말로 기민한 점은, 정신역동 정신의학이 반드시 품을 수밖에 없는 기본적인 의문들을 조용히 회피했다는 것이다. 살면서 겪은 어떤 일들이 이런 증상의 뒤에 있는 가? 이런 증상의 의미 또는 해석 방법은 무엇인가? 이런 질문들에 신경 쓰는 사람은 없었다. 프로작이 확실히 효과가 있었으니까. 뇌의 화학적 구성과 관련된 문제라는데, 누구든 그 이상 자세히 알 필요는 없었다.

시냅스들이 더 많은 세로토닌을 이용할 수 있게 해 준다는 장점을 지닌 프로작이 나올 수 있었던 것은 클로르프로마진이나 이미프라민처럼 정신에 영향을 미치는 약물들을 기반으로 신경생물학 연구가 점점 발전한 덕분이었다. 1950년대 중반까지 학자들은 뇌 조직에서 신경전달물질을 찾아냈을 뿐만 아니라, 신경계에서 화학 신호가 오가는 과정을 점차 파악하기 시작했다. 생화학자 줄리어스 액설로드는 이미프라민이 뉴런들 사이의 시냅스에서 노르에피네프린의 재흡수를 막아, 뇌 회로 사이의 통신에 노르에피네프린이 더 많이 이용될 수 있게 해 준다는 사실을 알아냈다.[27] 이미프라민이 효과적인 신호 전달에 필요한 물질과 상호작용을 한다는 증거였다. 정신분석학을 공부한 정신과 의사 조셉 실드크로트는 병원에서 자신이 담당한 입원 환자들의 증상이 이미프라민 덕분에 개선되는 것을 보고 문득 "여기에 새로운 세계가 있다. 약리학에서 정보를 얻는 정신의학의 세계"라는 생각을 했다. 액설로드를 비롯해 여러 사람이 내놓은 주장, 즉 우울증이 노르에피네프린 부족과 관련되어 있다는 주장을 확신한 실드크로트는 1965년에 장차 정신의학 학술지에서 가장 많이 인용될 논문을 발표했다.[28] '정서장애의 카테콜아민 가설'이라는 제목의 이 논문에서 그는 우울증에 대한 화학적 불균형 이론을 내놓았고, 이 이론은 나중에 항우울제를 대중에게 판매하는 데 결정적인 역할을 했다.

1960년대 말 이전에 스웨덴의 약리학자 아르비드 칼손은 삼환계 항우울제 중 일부가 세로토닌 재흡수를 막는다는 사실을 알아냈고,

이로써 세로토닌 부족과 우울증이 관련되어 있다는 새로운 이론이 만들어졌다.[29] 칼손 연구팀은 항히스타민제를 이용한 연구에서 세로 토닌 재흡수를 막는 지멜리딘이라는 분자를 찾아냈는데,[30] 이미프라 민 등 다른 삼환계 약물만큼이나 효과가 있을 것 같았다. 일라이 릴리 의 한 연구팀은 칼손의 이런 연구에서 아이디어를 얻어, 1972년 항히 스타민제를 기반으로 한 많은 종류의 화합물을 시험한 결과 세로토 닌의 재흡수를 억제하는 것으로 보이는 물질 하나를 찾아냈다. LY-110140으로 불리던 이 물질이 나중에 플루옥세틴염산염이 되었고, 더 나중에는 프로작이라는 이름을 갖게 되었다.

칼손의 항우울제는 1981년에 유럽에서 출시된 뒤 미국 출시를 앞 두고 있었으나, 신경질환인 길랭-바레 증후군이 산발적으로 보고되 는 바람에 출시가 취소되었다. 따라서 미국 시장은 릴리 앞에 무주공 산으로 열려 있었지만, 플루옥세틴의 항우울제 효과는 1985년에야 비로소 무작위 임상시험을 통해 입증되었다.[31] LY-110140이 연구 를 통해 처음 발견되어 개발 단계와 시험을 거치고, 마침내 허가를 받 아 시장에 모습을 드러낼 때까지는 모두 합해 16년이라는 시간이 걸 렸다. 릴리는 나이키 같은 거대 브랜드를 만들어 낸 회사인 인터브랜 드와 계약을 맺어 이 약에 딱 맞는 이름을 짓는 일을 맡겼다. 인터브 랜드의 담당 팀은 이렇게 말했다. "우리는 항우울제라고 하면 전형적 으로 떠오르는 강력한 화학약품, 부작용, 급격한 기분 변화 등과 의도 적으로 거리를 두기 위해 프로작이라는 이름을 만들었다."[32] '프로'와 '작'이라는 음절은 전문적이고 활기찬 느낌을 주기 위해 만들어진 것 이었다.

프로작은 처음부터 1990년대의 문화적 시금석이었다. 새로운 상징이 된 초록색과 상아색 캡슐이 1990년대 초입에 《뉴스위크》 표지에 커다랗게 실렸다. 그 옆에는 '프로작의 약속: 획기적인 우울증 약'이라는 헤드라인이 있었다.[33] 이 기사는 이 약을 가리켜 '기적의 약'이라고 주장했다. 《뉴욕타임스》는 "지금껏 나온 항우울제 중 최고"[34]라고 평가했고, 정신과 의사 피터 크레이머는 베스트셀러 저서 『프로작에 귀를 기울이다Listening to Prozac』에서 사람을 덜 수줍고 더 자신감 있게 만들어서 더 성공할 수 있게 해 줄 만큼 성격을 바꿔 놓는 약의 의미에 대해 고찰했다. 크레이머는 이 책에서 이른바 '정신약리학적 성형'[35]을 통해 사람들이 스스로를 향상시킬 수 있는 미래를 포용하는 듯이 보였다는 점에서 많은 비난의 대상이 되었다. 그러나 이런 미래를 생각한 사람은 크레이머뿐만이 아니었다. 신경과학은 정신과 뇌를 새로이 이해할 수 있게 해 줄 뿐만 아니라, 정신 질환의 치료를 위한 새로운 해결책도 내놓을 수 있을 것 같았다. 언론인과 과학자 모두 약이 사람의 성격과 능력을 향상시켜 줄 미래가 멀지 않았다고 상상했다. 한 기사는 이런 약들이 "환자"보다는 "이미 고도의 기능을 보이는 사람들"을 위해 만들어져, "…그들의 기억을 비옥하게 하고, 지능을 강화하고, 집중력을 높이고, 내면의 기분도 좋은 사람처럼 변하게할 것"이라고 주장했다.[36] 조지 부시 대통령이 '뇌의 10년'[37]이라고 명명한 시기 직전에 나온 프로작은 낙관적이고 야심 찬 이러한 전망과잘 맞아떨어졌다.

프로작 스타일의 2세대 항우울제가 초기에 거둔 놀라운 성공에서 분명한 것은 그들이 유난히 효과적인 약이라는 점이 아니라, 수많은 사람이 그 약에 기대를 걸며 가졌던 변화의 열망이 강력한 호소력으로 작용했다는 점이다. 사람들은 더 단호하고, 호감이 가고, 명랑하고, 성공적인 사람으로 변해 가는 데 SSRI가 도움이 되기를 바랐으며, 사회는 그들의 믿음을 부추겼다. 그러나 이런 약을 복용한 수많은 사람들이 원하는 변화를 경험하지 못한 것은 사실 미리 예상한 일이었다. 이 약은 화학물질일 뿐, 기적의 약이 아니었기 때문이다. 따라서 처음 이런 약에 기대를 품고 흥분했던 사람들은 곧 미몽에서 깨어나 약에 대한 정상적인 기대만을 갖게 되었다.

릴리가 결국 프로작이라는 이름으로 시장에 내놓은 분자식(플루옥세틴염산염)은 오랜 세월에 걸친 개발 기간 동안 누구에게도 기적의 약 같은 놀라움을 안겨 주지 못했다. 1981년 프랑스의 한 신경과학자는 플루옥세틴 같은 약이 아직 임상 약으로 출시되지 않은 것은 "무시할 수 없는 부작용 때문"이라고 지적했다.[38] 이 종류의 약들이 중추신경계에 영향을 미쳐, 불안감, 불면증, 구토 등을 유발하는 것이 문제였다.[39] 소화기관이 반응을 보이는 것은, 체내의 세로토닌 중 90퍼센트가 소화관에서 합성되기 때문이다. 여기서 세로토닌은 소화를 조절하고 배고픔이나 포만감을 뇌에 전달하는 역할을 한다. SSRI가 전체적으로 세로토닌에 영향을 미치기 때문에, 소화기에서도 증상이 나타나는 것은 불가피하다. 그러나 몸이 약에 적응하면 소화기 증상은 가라앉는 경향이 있다.

지금은 이런 부작용 외에도 훨씬 더 많은 부작용이 SSRI 항우울제를 복용할 때 나타날 수 있다고 기록되어 있으나, 처음에 이 약들이 나왔을 때는 이런 증상들이 제대로 알려지지 않았다. 가벼운 수준에서 심각한 수준에 이르는 성 기능 장애, 예를 들어 오르가슴에 쉽게 도달하지 못하는 증상 같은 것이 대다수의 환자에게서 나타났다. 처음에 릴리는 이 비율을 5퍼센트로 보았으나 실제로는 무려 70퍼센트나 되었다. 2014년에 나온 '히버드 헬스 레터'에 따르면, "SSRI를 복용하는 많은 환자에게서 성적인 흥미, 성욕, 성 기능, 성적인 만족감 중 일부 또는 전부가 감소하는 증상이 나타났다".[40] 프로작과 삼환계 약물의 큰 차이점은, 이른바 항콜린 증상이 사라져서 입안이 마르지도 않고, 몸이 늘어지지도 않고, 기운이 난다는 점이었다.

삼환계 항우울제는 여러 신경전달물질에 영향을 미치고, 모노아민산화효소억제제(MAOI)는 신경전달물질을 파괴하는 효소의 작용을 억제하는 반면, 프로작은 세로토닌에만 작용한다. 릴리는 그래서 이 약이 "깨끗하다"고 주장했다. 비교적 부작용이 덜하다는 뜻이다. 프로작이 나왔을 때, 초창기 삼환계 항우울제와 MAOI 항우울제는 특허 기간이 끝난 뒤였으므로 제조업체들이 굳이 광고할 필요가 별로 없었다.[41] 삼환계 약물에 비하면 프로작은 과용하더라도 안전한 편이었다.[42] 삼환계 약물을 먹을 때는 의사가 계속 지켜보면서 환자의 혈중농도를 살펴 가장 효과적인 복용량을 파악해야 했다. MAOI 약물을 먹을 때는 식단에 주의해야 했다. 특정 음식이 이 약과 상호작용을 일으켜 목숨이 위험할 만큼 혈압을 높이기 때문이다. 프로작은 이런 문제가 전혀 없는 듯했다. 과거에 나온 덜 화려한 약에 비하면 캡슐 하나당 가격이 무려 스무 배나 되었지만, 그만한 돈을 치를 값어치가 있는 것처럼 보였다.

다른 제약 회사들도 곧 프로작의 뒤를 이어 비슷한 약을 내놓았다. 이 종류의 약을 모두 가리키는 약칭 SSRI는 스미스클라인비첨사社가 1993년에 팍실을 내놓으면서 만든 말이다. 화이자사社의 졸로프트는 1992년에 나왔고, 포리스트사社의 셀렉사는 1998년에 나왔다. 경쟁이 치열해지면서 판돈도 높아졌다. 처음에 릴리는 정신의학 학술지에만 광고를 싣다가 나중에는 일반 잡지까지 영역을 넓혔다. 제약 회사들은 1997년에 대약진 시기를 맞았다. FDA(미국 식품의약국)가 텔레비전 광고를 허용했기 때문이다. 이로써 의약품 광고가 완전한 승리를 거둬,[43] "의사에게 문의하세요!"라는 제약 업계의 지령이 일반 가정까지 뚫고 들어갔다. 2001년에는 종류를 막론하고 미국에서 가장 잘 팔리는 약 10종 중 3종이 SSRI 항우울제였다.[44] 같은 해 프로작에 대한 릴리의 특허권이 만료되었다. 특허권이 살아 있던 13년 동안 일라이 릴리가 프로작으로 기록한 매출은 210억 달러였다.[45] 이 기간 동안 이 회사의 수입 중 약 30퍼센트에 해당하는 금액이다. 미국 의사들이 작성한 이 약의 처방전은 무려 2,700만 장에 달했다.

릴리처럼 SSRI를 제조하는 제약 회사들에 화학적 불균형이 우울증의 원인이라는 이론은 성공의 열쇠였다. 점점 경쟁이 치열해지는 사회에서, 부족한 신경전달물질을 보충해 줄 수 있는 약은 저항할 수 없는 매력을 갖고 있었다. 신경전달물질이 부족해지면 사람이 본연의 능력을 모두 발휘할 수 없게 될 가능성이 있기 때문이었다. 정신과 의사 조너선 메츨은 자신을 찾는 환자들이 이런 말을 한다고 썼다. "화학적 불균형 때문에 내가 결혼을 못하고 있어요." "잡지《셀프》에서 프로작 광고를 봤는데, 이게 바로 내 얘기구나 싶었어요."[46] 이 이론이 워낙 널리 받아들여지고 항우울제 광고에도 아주 많이 등장했기 때문에, 대중의 머릿속에는 이것이 사실로 박혀 버렸다. 졸로프트의 유명한 텔레비전 광고에서는 '신경 A'와 '신경 B' 사이를 지나가는 분자들이 화학적 불균형을 나타내는 가운데, 슬픈 물방을 하나가 우울증 또는 사회적 불안감 때문에 괴로워하며 한숨을 내쉰다.[47] 많은 사람들이 이 애니메이션을 귀엽게 보았기 때문에, 슬픈 물방울이 동굴에서 나와 기뻐하는 동안 조용한 목소리기 한참 동안 읽이 주는 수 많은 부작용 목록에는 주의를 기울이지 않았다. 실드크로트가 논문에서 어디까지나 **가설**이라고 강조했던 것도 잊혔다. 이 가설이 뇌의 신진대사와 내분비계 교란은 물론 기타 생리학적 요인과 심리적 요인도 관련된 "몹시 복잡한 생물학적 상태를 기껏해야 환원주의적으로 지나치게 단순화한 것"[48]이라는 그의 말도 역시 망각 속에 묻혔다.

화학적 불균형 이론보다 더 나은 이론이 없었으므로, 정신과 의사들이 이 소박한 이론에 의지한 데에는 용서받을 여지가 있을 것도 같다. 대니얼 칼랫은 2002년에 출시된 어떤 SSRI 항우울제에 관해 우울증 환자와 나눈 대화를 다음과 같이 묘사했다.[49] "나는 렉사프로가 뇌 안의 세로토닌 양을 늘리는 방식으로 작동하며, 다른 항우울제에 비해 부작용이 적은 것 같다고 설명했다." 그러나 이 약의 작용 기전을 이해하기는 쉽지 않았다고 한다. "렉사프로가 신경 시냅스의 세로토닌 양을 늘려 주지만, 우울증이 세로토닌 감소로 인해 생기는 장애라는 직접적인 증거가 없기" 때문이다. 칼랫은 약 복용을 꺼리는 환자들에게 설명할 때 화학적 불균형 이론이 특히 유용했다고 밝혔다. "이런 용어를 사용하면 그들의 병이 지닌 생물학적인 측면이 더 강조되기 때문에, 정신병 환자라는 말에서 부정적인 낙인의 이미지를 일부 덜어낼 수 있다. 내가 그런 용어를 사용하면서 은연중에 전달하고자 하는 메시지는 '당신의 병은 생물학적인 요인으로 생긴 것이므로 당신의 잘못이 아닙니다. 그냥 생각만으로는 그 병을 치료할 수 없습니다.'이다."[50]

"당신의 병은 생물학적인 요인으로 생긴 것이므로 당신의 잘못이 아닙니다." 우울증 환자들은 이런 말을 무척 듣고 싶어 한다. 당뇨 환자에게 인슐린이 필요하듯이 우울증 환자에게도 항우울제가 필요하다는 말을 많은 환자들이 듣게 될 것이다. 나도 담당 정신과 의사에게서 이 당뇨병 비유[51]를 처음 들었다. 의사는 내게 프로작을 한번 먹어 보라고 권하면서 이 비유를 꺼냈다. 당시 나는 몇 년 동안 가능하면 항우울제를 먹지 않으려고 애쓰던 중이었다. 상태가 심할 때만 약을 먹고 좀 좋아지면 약을 끊는 식으로 지속적인 약 복용을 꺼렸다. 내가 단순히 살면서 힘든 시절을 겪고 있는 사람이 아니라(뭐, 그런 측면도 있기는 했지만) 우울증 환자라는 사실이 점차 분명해지고 있었다. 별거와 이혼, 미래와 직장에 대한 불안감, 이 모든 것이 지속적인 스트레스의 원인이 되어 나는 점점 우울증 에피소드 재발에 취약해졌다.

결국 나중에 나 또한 프로작을 복용하게 되기는 했으나, 이 약이 처음 등장했을 때는 그 존재를 알지 못했다. 당시는 지금보다 조용하던 시절이었다. 인터넷도 없고, 항우울제 텔레비전 광고도 없었다. 릴리가 FDA에서 우울증 치료제로 프로작을 승인받은 1987년 말까지 나는 북 디자이너로 일하면서 파트타임으로 강의를 들어, 문학 석사과정을 끝냈다. 처음에는 프리랜서로 일했지만, 나중에는 커피 탁자에 놓아 둘 수 있는 근사한 책을 만드는 출판사에서 정식 직원으로 낮은 월급을 받으며 장시간 일하는 생활을 했다. 그러다 출판 쪽 일을 아예 그만두고, 맨해튼에서 원예 사업을 하는 친구 밑에서 일하며 이제 무엇을 할지 고민해 보았다. **무엇을 생각해도** 아닌 것 같고, 내 자아는 너무 큰 상처를 입어 무기력하게 마비된 것 같아서 니는 어떤 결정도 내릴 수 없는 상태였다.

날이 갈수록 기분이 어두워지는 가운데 애나가 태어났다가 떠나간 날이 다가왔다. 나는 점점 잠을 잘 이루지 못하게 되었다. 내가 만족스러운 일을 찾아내지 못해 미래에 대한 희망을 잃은 건지 아니면 내 영혼 자체가 고장 난 건지 판단을 내릴 수 없었다. 계속 내 인생이 나와 동떨어진 것 같고, 앞으로 집도 직장도 없이 혼자 떠돌아다니는 내 모습만 머리에 떠올랐다. 내가 퇴원한 뒤 폴에게서 온 편지가 기억났다. 아직 병원에서 퇴원을 기다리던 폴은 이렇게 말했다. "재미있어, 메리. 난 지금도 좀 슬프고 외로워져서 먼 허공을 바라보거든, 어떤 때는 내게 행복이 조금도 남지 않은 것 같기도 해. 그냥 리튬(조울병 약-옮긴이)이 날 지탱해 주기를 바랄 뿐이야." 그는 일상생활에서 도움과 지지를 얻을 수 있는 환경에 배치될 예정이었다. 그는 "아마 내게 마련해 줄 수 있는 최고의 환경"일 것이라고 말했다. 나는 그동안 내내 내 상태가 점점 나아지고 있다고, 나보다 더 많이 아파서 정상적인 생활을 나만큼 해낼 수 없는 병원의 친구들에 비하면 운이 좋은 편이라고 생각하고 있었다. 내가 운이 좋은 것은 맞았다. 하지만 나는 폴이 편지에 쓴 상태, 즉 실존적인 외로움과 두려움을 느끼는 상태로 다시 빠져들고 있었다.

오래된 폴더에서 나는 계속 병이 재발하는 나의 병든 자아에 대한 두려움을 토로한 글귀들을 발견했다. 1988년 1월의 어느 화창한 오전(우연한 일이지만, 프로작이 출시된 직후였다) 타자기로 작성한 글이었다. 창문 바깥의 솔송나무 가지에서 눈이 녹아내리고, 이웃집 지붕에는 아지 여기저기 눈이 쌓여 있었다. 나는 조용한 집에서 혼자 시간을

보내며, 눈 뜬 채 겪고 있는 악몽을 글로 표현했다.

사람이 아무도 없는 커다란 집이 보인다. 지붕널에는 페인트 벗겨진 자국이 잔뜩 있고 바닥에는 먼지가 두텁게 쌓여 있다. 이 집에 살던 사람들은 어딘가로 떠나 버렸다. 널찍한 복도 끝의 마지막 방에 있는 붙박이장 문이 살짝 열려 있다. 나는 방을 가로지른다. 사방이 고요해서 내 발소리가 말도 안 되게 크게 울린다. 붙박이장으로 다가가 유리 문고리를 잡으면서 나는 점점 무섭다 못해 두려워진다. 이상한 전율이 내 몸으로 들어온다. 처음에는 거의 유쾌하게 느껴질 정도지만, 곧 나는 내 감정을 깨닫는다. 공포다. 나는 생각이 바뀌기 전에 재빨리 문을 연다. 붙박이장 안에는 빛이 흘러넘친다. 처마 밑에 자리한 붙박이장이라 천장이 아래로 경사를 그리고 있다. 어떤 여자가… 보인다. 여자는 내게서 고개를 돌리고 있다. 바닥에서 몸을 잔뜩 웅크린 채로. 처음 여자는 놀란 표정을 짓더니, 곧 나를 알아본 듯 잔인한 눈빛으로 바뀐다. 여자는 아무 소리도 내지 않고 나와 시선을 마주치다가 마치 늑대처럼 고개를 뒤로 젖힌다. 그러자 천으로 뒤덮인 몸에서 침묵을 산산이 부수는 울부짖음이 솟아나온다. 그 소리가 내 귀를 꿰뚫어 고통이 내 머리를 가득 채우는 바람에 나는 비틀비틀 뒷걸음질 치며 방을 빠져나오고, 집을 빠져나와 달린다. 그 여자가 누군지 알기 때문이다. 내 얼굴에서 내가 남들과 똑같은 척 사람들을 속이기 위해 사용하는 착하고 정상적인 표정을 벗겨 내면, 바로 그 여자와 똑같은 모습이 될 것이다. 나는 그 여자가 있는 곳에 가까워져 있었다. 시간이 멈추는 그곳. 내가 더 이상 나 자신을 돌볼 수 없어서 반드시 어딘가에 갇혀 지내야 하는 곳.

내 안에 모종의 원인이 있어서 내가 사랑을 주고받을 수노, 가정생활을 할 수도, 인간세계의 일부가 될 수도 없는 존재로 변해 가고 있다는 이런 두려움을 억눌러야만 나는 앞으로 나아가려고 노력할 수 있었다. 나는 정말로 **정신병**에 걸린 것인지도 모른다는 이 두려움을 계속 억눌렀다(앞에 인용한 글을 수십 년 뒤 처음으로 읽으면서 나는 당시의 내가 아마 모르고 있었을 어떤 사실을 거기서 발견했다. 바닥에 웅크린 여자의 자세는 내가 병원 샤워실에서 거의 성공할 뻔한 자살 시도를 했을 때의 자세와 똑같았다). 대개 나는 스스로 정신병자라고 생각하지 않았지만, 이런 악몽들이 돌아올 때마다 그 사실을 인정해야 할지도 모른다는 두려움이 들었다. 내 삶을 제대로 살아가는 것이 확실히 힘들어졌고, 자신감도 흔들렸다. 이런 에피소드가 파도처럼 나를 휩쓸고 갈 때면, 그나마 내가 이룩했던 자그마한 진전조차 함께 쓸려 나갔다. 매번 나는 점점 줄어들기만 하는 힘과 의지력과 희망을 긁어모아 나만의 작은 오두막을 새로 지어야 했다.

최근 나는 워터스 박사에게 그동안 내게 처방했던 약의 목록을 알려 달라고 부탁했다. 프로작이 막 시장에 나왔던 그해 1월에 워터스 박사는 다시 노르트립틸린을 처방했다. 내가 병원에 있을 때 처음 복용했던 그 삼환계 항우울제이다. 당시 워터스 박사는 프로작을 언급하지 않았다. 빠르게 악화되던 내 상태를 감안하면, 아직 시험을 제대로 거치지 못한 신약을 시도하기보다는 확실히 내게 효과가 있음을 확인한 약을 쓰는 편이 나았을 것이다. 같은 달 나는 컬럼비아대학 박사과정 프로그램의 특별 연구원 제안을 받아 학교로 돌아갔다. 약을 다시 먹으면서 곧 숨 쉴 여유와 희망을 느끼고, 공부에 대한 기대로 설렐 수 있게 되었다. 그해 여름 이 새로운 자유에 힘을 얻은 나는 또

약 복용을 중단했다. 내가 기억하는 한, 프로작 혁명이 조용히 시작되던 당시의 내 삶은 계속 이런 식이었다.

보통 여름에는 내 상태가 비교적 좋은 편이었다. 나는 조금 좋아졌다 싶으면 곧 약을 끊곤 했다. 계속 노르트립틸린을 먹는 것이 불편했고, 내게 계속 재발하는 심각한 병이 있다는 사실을 잘 인정할 수 없었기 때문이다. 그해 여름과 가을 내내 나는 약 없이 그럭저럭 지냈지만, 겨울이 되자 다시 심하게 우울해졌다. 별로 놀랄 일도 아니었다. 지금 생각해 보면, 내가 그 패턴을 알아차리지 못했음을 분명히 알 수 있다. 틀림없이 독자들도 알 수 있을 것이다. 그래도 기분이 좋아지면, 약의 부작용이 너무나 싫다면, 임신을 원한다면, 누구나 약을 끊고 싶어 할 것이다. 그리고 잘해 나가는 것 같다가 위기가 닥치게 된다.

이렇게 내 상태가 나빠지자(1989년이 막 시작된 때였다) 워터스 박사는 프로작을 먹어 보자고 말했다. 박사의 태도도 열정적이었고, 나 역시 기꺼이 그 약을 받아들였다. 대부분의 의사들이 비교적 온화한 프로작의 부작용에 감탄하고 있었다. 나 같은 환자들이 약을 끊는 이유 중에 부작용의 비중이 가장 컸기 때문이다. 그런 면에서 프로작은 정신과 의사들과 우울증 환자들이 내내 기다리던 획기적인 약인 것 같았다. 나는 만약 노르트립틸린을 먹을 때처럼 심계항진, 구강 건조증, 나른함, 식욕 증진 같은 부작용이 나타나지 않는다면 프로작을 계속 먹어도 될 것 같아서 기대가 컸다.

그 뒤로 몇 년 동안 나는 대학원 공부에 푹 빠져 있었기 때문에 프로작을 복용하는 사람들이 폭발적으로 늘어나는 것에 별로 주의를 기울이지 않았다. 나는 정신과 의사와의 대화를 통해 프로작이 판도를 바꿔 놓을 약으로 여겨지고 있음을 알게 되었지만, 그리 감탄하지는 않았다. 처음에는 이 약이 대단한 발전인 것 같았다. 내 기분을 바꿔 놓는 데에는 노르트립틸린과 비슷한 효과를 발휘했다. 속도가 조금 느리기는 했지만, 확실히 기분은 나아졌다. 입안이 건조해지거나, 심장이 마구 뛰거나, 체중이 느는 부작용도 없었다. 그러나 때로 오르가슴에 도달하기가 힘들기는 했다. 오래지 않아 사람들은 프로작 때문에 성생활이 힘들어졌다고 불평하기 시작했다.[52] 주요우울증 에피소드를 겪는 동안에는 확실히 욕망 따위가 전혀 느껴지지 않지만, 성적인 면에서 프로작이 일으키는 부작용은 나를 포함한 많은 사람들이 증세가 좋아지자마자 약을 끊는 원인이 되었다. 이혼 후 나는 새로운 사람들을 만나 연애를 했으므로 기분 좋은 섹스가 중요했다. 애인에게 나의 정신건강에 대해 털어놓는 일은 별로 하고 싶지 않았다.

그러다가 누군가를 만났는데, 나는 별로 기꺼워하지 않으면서도 서서히 그를 사랑하게 되었다. 내가 이 사랑을 반기지 않은 것은 누군가를 사랑하더라도 반드시 양면적인 감정 때문에(어쩌면 아주 대놓고 부정적이고 비판적이고 짜증스러운 모습, 다시 말해서 정말로 우울증 환자 같은 모습을 드러낼 수도 있었다) 나 자신의 안전은 물론 상대방의 행복까지 위험하게 만들 것 같았기 때문이다. 누군가와 진지한 관계가 된다면 다시 초조감과 폐소공포증을 느끼게 될 것 같았다. 영원히 혼자 있게 될까 봐 무서워하면서도, 위험을 무릅쓰고 결혼해서 여러 상황을 감당하는 것 역시 두려웠다.

기분이 우울할 때 나는 날카롭고 예민하고 내성적인 사람이 되었다. 따라서 짐의 특별히 넉넉한 성격을 감당하기 힘들었다. 그는 여러 면에서 나와 정반대였다. 언제나 기운이 넘치고, 생산성도 넘치고, 수다도 넘쳤다. 또한 너그럽고, 재미있고, 똑똑한 사람이기도 했다. 나와는 달리 무기력한 모습, 자기 비하, 의기소침한 모습이 전혀 없었다. 나는 그가 기본적으로 선한 사람이라고 믿었다. 그래서 오래지 않아 그에게 애나와 나의 병원 입원에 얽힌 그 어두운 이야기를 모두 털어놓았다. 결국 우리는 결혼해서 임신을 시도해 보기로 했다. 프로작이 태아에게 어떤 영향을 미치는지는 아직 밝혀지지 않았으므로 나는 약을 끊었다.

결혼식을 마친 뒤 우리는 잉글랜드 남서부를 지나 헤브리디스제도와 스코틀랜드 북부까지 올라가는 여행을 했다. 이탈리아에 사는 친구도 만나러 가고, 스위스에서 등산도 했다. 여기까지는 아주 좋았다. 여행을 마친 뒤에는 케임브리지의 셋집에 살림을 차리고, 도서관에서 하루를 보낸 뒤 저녁에 초원을 산책하는 생활을 시작했다. 종신 교수를 목표로 삼은 학자인 짐은 두 번째 저서를 쓰는 중이었고, 나는 논문을 마무리하는 중이었다.

여름이 끝날 무렵, 나는 짜증스럽고 부정적인 생각에 사로잡혀 결혼이 끔찍한 실수였다고 확신했다. 나는 누구를 만나도 절대 만족할 수 없는 사람이므로, 나를 사랑하는 사람을 모두 비참하게 만들 것 같았다. 이런 생각을 겉으로 드러내지는 않았지만, 속으로는 점점 공황 상태에 빠져들고 있었다. 겨우 몇 달 전의 행복과 밝은 생각이 이렇게 순식간에 사라진 것을 견디기 힘들었다. 누구라도 결혼 생활 초기에 할 만한 걱정들이 우울하고 허무주의적인 생각 때문에 몇 배로 증폭되고 왜곡되어서 나는 이제 무엇이 현실인지 구분할 수 없는 상태였다.

우리는 여름의 끝자락에 뉴욕으로 돌아왔다. 그리고 나는 정신과 의사에게 내 상태를 알렸다. 임신을 시도하는 중이고 이미 임신했을 기능성도 있었으므로 다시 프로작을 **복용**할 수는 없었다. 우리는 약 없이 버텨야 하는 이 어려운 시기 동안 매주 한 번씩 상담을 하기로 했다. 9월 말 컬럼비아대학에서 문학과 인문학을 가르치는 전설적인 교수가 병에 걸려 시한부 선고를 받는 바람에 내게 그의 강의를 이 어받지 않겠느냐는 제안이 왔다. 나는 거절하고 싶었지만, 그랬다가 는 다시 이런 기회가 오지 않을지도 모른다는 생각이 들었다. 이렇게 힘든 강의를 맡을 줄 알았다면 여름 내내 준비를 했을 텐데. 헤로도 토스의 『역사』에 대한 네 시간짜리 강의를 겨우 며칠 만에 준비해서, 그렇지 않아도 연약한 심리 상태로 세미나실에 들어가 스무 명 가량 의 1학년 학생들을 만나야 한다니. 유명한 교수의 강의인 줄 알고 신 청한 학생들은 나를 보고 잔뜩 실망할 터였다. 게다가 일주일 뒤에는 투키디데스의 『펠로폰네소스 전쟁사』 강의를 하고, 그다음 주에는 아 이스킬로스, 소포클레스, 에우리피데스 이 세 사람의 비극과 베르길 리우스의 『아이네이스』 등 고전 작품들을 가르쳐야 했다. 학생 두 명 이 즉시 수강을 취소했다.

나는 이런 상황을 잘 헤쳐 나가려고 애썼다. 학생들의 마음을 얻을 만큼 재미있는 강의를 하면서도, 권위적이고 자신 있게 보여야 했다. 점점 우울증이 깊어지는 중이었음을 감안할 때 참으로 해내기 힘든 임무였다. 유난히 더 상태가 좋지 않던 어느 날 아침 나는 수업을 위 해 학교 정문을 통과하다가 몸이 덜덜 떨리는 것을 깨달았다. 내가 제 대로 가르치지 못한다는 생각에 부끄러운 나머지 나는 더욱더 열심 히 노력했고, 이 스트레스에 다른 걱정거리들이 덧붙여졌다. 이미 서 른여섯 살의 나이에 임신을 시도하는 중이고, 벌써 몇 달째 약을 먹지 않았다는 것. 게다가 짐과 잘 적응해서 살아 보려고 애쓰는 와중에 내가 과연 누군가와 함께 살아갈 수 있는 사람인지 다시 자신을 의심하고 있었다.

몇 주가 흐르는 동안 거의 견딜 수 없을 정도로 불안감이 심해졌다. 나는 계속 주어진 일들을 하면서 스스로 설정한 높은 수준에 도달하려고 애썼다. 얼마 전 나는 짐에게 그 당시의 일들을 기억하느냐고 물었다. 그는 우리가 함께 지내는 동안 그때 처음이자 유일하게 내가 자살할까 봐 두려웠다고 말했다. 내가 욕실에서 오랫동안 나오지 않을 때 특히 불안해서 한두 번은 욕실 문 앞에 서서 안에 무슨 일이 있지는 않은지 귀를 기울이기도 했다고 한다. 짐이 그렇게 걱정할 만도 했다. 내 기분은 점점 아래로, 아래로 곤두박질쳤다. 11월의 어느 날 오후에는 우리가 사는 15층 아파트의 창문을 열고 저 아래의 착지점을 살펴볼 정도였다. 두 건물 사이에 좁은 통풍구가 있는 곳이었다. 내 몸이 철조망이 있는 울타리와 저 슬픈 가죽나무 사이 골목의 콘크리트 바닥에 철퍼덕 떨어져 있는 모습이 눈에 보이는 듯했다. 아직 그런 짓을 할 마음의 준비가 되어 있지는 않았지만, 어쨌든 가능성을 확인하는 중이었다.

이상한 말이지만, 나는 절망에 저항하며 무작정 앞으로 밀고 나아가는 데 그동안 워낙 집중하고 있었기 때문에 내가 얼마나 위험한 상태였는지를 그제야 비로소 깨달았다. 나는 즉시 워터스 박사에게 전화를 걸어 다시 프로작을 먹어야겠다고 말했다. 워터스 박사는 내가 그동안 계속 임신을 시도했기 때문에 임신 테스트를 먼저 한 뒤 그 결과에 따라 치료 방법을 정하자고 말했다. 놀랍게도 임신 테스트 결과는 양성이었으나, 당시 상황에서는 반갑지 않은 소식이었다.

2주 뒤 초음파검사 결과 나는 다시 유산했음을 알게 되었다. 초음파검사 담당자가 계류유산이라고 부른 나의 임신은 처음부터 유지될 수 있는 상태가 아니었다. 나는 자궁 안의 내용물을 긁어내는 수술을 마치고 집으로 돌아오자마자 프로작 캡슐을 먹었다. 2주가 조금 지난 뒤 갑갑하던 가슴이 점차 편안해지고, 두려움과 강박적인 자책이 잠잠해졌으며, 편안함과 희망이 커졌다. 항우울제가 효과를 발휘하기 시작하면 편안하다 못해 거의 즐거워진다.

그해 초에 나는 심리치료를 그만 받을까 고민해 보았다. 혼자 시도해도 될 만큼 심리치료에 대해 많이 배웠다고 생각했기 때문이다. 심리치료에는 비용이 많이 들었고, 보험이 보장해 주는 금액에도 한도가 있었다. 그러나 이제는 절대 치료를 그만두지 말아야 한다는 사실을 분명히 알 수 있었다. 워터스 박사는 내 기분이 안정될 때까지 한동안 프로작과 리튬을 함께 먹어서 약효를 강화하자고 제안했다. 오랫동안 노력했는데도 나는 무기력감과 절망감이 찾아오는 시기를 혼자 벗어날 수 없었기 때문에 약 없이 지내기에는 확실히 너무 위험했다. 워터스 박사는 나를 계속 괴롭히는 것이 하드웨어의 문제라고 말했다. 아마 생물학적인 문제라는 뜻인 것 같았다. 어렸을 때의 사고방식과 감정 등 아주 오래전에 형성된 나의 심리가 내 성격의 기반이 된 것도 문제였다. 워터스 박사는 또한 이렇게 쉽게 절망에 빠지는 성격이 나의 전부가 아니라 **일부**일 뿐이라는 점을 항상 잊지 않게 노력하라고 권유했다. 이 부분을 완전히 없애 버리지 못한다면, 최대한 작게 유지할 필요가 있었다. 바로 직전의 에피소드에서 나타났듯이, 이 부분이 일단 활성화되면 엄청나게 강력한 힘을 발휘한다는 점이 문제였다. 심한 우울증은 그 자체로서 전체처럼 느껴지지만, 그렇게 끔찍한 생각은 내 정신의 일부에 불과할 뿐이니 그런 생각이 곧 나를 규정하지는 않는다는 점을 항상 기억하도록 스스로를 훈련시키면 된다.

이렇게 생각을 정리하는 데에는 아주 오랜 시간이 걸렸다. 우울한 상태에서 자신을 명확하게 파악하기란 몹시 힘든 일이기 때문이다. 사람이 생각을 할 때는 머리와 정신을 사용해야 하는데, 정신이 병에 걸려 믿을 수 없는 상태가 되었다는 것이 문제다. 자신의 정신이 곧 자신의 적이 된 꼴이다. 끔찍한 에피소드를 여러 번 겪고 나면, 이번 에피소드가 어떨지 차츰 감이 온다(데이비드 포스터 월러스는 대학 때 쓴 글에서 이것을 '나쁜 것'[53]이라고 불렀다. 이 경험의 추상적인 개념과 끔찍함을 모두 훌륭하게 포착한 표현이다). 그러다 결국 환자는 자신이 스스로를 분열시킬 수 있음을 깨닫고 이를 실천에 옮긴다. 정신의 일부는 초연하게 거리를 유지하며, 자신에게서 빛과 생기를 모두 짜내는 그 나쁜 것을 지켜보게 되는 것이다. 이렇게 이성적으로 지켜보는 의식을 위한 공간이 조금이라도 남아 있다면, 환자는 버틸 수 있다. 그러나 그런 공간이 없다면 망상에 휩쓸려 두 번 다시 좋아지지 못할 수 있다. 예를 들어, 자살 시도가 바로 그렇게 휩쓸린 사람에게서 나타나는 행동이다. 상황이 심각할 때는 그 상황을 제대로 파악하고 감시해 줄 사람을 옆에 둘 필요가 있다.

그 사람은 경험 많은 전문가이자 환자가 완전히 믿을 수 있는 사람이어야 한다. 그 사람이 파도치는 바다 속의 환자와 연결된 구명줄을 쥐고 있기 때문이다. 그 사람은 반드시 담당 정신과 의사여야 한다.[54] 배우자, 애인, 자매, 절친한 친구는 안 된다. 이 사람들에게 환자의 절망을 모두 보여 줘도 안 되고, 환자의 목숨이 그들의 손에 달렸다는 책임감을 느끼게 해서도 안 된다. 정신과 의사는 환자 본인보다도 훨씬 더 깊숙이 환자의 생존에 관여하는 사람이다. 환자와 같은 상황에 처한 사람이 살아날 수 있다는 사실 또한 분명히 알고 있다. 처음 자살 시도를 했을 때 나는 아직 이 점을 몰라서 정신과 의사와 이런 관계를 맺지 않았다. 치료사와 환자가 치료를 위해 유대를 맺는 것이 몹시 중요한 것은 이 때문이다. 심하다 못해 자살 충동을 느끼는 우울증 환자라도 관리가 가능하다. 그 위기를 이기고 살아남으면 환자는 자신이 살 수 있음을 알게 된다. 약을 먹고, 의사와 계속 연락하면서 위기가 지나가기를 기다리면 된다.

내가 창문을 열고 아래를 내려다본 순간 마침내 결말이 다가왔다. 나는 나를 떠나려 하지 않는 이것에 몇 번이나 힘없이 무너졌다. 내 머릿속의 사나운 미친 여자가 자꾸만 밖으로 나오려고 했다. 처음 자살을 시도한 때로부터 9년이 흘렀으니, 이제 앞으로도 내 인생은 이렇게 흘러갈 것임을 인정할 때가 되었다. 정도는 그때그때 달랐지만, 우울증은 항상 나를 떠나지 않았다. 앞으로 임신을 시도할 생각이라면, 약을 먹으면서 임신을 유지하는 방법을 찾아야 했다.

필요한 결정들이 내려졌다. 나는 곧 논문을 끝내고 무자비한 취업 전선에 뛰어들 것이다. 자신감이 부족한 사람, 좋은 정신적 스승과 좋은 관계를 맺지 못한 사람, 훌륭한 아이디어로 남들을 감탄시키지 못하는 사람은 일자리를 찾기가 힘들었다. 면접을 생각만 해도 머릿속이 하얗게 변하는 내가 어떻게 면접시험을 잘 치를지 도무지 감이 잡히지 않았다. 항상 자존감이 낮고, 예측할 수 없는 순간에 자주 우울증 에피소드를 경험하는 사람이 학자로서 성공할 수 있을까? 가능하기야 하겠지만, 당시 나는 그런 일이 내게 가능할 것 같지 않았다.

박사과정도 경쟁이 심해서 스트레스가 되었다. 코스를 밟는 3년 동안 나는 수업을 위해 할당된 자료를 모두 읽어 간 적이 없다. 집중하기가 힘들었기 때문이다. 지금 생각해 보면, 누구라도 그 자료들을 다 읽을 수 없었을 것이다. 아마 대충 훑어보면서 필요한 부분만 읽어 보지 않는 한 그 많은 양을 누구도 다 감당할 수 없었을 것이다. 마침내 나는 똑같은 문장을 몇 번이나 읽으면서 책상에 앉아 있기보다는 조금 쉬는 편이 낫다는 사실을 깨닫고 달리기를 하거나 수영을 하러 나갔다. 운동은 일상의 스트레스를 풀어 주는 필수적인 요소가 되었다.[55] 그래도 세미나에서 주위의 동료들을 둘러보면 내가 아웃사이더 같았다. 내게는 그들 같은 자신감도, 성공의 욕구도 없는 것 같았다. 글을 발표해야만 살아남을 수 있는 환경에서 나는 글을 쓸 때마다 엄청난 두려움을 느꼈고 진도도 잘 나가지 않았다. 그래도 어떻게든 대학원에서 논문상을 두 번이나 받았지만, 내면의 잔인한 비평가는 계속 문장 하나하나를 실패작으로 규정했다.

버지니아 울프는 『자기만의 방』에서 내가 당시 직면한 문제를 다음과 같이 밝혔다. "남녀모두에게 삶은… 힘들고, 어렵고, 영원한 투쟁이다. 엄청난 용기와 힘이 필요하다. 어쩌면 무엇보다도, 환상으로 살아가는 우리에게는, 자신감이 가장 필요한 것인지 모른다."[56] 여러 연구에서 암시하듯이, 수많은 사람에게 계속 앞으로 나아갈 기운을 주는 자화자찬식 환상이 우울한 사람에게는 정말로 없을까?[57] 장밋빛이 덜한 우리의 미래 전망은 그냥 현실주의의 다른 모습이 아닐까? 상태가 좋을 때는 그럴지도 모르겠다. 그러나 심각한 에피소드를 겪을 때는 비관과 자기 비하가 망상의 수준에 이른다.

짐이 종신 교수 임명을 위해 무자비한 전투를 치르는 것을 지켜보며 나는 그런 경험을 이겨 낼 자아의 힘도 유연함도 없다는 것을 깨달았다. 아이도 낳아야 하는데 시간이 자꾸만 흐르고 있었다. 내게는 종신 교수를 지망하는 것보다 과거의 힘든 정신적 상처를 치유하는 것이 더 필요했다. 임신을 원한다면 파트너와 혹시 떨어져 살게 될 수도 있는(학자 부부들이 많이 겪는 일이다) 너무 먼 곳까지 구직 범위를 넓힐 수 없었다. 그해에 근처 대학 두 곳에서 면접을 보러 오라는 연락을 받지 못한 나는 좀 더 시야를 넓혀 그냥 뉴욕에 머물면서 임시 교사로 학생들을 가르치며, 프리랜서 기고가로 부족한 수입을 보충하기로 했다. 지금 돌이켜 보면 포부를 일부 덜어 낸 이 결정이 때로 비겁하게 보이지만, 확실히 당시 나의 현실을 인정한 실용적인 판단이었다. 스트레스가 우울증을 악화시킨다는 점을 감안하면, 나 자신을 보호하기 위한 현명한 선택이었다.

자신에 대한 기대를 낮추고 뒤로 물러선 것은 내가 다른 사람들처럼 일에 몰두하는 데에는 맞지 않는 사람이라는 사실을 인정한 결과였다. 그동안 '정상'으로 돌아가기 위해 힘들게 노력하던 내가 이제는 저기 앞에 '정상'이 있을 것이라는 희망을 그냥 놓아 버릴 생각이었다. 이런 결정을 내리고 나니 스트레스가 크게 줄어들었다. 짐과 나는 모두 정식으로 학생들을 가르치는 일을 했고, 몇 년 뒤에는 불임 치료도 받았다. 뒤로 물러서기로 결정했을 때, 나는 적어도 내 짐의 일부, 즉 종신 교수가 될 수 있는 일자리에 대한 희망을 내려놓았다.

나는 여전히 내가 환자라는 사실을 온전히 받아들이지 못했다. 나 자신을 '정신적으로 아픈 사람' 또는 일상생활에 불편이 있는 사람으로 생각하지 않았다. 나와 아주 가까운 사람이 아니면 내가 겪고 있는 문제나 병에 대해 전혀 말하지 않았다. 나는 주위의 유능하고 전문적인 어른들처럼 되려고 계속 노력했다. 그러나 이제는 우울증 에피소드에 대비한 여유를 마련해 두었다. 이 병이 평생 나와 함께할 것이라는 사실을 상당히 확신하게 되었기 때문이다. 따라서 낙담, 실패자라는 느낌, 절망 등 내가 필연적으로 느끼게 되어 있는 감정들에 대비한 여유도 마련해 두었다. 내가 처한 상황을 평화롭게 받아들일 수는 없었지만, 지나치게 감정에 몰두하지 않고 계속 앞으로 나아가려고 노력했다. 나의 운명을 대하는 태도도 바뀌었다. 이 운명을 추월해서 달려 나가려고 하기보다는 이해하려고 했다.

1989년부터 1992년까지 나는 한 번에 몇 달씩 프로작을 먹다가 상태가 좋아지면 또 한 번에 몇 달씩 약을 끊었다. 그러다 다시 자살 충동이 생기는 것 같아서 이번에는 성실하게 약을 먹었다. 거의 10년 동안. 2002년 겨울 우리는 런던에서 몇 달 동안 살았다. 햄스테드 히스 근처의, 곰팡내 나는 1층 플랫이었다. 나는 또 내면이 텅 비어서 죽어 버린 것 같은 상태가 되었다. 정신과 의사들은 항우울제가 환자들 "밑에 바닥을 대어 준다"고 말한다. 정확한 비유다. 기분장애가 고장 난 엘리베이터라면, 항우울제는 말하자면 지하층에서 엘리베이터의 추락을 멈춰 세운다. 그리고 여기서 더 내려가면 안 된다고 명령한다. 약을 먹지 않으면 엘리베이터는 더욱더 아래로 곤두박질쳐 자살이 가능해지는 수준이 된다. 그런데 그해 런던에서는 프로작도 내 밑에 바닥을 대어 주지 못했다. 흔히 나타나는 이런 문제의 해결책은 보통 복용량을 늘리고 다른 약을 추가하거나, 약을 바꾸는 것이다.

뉴욕으로 돌아온 뒤 나는 렉사프로(에스시탈로프람의 상품명)로 약을 바꿨다. 바로 그해에 나온 새 SSRI였다. 점차 몇 년 만에 처음이다 싶을 만큼 기분이 좋아졌다. 쾌활하고 편안한 느낌이 너무 낯설어서 이런 생각이 들었다. "이게 정상적인 사람들의 기분인가?" 뭐든 해내려고 할 때마다 무거운 벽처럼 힘들게 밀어내야 했던 저항력이 그냥 사라져 버렸다. 하루하루가 점차 즐거워졌다. 자신감과 포부가 커지고, 편안함과 사교성이 늘어난 덕분이었다. 시간이 흐르면서 오랫동안 나를 누르던 압박감도 계속 느껴지지 않았다. 나중에는 렉사프로도 처음처럼 굉장한 효과를 발휘하지 못하게 되었지만, 그래도 그때까지 내가 먹었던 어느 약보다 좋았다. 눈에 띄는 부작용도 없었기 때문에, 내가 약을 먹고 있다는 사실을 잊어버릴 수도 있었다.

프로작과 마찬가지로 렉사프로도 SSRI다. 그렇다면 왜 프로작보다 효과가 더 좋은 걸까? 에스시탈로프람은 1998년부터 셀렉사라는 이름으로 시장에 나와 있던 시탈로프람의 거울상이성질체(서로 실물과 거울에 비친 상의 관계와 같은 구조를 갖고 있는 화합물-옮긴이)다. 기존 약물의 거울상이성질체에 특허를 취득하는 것은 제약 회사들이 기존 약의 특효가 만료되었을 때 계속 돈을 벌어들이는 방법 중 하나다.[58] 특허가 만료되면 이윤이 급격히 감소하기 때문이다. 그러나 에스시탈로프람(시탈로프람 분자의 S형 거울상이성질체)은 세로토닌 수송체에 더 강력하고 구체적인 영향을 미친다. 제조사 룬드벡에 따르면, 에스시탈로프람은 SSRI 항우울제 중에서 "가장 선택적"이다.[59]

에스시탈로프람이 세로토닌 수송체에 미치는 영향 때문에 그토록 효과를 보인다면, 세로토닌이 우울증이라는 퍼즐의 한 조각임이 분명하다. 적어도 내 경우에는 그랬다. 학자들은 우울장애가 없는 사람들은 세로토닌이 고갈되더라도 우울증이 오지는 않는다는 사실을 오래전부터 알고 있었다. 그러나 자살로 생을 마감한 사람들의 뇌척수액은 세로토닌 농도가 매우 낮다. 화학적 불균형 이론이 널리 받아들여지던 시절 이후로 더 세련되게 다듬어진 연구들은 증상의 복잡한 인과관계가 무엇이든 세로토닌 농도를 높이면 뇌의 신경망 수리에 도움이 된다는 것을 암시하고 있다. 세로토닌은 몸이 BDNF, 즉 뇌 유래 신경성장인자를 만드는 데 필수적이고, BDNF는 신경들이 서로 연결되는 데 필수적이다. 심한 우울증을 앓는 사람들의 뇌에서 해마의 크기가 줄어드는 현상의 원인은 BDNF 부족인지도 모른다.[60] 렉사프로를 먹을 때 내 뇌가 아주 오랜만에 처음으로 훌륭하게 기능한 덕분에 내 상태가 그렇게 나아졌을 가능성이 있다.

나는 매일 렉사프로를 먹으며 상당히 잘 지냈지만, SSRI에 대한 점점 커지는 논란을 무시할 수 없게 되었다. 장기적인 관점에서 SSRI가 정말로 효과적인 약인가? 혹시 득보다 실이 더 큰 약은 아닌가? 2010년 무렵, 일상적으로 SSRI를 복용하면서 이 논란을 계속 주목하던 사람들은 무엇도 확신할 수 없는 상태에 빠졌다. 오랫동안 플라세보효과를 연구하던 심리학자 어빙 커시의 책 『황제의 신약The Emperor's New Drugs』에 모두가 주목했다. 그는 자신이 공동 저자로 참여해 2008년 《플로스메디신》이라는 학술지에 발표한 논문을 바탕으로 이 책을 썼다. 가장 널리 처방되는 SSRI 여섯 종의 시험 데이터를 검토한 논문이었다. 시험은 모두 이 여섯 종의 약들이 FDA의 승인을 받기 전에 시행된 이중맹검법(투약하는 자와 투약받는 자가 어떤 것이 시험약이고 위약인지 모르고 진행하는 실험-옮긴이) 시험으로, 플라세보가 대조군으로 이용되었다. 또한 대중에게 발표되지 않은 부정적인 시험 결과도 여기에 포함되었다. 커시 연구팀은 이 항우울제들이 효과 면에서 대다수의 사람들에게 플라세보와 미미한 차이를 드러냈을 뿐이며, "몹시 심한 우울증 범주에서도 상한선에 가까운" 환자들에게 가장 효과가 있다는 결론을 내렸다.[61] 일라이 릴리는 "프로작이 우울증과 함께 살아가던 수많은 사람들의 삶을 바꿔 준 것"이 자랑스럽다면서 반발하고 나섰다. 그 뒤로 새로운 보고서와 발표가 잇달아 나오면서, 약품 마케팅의 윤리적인 측면에 대해 의문을 제기했다. 수많은 정신과 의사들이 제약 회사로부터 공짜 점심과 무료 연수는 물론 아예 돈까지 받으면서 그 대가로 학회에서 특정한 약의 효과를 부풀려 말하거나 환자들에게 그 약을 기꺼이 처방하는 현실에 대한 의문도 제기되었다.

그러다 2011년 여름에 마셔 에인절의 기사 '정신병 대유행: 이유는?'이 《뉴욕리뷰오브북스》에 실렸다.[62] 에인절은 커시의 책과 더불어 대니얼 칼랫의 『혼란: 정신의학의 문제』와 로버트 휘터커의 『유행병 해부』를 함께 다뤘다. 두 권 모두 과다한 정신병 진단, 지나친 약처방, 지나친 정신병 마케팅을 비난한 책이다. 이 기사와 그 뒤에 나온 후속편 '정신의학의 환상'을 보고 사람들은 소스라치게 놀랐다. 그리고 이 기사들이 편견을 드러내고 있다는 비난과 정신의학 옹호를 담은 열렬한 글들이 그 뒤를 따랐다.

에인절의 기사에는 사람들을 불안하게 만드는 상세한 정보가 많았다. 겨우 두 살밖에 안 된 아이들에게도 항정신병 약이 처방되는 경우가 점점 늘고 있다는 사실도 그중 하나다. 그러나 내 상황과 관련해서 가장 불안한 것은, 정신에 영향을 미치는 약들이 뇌의 신경화학적 환경을 변화시켜 환자가 약에 의존하게 된다는 휘터커의 단언이었다. 환자가 약을 끊으면, 이미 약에 익숙해진 뇌는 더 이상 제대로 기능하지 못한다. 그래서 병이 재발하면, 필연적으로 약을 다시 복용하게 된다. 이럴 가능성이 있다는 이야기는 그때까지 들어 본 적이 없었다. 휘터커는 기자로서 상을 수상한 경력이 있으며, 『미국의 광기 Mad in America』라는 책의 저자다. 같은 이름의 웹사이트도 운영하고 있다. 정신의학계의 많은 사람들은 그를 정신의학 반대 운동의 비주류 인물로 보고 있지만, 약물 의존성과 병의 재발에 관한 그의 주장은 명망 있는 자료를 근거로 한 것이다. 그중의 하나가 신경과학자 스티븐 하이먼의 1996년 논문이다. 국립정신보건연구소장을 역임하고 지금은 하버드대학의 스탠리정신의학연구센터와 MIT의 브로드연구소를 이끌고 있는 하이먼은 정신과 약을 장기적으로 복용하면 "신경 기능에 실질적이고 장기적인 변화"가 생긴다고 썼다.[63] 따라서 뇌가 "질적으로도 양적으로도 정상적인 상태와는 다르게" 기능하기 시작한다는 것이다.

이탈리아의 정신과 의사 조반니 파바가 1994년에 발표한 논문도 휘터커가 인용한 자료 중 하나다. 파바는 정신과 약이 뇌에서 자신이 겨냥한 신경전달물질의 경로를 "교란한다"고 주장했다. 뇌는 이 교란에 적응하기 위해 "항상성 평형"을 회복하려고 애쓴다. 세로토닌이 추가로 생산되게 만드는 SSRI의 경우에는 뇌가 자체 세로토닌 생산량 중 일부 또는 세로토닌 운반 메커니즘을 차단해 버릴 가능성이 있다. 파바는 이런 과정을 '저항성 내성oppositional tolerance'이라고 불렀다.[64] 수많은 사람에게서 시간이 흐를수록 항우울제의 효과가 점점 줄어드는 이유가 이것일 수 있다.

나는 에인절의 기사를 읽은 뒤, 그녀가 제기한 논란에 대한 다른 사람들의 글도 많이 읽어 보았다. 그 결과 너무 혼란스럽고 불편해져시 내가 직접 조사해 보기로 했다. 정신 질환에서 신경망이 어떤 기능을 하는지 과학적으로 명확히 밝혀진 것이 별로 없고, 진단 기준도 혼란스럽고, 정신병 약이 뇌에 정확히 어떤 영향을 미치는지도 확실하지 않고, 그 약들의 장기적인 효과를 놓고 논란이 벌어지는 와중에 진실은 어디에 있을까? 내 뇌는 지금 어떤 상태일까? 내가 지난 25년 동안 계속 항우울제를 먹지 않았다면 오히려 지금보다 뇌의 상태가 나았을까? 조사 과정에서 나의 과거를 자세히 들여다보게 된 나는 다음과 같은 결론에 이르렀다. '나는 절대 약을 끊으면 안 되는 사람이다.'

나는 13년 동안 렉사프로를 먹다가 약효가 떨어진 것 같아서 다시 약을 바꿨다. 이번에는 SSRI가 아니라 노르에피네프린, 그리고 도파민 시스템에 영향을 미치는 약인 웰부트린이었다. 삼환계 약을 먹을 때와 마찬가지로, 이 약을 먹을 때에도 심장박동이 빨라지고, 콧속이 건조해지면서 많은 불편이 생기는 등 부작용이 있었다. 그래서 복용량을 줄이다 보니 나중에는 효과를 제대로 볼 수 없어서 결국 이 약을 포기하고 얼마 전 개발된 SSRI 스타일의 보르티옥세틴을 먹기 시작했다.

이런 약을 매일 먹은 덕분에 나는 오랫동안 위험한 에피소드를 겪지 않았다. 매일 약을 먹으며 상태를 관리하는 방식이 옛날처럼 심한 우울증이 자주 재발하는 현상을 예방해 주고 있음이 분명하다. 그래도 약을 끊고 대신 많은 운동, 건강한 식단, 가족과 친구의 도움으로 그럭저럭 견뎌 낼 수 있다면 얼마나 좋을까 싶다. 그러면 온전하고

'진정한' 나의 자아를 찾아 모든 감정을 자유로이 경험할 수 있을 텐데. 나의 공상은 이렇게 이어지지만, 굳이 위험을 무릅쓸 정도는 아니다. 수많은 연구들은 내가 과거의 경험을 이야기하며 열거한 증거들을 아주 명확히 보여 준다. 나 같은 사람에게 우울증은 진행성이며 무자비하다.[65] 꾸준히 약을 복용해야만 나를 보호할 수 있다. 독자들 중에 항우울제를 복용하는 사람은 약을 먹지 않고 지내 보려고 시행착오를 거듭하면서 그리 달갑지 않은 결과들을 경험하는 이런 과정을 잘 알 것이다. 아무리 부작용이 있다 하더라도, 약은 나의 우울증의 바탕에 깔려 있는 생리적 현상에 맞서서 이른바 '신경보호'[66]를 제공해 주었다.

에인절과 휘터커처럼 정신과에서 사용하는 약에 대해 분노의 목소리를 내는 사람들에게 맞서는 것은 매일 환자를 보는 임상 의사들의 차분한 목소리다. 그들은 지속적으로 일을 하면서, 정신과 약에 반대하는 주장들과는 달리 항우울제가 확실히 사람들에게 도움이 된다는 사실을 확인한다. 《뉴욕타임스》에 자주 글을 기고하는 임상정신과 의사 리처드 프리드먼은 회의적이면서도 현실적인 관점을 갖고 있다. "장기적인 SSRI 치료의 위험에 대한 가설은 우울증을 치료하지 않았을 때의 몹시 현실적인 위험 앞에서 무색해진다. 우울증을 치료하지 않으면 환자가 자살할 위험이 2~12퍼센트다."[67]

『프로작에 귀를 기울이다』와 『우울증에 반대한다』의 저자인 정신과 의사 피터 크레이머는 커시의 연구는 그가 선택한 데이터와 그 데이터에 대한 통계적 분석 방법 때문에 힘을 잃었다고 주장하는 글을 《뉴욕타임스》에 기고했다. 크레이머도 프리드먼과 마찬가지로, 비록 정신과 약이 지나치게 많이 처방되는 것은 사실이지만 심각한 우울증을 앓고 있으면서도 치료를 받지 않는 사람이 여전히 너무 많다고 본다. 최근 크레이머는 '항우울제는 효과가 없다'는 논쟁에 끼어들어 『보통은 괜찮다Ordinarily Well』라는 저서를 내놓았다. 항우울제는 값비싼 플라세보에 불과하다는 커시의 주장을 철저하고 설득력 있게 논박한 책이다. 그는 이렇게 썼다. "나는 항우울제가 위태로운 환자들을 끌어당겨 흔들리지 않게 붙잡아 주는 것을 직접 보았다."[68]

나 역시 항우울제가 분명히 효과를 발휘하는 사람들 중 한 명이므로, 약의 긍정적인 효과를 기꺼이 증언할 수 있다. 항우울제가 어느 모로 보나 완벽한 약은 아닐지라도, 그 약이 내게 효과가 있다는 점에서 나는 행운아다. 항우울제는 크레이머의 주장처럼 나를 위태로운 지경에서 끌어당겨 흔들리지 않게 붙잡아 주는 힘을 갖고 있다. 그래도 어느 정도 시간이 흐르고 나면, 한창 우울한 에피소드를 겪던 와중에 처음 약을 먹기 시작하면서 느낀 안도감과 행복감이 흐릿해진다. 열정과 진정한 즐거움에 도달하기도 힘들어진다. '흔들리지 않게 잡아 주는' 상태는 안정적이고, 초연하고, 무덤덤한 상태가 된다. SSRI를 먹는 많은 사람들이 이처럼 감정에 무덤덤해지는 현상에 대해 불평하는 것을 직접 듣기도 하고 글로 읽기도 했다. 생각해 보면 얄궂은 일이다. 그것이 바로 우울증의 증상이기 때문이다.[69] 나는 열여섯 살 무렵 감정을 느낄 수 없게 된 것을 처음 알아차렸다.

약을 먹을 때의 기본적인 상태는 그리 좋지도 그리 나쁘지도 않다. '감정'은 생각에 더 가깝게 느껴진다. 이런 감정(또는 흥분이나 열정)의 부재를 무쾌감증으로 규정해도 될지 잘 모르겠지만, 비슷하기는 하다. 어쩌면 약이 만들어 준 새로운 신경 기준선의 문제가 바로 이것인지도 모른다. 기분이 더 내려가지도 않지만, 그렇다고 더 올라가지도 않는다는 것. 약을 끊고 싶다는 유혹이 드는 것은 내가 느낄 수 있는 감정을 모두 느껴 보고 싶기 때문이다. 기분이 아주 바닥의 바닥까지 내려가는 것을 원하지는 않지만, 하루하루를 온전히 살아가는 사람의 감정을 느끼고 싶다. 조금 거리를 두고 있는 것 같은 상태는 싫다. 우울증 에피소드를 겪지 않을 때는 확실히 감정을 모두 느낄 수 있는 상태로 돌아가지 않을까? 그렇다면 내가 계속 약을 먹는 한 그 상태를 경험하지 못할 것이다. 감정에 무덤덤해지는 것은 약의 효과인가, 아니면 약으로도 건드리지 못하는 우울증의 끈질긴 잔해인가? 아니면 둘 다인가?

나는 피터 크레이머, 리처드 프리드먼, 나의 정신과 의사처럼 지금도 계속 대화와 약을 병행해 가며 열심히 환자를 치료하는 임상 의사들에게 엄청난 존경심을 품고 있다. 그러나 정신과 의사들이 수십 년 동안 직접 항우울제를 먹으며 살아 보지 않은 이상, 뇌와 몸에 장기적으로 어떤 영향을 미칠지 아직 잘 모르는 약에 인질로 붙들린 것 같은 기분을 알 수 없을 것이다. 약의 효과가 얼마나 둔화될지, 신경망이 어떻게 변화할지, 임신 중이나 수유 중인 사람이 약을 먹으면 아이가 어떤 영향을 받을지 우리는 잘 모른다. 향정신성의약품이 1950년대에 처음 나오기 전에는 존재하지 않았던 문제다. 이 약들을 장기적으로 사용해도 안전한 것처럼 보이기는 하지만, 10년 이상 장기적으로 SSRI의 효과를 살핀 체계적인 연구는 없다.[70] 좋든 싫든 나처럼 이 약을 계속 복용하는 사람들은 여전히 살아생전 결과를 볼 수 없을지도 모르는 실험의 대상자이다.

새로운 항우울제를 위한 '파이프라인'은 이제 거의 비었다.[71] 대부분의 제약 회사들은 새로운 치료제를 만들어 내려는 노력에 예전처럼 힘과 돈을 쏟지 않는다. 이윤이 별로 없는 분야이기 때문이다. 우울증 치료를 위한 새로운 틀이 없다. 이미프라민과 프로작 이후로 나온 약은 모두 같은 유형을 변주한 것이었다. 신경전달물질을 변화시키는 약이었다는 뜻이다. 그것들은 우리가 알지 못하는 방식으로 신경 통로를 바꿔 놓는 무딘 도구다. 환자의 상태를 변화시킬 수는 있어도 병을 완치하지는 못한다. 심각한 우울증을 일으키는 과정에 대해 더 철저히 이해하게 될 날을 기다리는 동안, 그리고 다시 혁신적인 치료법이 등장할 때까지는 비록 불완전하고 불편해도 어쨌든 사람의 목숨을 구해 주는 이 약들만이 우리 곁에 있다.

8

감정은 반드시 변한다

이 책은 1992년 그날, 내 몸이 저 아래 길바닥에 처박히는 이미지가 마음속에 떠오른 이후 시작된 조사의 결과물이다. 그때 나는 병원에서 퇴원한 지 8년이 되었는데도 여전히 근본적으로 고장 나 있음을 깨달았다. 나는 계속 약을 먹을 필요가 있다는 사실은 받아들일 수 있었지만, 매번 나라는 바위를 산꼭대기로 밀어 올릴 때마다 그 바위가 다시 굴러 내려갈 것이라는 사실을 도저히 받아들이지 못했다. 몇 년 동안이나 심리치료를 받았는데 기분과 기운과 의욕이 아래로 처지는 일을 자꾸만 겪는 상태에서 탈출하지 못한 것이 실망스러웠다. 그래서 내 병을 더 많이 이해하게 되면 좌절감과 무력감이 줄어들지도 모른다는 희망을 안고 다양한 자료를 읽기 시작했다.

그렇게 읽다 보니 더 많은 의문이 생겨났고, 결국 나의 경험을 스스로 받아들이는 데 도움이 될 책을 쓰자는 결정으로 이어졌다. 나는 우울증이 어떻게 자아에 스며들어 고장을 내는지 그 수수께끼를 정면으로 바라보고 싶었다. 그러나 이 프로젝트에는 심각한 문제가 있었다. 나 자신에 대해 글을 쓰는 것이 편안한 일이 아니라는 점. 나는 삶을 끝내려고 했던 1984년 그날 없애 버린 일기를 대신해서 새로운 일기장을 마련해 비슷하게 사용했다. 내 생각이나 책에서 읽은 내용을 곰곰이 돌아보고, 나의 무엇이 문제인지 걱정의 말을 적는 용도로 썼다는 뜻이다. 대학 시절 나는 문예 창작 강의가 있다는 것을 알았지만 그 강의를 들을 생각은 한 번도 하지 않았다. 자기표현을 금기시하는 우리 집 분위기가 여전히 내게 영향을 미치고 있었기 때문이다. 공연히 남들의 주의를 끄는 것은 현명하지 못한 일이고, 자기를 드러내 봤자 창피만 당할 것이라는 규칙이 우리 집에는 암묵적으로 존재했다. 필립 로페이트의 말처럼 "작가가 되는 것이 끔찍하리만큼 오만한 행동"이라면, "몇 페이지에 걸쳐 늘어놓은 내 말을 남들이 반드시 들어 주어야 한다고 가정한" 행동이라면,[1] 나는 그런 가정을 꿈에도 해 본 적이 없었다. 그러나 단순히 나 자신에 대한 글이 아니라 우울증에 대한 글을 쓰는 것이, 너무나 이해하기 힘든 주제와 지금도 지속적으로 무자비하게 좌절감을 안겨 주는 내면의 경험에 맞서 씨름할 수 있는 유일한 방법이라는 생각 때문에 이 책을 써야겠다는 욕구를 결코 떨쳐 버릴 수 없었다.

조사를 시작했을 때는 우울증을 다룬 대중적인 서적들이 막 서점에 등장하던 시기였다. 그중 가장 두각을 드러내며 찬사를 받은 책은 윌리엄 스타이런의 회고록 『보이는 어둠』이었다. 이 책은 스타이런이 예순 살 때 건강 문제 때문에 평생 마음껏 즐기던 음주를 포기한 뒤 자살 충동을 동반한 우울증에 빠진 이야기를 들려준다. 당시 『소피의 선택』을 비롯한 여러 소설의 저자로 성공을 거둬 훌륭한 인맥 또한 갖고 있던 그는 국제적인 문학상 수상을 위해 파리에 갔을 때 자신이 점점 미쳐 가고 있다고 확신하게 되었다. 비록 실제로 자살을 시도한 적은 없다 해도, 그때부터 그의 상태는 훨씬 더 악화되었다. 그가 회복한 것은 한동안 병원에 입원한 뒤였다. 이 책은 비록 프로작 현상 덕분에 환자들이 병을 남에게 밝히기가 조금씩 쉬워지기 시작한 시기에 나왔지만, 그래도 스타이런처럼 성공한 사람이 멜랑콜리아에 시달리는 사람의 독특하고 초현실적인 고통을 표현한 것은 그때가 처음이었다. 나는 이 책의 아름다운 결론 부분을 읽고 말문이 막혔다. 스타이런은 단테의 『신곡-지옥』편 마지막 부분을 빌려와서, 우울증에서 회복하는 과정을 지옥에서 빠져나오는 통로에 비유한다.

우울증이라는 어두운 숲에 살면서 그 설명할 수 없는 고통을 겪은 사람들에게, 그 심연에서 돌아오는 길은, 시커멓고 깊은 지옥에서 터벅터벅 위로 걸어 올라와 마침내 '빛나는 세상'으로 나온 시인의 길과 다르지 않다. 누구든 건강을 되찾은 사람은 거의 모두 평온함과 기쁨을 느낄 능력 또한 회복한다. 절망을 넘어선 절망을 감내한 사람에게 어쩌면 이것이 충분한 보상이 되는 것 같다.

E quindi uscimmo a riveder le stele.
그렇게 우리는 밖으로 나와 다시 별을 바라보았다.[2]

자신처럼 고통받는 사람에게 인내와 희망을, 심지어 기쁨까지도 잃어버리지 말라는 조언과 함께 이토록 아름다운 구절로 글을 마친 것은 자신이 경험을 직접 말로 설명하지 못하는 수많은 독자들에게 스타이런이 준 선물이었다. 그의 책 제목은 존 밀턴의 서사시 『실낙원』에서 따온 것이다. 여기서 사탄은 자신의 새로운 집인 지옥을 "빛이 전혀 없지만 눈에 보이는 어둠이 밝혀 주는 것은 오로지 고통스러운 광경뿐"이며 "희망이 결코 찾아오지 않는 곳"이라고 묘사한다.[3] 한 명도 아니고 두 명이나 되는 위대한 시인의 언어와 이미지를 빌려옴으로써, 스타이런은 자살 충동을 동반한 우울증의 괴로움을 한층 격상시킨다. 그리고 그 병으로 괴로워하는 사람들과 병을 이기고 살아남은 사람들을 이런 은유 속에 포함시켜 마치 영웅이 된 듯한 기분을 느끼게 해 준다.

이 시들은 당시 나와도 아주 밀접한 관계였다. 내가 『보이는 어둠』을 읽은 해에 컬럼비아대학에서 맡은 강의에 『신곡-지옥』편과 『실낙원』이 포함되어 있었기 때문이다. 자살 충동을 동반한 두 번째 에피소드에서 회복한 지 오래되지 않은 때라서, 스타이런이 직접 쓴 구절도 시에서 빌려온 구절도 내게는 너무 과장된 것처럼 보이지 않았다. 스타이런이 결국 병원에 입원하기는 했어도, 비교적 가볍게 에피소드를 겪고 일어났다는 사실 또한 나는 알고 있었다. 나는 그보다 훨씬 더 어두운 곳까지 더 멀리 들어갔던 데다가, 이제 막 삶의 출발점에 선 젊은 여자라는 점에서 더 큰 피해를 입었다. 심한 우울증이 워낙 일찍부터 나를 찾아온 까닭에 나의 자아의식에 그 병의 흔적이 속속들이 배어 있었다. 『실낙원』에서 사탄이 말하는 또 다른 구절, "내가 날아가는 곳이 지옥, 나 자신이 지옥"[4]은 과거의 내 상황을 그대로 표현해 주는 말이었다. 게다가 이런 기분이 간헐적으로 되살아나서 내 시련은 아직 끝나지 않았음을 일깨워 주었다. 그래도 스타이런의 책은 당시 분명히 그 주제를 다룬 독보적인 책이었다. 문학계와는 관계도 없고, 지위도 없고, 자신감도 없는 나 같은 사람이 쓰는 글을 모두 불필요하게 만들어 버리는 책인 것 같았다. 나는 1994년 11월에 미국 작가들과 자살을 주제로 어느 학회에서 예정되어 있던 스타이런의 강연을 들으러 갔다. 그때 나는 또 다른 심각한 문제로 고민하던 차였다. 유산을 한 지 2년이 지났는데 다시 임신이 되지 않는 것이 나의 고민이었다.

짐과 나는 여러 의사들을 만나 보았다. 그들은 초음파와 자그마한 도구로 내 몸 속을 살펴보았지만 아무런 문제도 발견하지 못하고, 매달 생식 호르몬만 처방해 주었다. 짐도 검사를 받았지만 역시 아무 이상이 없었다. 또 1년이 흘러도 임신 소식은 없었다. 임신이 잘 안 되는 것, 자주 유산하는 것, 우울증이 모두 연결되어 있는 것 같은 느낌이 들었지만, 의사들은 그런 영역에 섣불리 발을 들여놓으려 하지 않았다. 이유를 알 수 없는 또 다른 장애에 부딪힌 나는 우울증이라기보다는 영적인 위기에 더 가까운 상태를 경험했다. 이 모든 좌절 속에서 위안을 얻기 위해 나는 성가대에 들어갔다. 그렇게 2년 동안 50명의 사람들과 함께 바흐, 비발디, 뒤뤼플레 등 여러 작곡가들의 작품을 연습하고 공연했다. 성스러운 노래를 하는 것은 신체적인 경험이고, 정말로 공동의 기도가 강력하게 구현된 것 같은 느낌을 준다. 나는 다른 영적인 방법들도 찾아보았다. 몸에 쌓인 긴장을 풀기 위해 요가를 배우고, 불교에 관한 책을 읽고, 명상 그룹에 들어갔다. 특히 명상을 하면 견디기 힘든 감정과 어느 정도 거리를 둘 수 있을 것이라는 확신이 있었지만, 내게는 매일 명상을 실천할 인내심이나 절제심이 없다는 사실을 알게 되었을 뿐이다.

서른아홉 살이 되자 만나는 의사마다 임신 확률이 급격히 감소하고 있다고 말했다. 내 안에 아직 흔적이 남아 있던 가톨릭 신앙은 분개해서 하느님이 내게 아이를 하나 빚지셨다고 믿었으므로, 나는 10여 년 전에 겪은 일을 되돌리려고 줄곧 애쓰고 있었다. 아이를 낳지 못한다면, 그때의 상실에서 온전히 회복할 수 없을 것 같았다. 비교적 덜 공격적이고 덜 비싼 방법들을 시도했으나 실패한 우리는 마지막으로 시험관 수정을 시도하기로 했다. 시험관 수정을 해 본 부부들은 여기에 시간과 돈이 얼마나 드는지, 그 과정이 얼마나 부자연스럽고 어색하고 감정적으로 힘든지 잘 알 것이다. 짐과 나는 시험관 시술 성공률이 가장 높은 뉴저지의 한 병원을 선택했다. 병원에서는 나의 불규칙한 월경주기를 완전히 정지시킨 뒤 다시 정확한 주기로 시작되게 했다. 난자 생산을 위해 난소를 과도하게 가동시켰다는 뜻이다. 우리는 일주일에 몇 번씩 새벽 5시에 차를 몰고 뉴저지로 가서 초음파검사와 피검사를 받았다. 우리가 그렇게 일찍 달려간 것은 둘 다 오전 수업이 있으므로 뉴저지에서 돌아올 때 러시아워를 피하기 위해서였다.

11월 초 우리는 세포 8개로 분열한 배아 네 개를 얻었다. 수정란을 이식하는 날, 나는 진찰대에 누워 내 옆의 스크린에 배아가 나타났다가 사라지는 것을 지켜보았다. 옆방에서 담당자가 피펫으로 배양접시의 배아를 하나씩 빨아들이고 있었다. 조금 뒤 이 배아들이 내 몸속에 이식되는 동안 나는 다시 아이를 낳아 건강하게 기를 수 있는 기회를 달라고 기도했다. 병원 측은 우리에게 배아 네 개의 사진을 주었다. 모두 둥근 방울 같은 것들이 모여 있는 형태였다. 짐이 말했다. "나랑 똑같이 생겼네." 그의 유머 감각 덕분에 우리 둘은 제정신을 지킬 수 있었다.

열흘 뒤 병원에서 혈액검사 결과를 알리는 문자 메시지가 왔다. "임신하셨지만…" 호르몬 중 하나의 수치가 생각보다 낮아서 나의 임신을 '신중하게' 바라보고 있다는 얘기였다. 나쁜 징조인 것 같았다. 나는 그날 밤 잠을 잘 이룰 수 없었다. 아침에 우리는 다시 피검사를 받으려고 병원으로 갔다. 번호표를 뽑아 보니 우리 앞에 88명이 기다리고 있었다. 우리는 두 시간을 기다렸다. 이것도 나쁜 징조인가? 우리는 징조의 의미조차 읽어 낼 수 없는 어떤 권능의 손안에 있었다. 그렇다면 병원 대기실 스피커에서 흘러나오는 형편없는 퓨전 재즈 음악을 피하려고 내가 복도 맞은편 방으로 들어갔을 때, 어떤 여자가 발까지 감싸는 분홍색 솜털 잠옷을 입은 여자아이를 부른 것은 좋은 징조일까? 엄마가 "애나, 이리 와."라고 말하자 아이는 이렇게 대답했다. "저리 가요, 엄마. 저리 가 있어요."

그날 오후 짐과 나는 기분 전환을 위해 하워드 호지킨의 그림을 보러 갔다. 거기 전시관 중 한 곳에서 부유해 보이는 젊은 여자가 커다란 옥좌같이 생긴 유모차에 앉은 아이에게 유리병에 담긴 이유식을 먹이고 있었다. 나는 조금 뒤 화장실에 갔을 때도 그 여자를 만났다. 그녀는 아기의 기저귀를 갈고 있었다. 그런데 그녀가 부르는 아기의 이름이 애나였다. 요새 저 이름이 인기가 있나 싶었다. 아름다운 이름이었다. 철자를 뒤집어도 역시 같은 발음이 되는 이름이기도 하고. 애나가 사라진 뒤 나 혼자 남은 거울처럼.

그 뒤 몇 주 동안 나는 무엇이 좋은 징조이고 무엇이 나쁜 징조인지 계속 고민했다. 복통, 약간의 출혈, 구역질. 이것은 좋은 징조인가 나쁜 징조인가? 우리는 걱정하며 기다렸다. 혹시 내일 유산하지 않을까? 아니면 오늘밤이려나? 담당 의사의 응급 번호로 전화를 걸어야 하나? 이런 의문들로 언제까지 고민해야 하는 거지?

당시 공교롭게도 나는 성경을 가르치고 있었는데, 마침 학생들과 함께 욥기를 읽던 중이었다. 욥은 자녀, 집, 소, 양, 하인을 모두 잃고, 종기로 고통에 시달리고, 그가 이런 벌을 받는 것을 보니 뭔가 잘못을 저질렀음이 분명하다는 친구들의 말을 들은 뒤 하느님에게 직접 따진다. 그러자 하느님이 회오리바람 속에서 그에게 말한다. 내가 모든 것을 창조했을 때 너는 어디 있었느냐? 나는 하느님이다. 나는 내가 원하는 일을 한다. 욥은 알겠다고 대답한다. 그러다 욥이 비이성적이고 정신 나간 하느님의 힘을 증명한 뒤에는 하느님이 그가 잃은 것을 모두 돌려준다. 새로 생긴 열 명의 자녀들은 예전의 그 아이들이 아니라 새 아이들이다. 해피엔딩이다.

우리는 12월 12일 초음파검사를 받으러 갔다. 12년 전 같은 날 애나가 죽음을 앞두고 있었다. 나쁜 징조였다. 의사가 내 자궁에서 태아를 발견하는 데 시간이 좀 걸렸다. 짐과 나는 몇 초 동안 불안에 떨며 까만 화면을 빤히 바라보았다. 정확히 3년 전 비슷한 화면에서 보았던 계류유산이 생각났다. 안이 까만 원만 보이던 화면. 이것도 나쁜 징조였다. 그러다 우리의 작은 아기가 보였다. 네 개의 배아 중 유일하게 살아남은 아이였다. 대략적인 윤곽선은 아직 인간의 모습이 아니었다. 난황낭에 머리, 심장, 덩어리 같은 것이 붙어 있을 뿐이었다. 기운차게 뛰는 심장소리도 들렸다. "모두 아주 좋아 보입니다."라는 의사의 말에 우리는 기분이 들떴다. 이사는 이제 집 근처의 산부인과에 다니셔도 된다고 말했다.

양수 검사를 하는 날 우리는 병원 복도에서 한참 동안 불안하게 기다린 뒤에야 초음파실로 불려 들어갔다. 우리가 양수 검사를 결정한 것은, 아이에게 선천적인 문제가 있는지 미리 알기 위해서였다. 아이를 낳은 뒤에 깜짝 놀라고 싶지 않았다. 검사 담당자는 우리가 대단히 위험도 높은 임신 사례임을 알고 있다고 말했다. 나의 과거 병력과 시험관 수정 때문이었다. 그녀의 태도가 워낙 차분하고 상냥해서 나는 마음이 조금 놓였다. 담당자는 조심스럽고 철저하게 검사를 진행하면서 아이의 머리와 대퇴골의 크기를 측정하고, 척추와 갈비뼈, 위, 간, 심장, 뇌, 방광을 살펴보았다. 그리고 모두 아무 이상이 없는 것 같다고 말했다.

화면 속에서 아기는 팔과 다리를 움직여 한쪽 팔을 머리 위에 얹고 등을 둥글게 구부렸다. 짐이 물었다. "아이가 아들인지 딸인지 알려 주실 수 있습니까?" 담당자는 아기의 고추를 가리켰다. 아주 똑똑히 보이는 것은 아니었으나, 그래도 분명히 알아볼 수는 있었다. 나는 딸을 기대하고 있었기 때문에 조금 놀랐다. 그래도 아기의 성별을 알게 된 것이 기뻐서 아들을 낳는다는 사실에 익숙해질 수 있을 것 같았다. 생각해 보니 좋은 일이었다. 또 한 명의 애나를 낳는 꼴이 되지 않을 테니까. 같은 일을 반복할 생각도 없고, 이 아기를 누군가의 대체물로 취급할 생각도 없었다. 이 아기는 아기 자신이었다. 우리는 함께 미래로 나아가게 될 것이다.

나는 시험관 시술을 받는 동안 프로작을 먹지 않았다. 무슨 일이 있어도 반드시 먹어야 하는 약이 아니라면 모든 약을 금하는 것이 시험관 시술의 원칙이었다. 나는 최대한 시간을 끌다가 임신 말기쯤에 다시 약을 먹기 시작했다. 이 초음파검사 결과가 마음을 편안하게 해 주었기 때문에 나는 분만실에 들어가 의사가 태아 심전도 기계를 연결할 때까지 아기에 대한 걱정을 하지 않으려고 했다. 공연히 걱정을 하다가는 이기를 기다리며 느끼는 기쁨이 망가질 것 같았다. 반면에 평소 걱정이 많지 않은 짐은 걱정이 엄청 많았다. 그의 친구 두 명이 얼마 전 탯줄이 목에 감기는 사고로 아이를 잃은 탓이었다. 짐은 분만실에서 뭔가 끔찍한 일이 일어나지 않을지 두려워했다. 우리 아들은 내 마흔 살 생일이 지나고 몇 달 뒤에 태어났다. 그런데 탯줄 두 군데에 매듭이 있었다. 의사는 의학적으로 드문 일이라며 그 탯줄을 보관해 두었다가 학생들에게 보여 주어야겠다고 말했다. 어쩌면 또 참담한 일이 벌어질 수도 있었지만, 그냥 간단히 웃고 넘어갈 수 있는 일로 끝났다. 하느님이 쿡쿡 웃으며 이렇게 말할 것 같았다. 그러게 난 내가 하고 싶은 대로 한다니까. 천만다행으로 아기가 건강하다는 사실에 안도감을 느끼면서, 애나를 잃었을 때의 고통이 점점 희미해졌다. 우리는 라틴어로 빛을 뜻하는 lux에서 나온 이름 루크를 우리 아이에게 지어 주었다.

우리는 그해 가을을 버몬트에서 보내고 집으로 돌아오는 길에 애나의 무덤에 들렀다. 생후 3개월이 된 루크는 카시트에서 잠들어 있었다. 나는 어스름 녘에 차에서 내렸다. 묘지의 출입문을 통과해, 단풍나무와 다른 무덤들을 지나다 보니 내가 움직이는 카메라가 되어 시간을 점점 거슬러 올라가는 것 같은 기분이 되었다. 나는 한쪽 무릎을 바닥에 대고 앉아서 화강암을 만져 보고, 거기 새겨진 아이의 이름과 그 아래 글귀를 손가락으로 더듬어 보았다. "깨어났다, 벌어진 입술, 희망, 새로운 배." 제이크와 애나가 아주 가까우면서도 동시에 과거 속에 아주 멀리 있는 것 같았다. 짐이 다가와 내게 루크를 건네주었다. "루크한테도 누나를 보여 주고 싶어서." 짐이 말했다. 눈물이 배인 목소리였다. 나는 희망이자 새로운 배인 내 살아 있는 아이의 귀한 몸을 안고 서서 내 죽은 아이의 귀한 몸을 떠올렸다.

애나의 죽음과 루크의 탄생 사이 그 고통스러웠던 세월 중 어느 시점에 나는 책상 위 벽에 사진 한 장을 테이프로 붙여 두었다. 가볍게 흩날리는 눈발 사이로 보이는 '물의 천사'라는 조각상을 찍은 사진이었다. 이 조각상이 설치된 분수는 센트럴파크 베데스다 테라스의 중심부에 있다. 사진에 보이는 것은 천사와 하늘에서 내리는 눈뿐인데, 나는 천사가 이제 막 도착한 것 같은 그 느낌이 좋다. 천사는 한 손을 들어올리고 이렇게 말하는 듯하다. "위안과 축복을 주노라." 책상에 앉아 그 천사와 파르스름한 겨울빛과 안개 같은 눈을 지그시 보고 있으면 기분이 좋아졌다. 이 조각상을 만든 에마 스테빈스는 1873년에 이 조각상 제막식에서[5] 이것이 요한복음 5장 2~4절에서 영감을 받아 만든 치유의 천사상이라고 밝혔다. "이는 천사가 가끔 못에 내려와 물을 동하게 하는데 동한 후에 먼저 들어가는 자는 어떤 병에 걸렸든지 낫게 됨이러라."[6] 남북전쟁이 끝나고 얼마 뒤에 완성된 이 널찍하고 우아한 공공장소에서 조각상은 우리가 감내하는 고통이 치유될 수 있다는 메시지를 사람들에게 전해 준다. 루크의 탄생으로 나는 축복과 위안을 받았다.

어렸을 때 루크는 작은 몸을 잠시도 가만히 두지 못하고 엄청 활발하게 움직였다. 갈색 눈으로 사람을 빤히 바라보기도 하고, 플라스틱 동물 인형들을 가지고 지어낸 이야기를 중얼거리기도 하고, 매일 밤 책을 읽어 달라고 하기도 했다. 작은 일에도 즐거워하고 엄마 아빠를 사랑하는 아이였다. 그래서 나는 매일 엄마가 된 것을 기뻐했다. 우리 가족사진을 보면 그 기쁨이 손에 만져질 듯 생생하다. 우리 셋이 함께 찍은 사진에서도, 내가 찍은 루크의 사진에서도 그 기쁨이 보인다. 예를 들어 아일랜드의 해변에서 연달아 찍은 사진이 그렇다. 우리 할아버지가 사시던 마을의 해변에 부모님과 함께 놀러 갔을 때 사진이다. 루크가 저 멀리에서 나를 향해 달려오고 있다. 아이의 뒤에는 해변이 커다랗게 곡선을 그리며 펼쳐져 있고, 아이는 양팔을 흔들며 달려온다. 바람에 아이의 셔츠와 머리카락이 나부낀다. 달려오는 아이가 뭔가 장난을 생각하는 것이 보인다. 갑자기 걸음을 멈출까, 아니면 나한테 곧바로 뛰어들까? 아이가 점점 가까워지는 동안 나는 멈추지 않고 셔터를 누른다. 마침내 환하게 웃는 아이의 눈과 이를 나 드러내고 함박웃음을 짓는 아이의 입이 화면을 가득 채울 때까지.

초등학교 2학년 때 루크는 추상화를 하나 그리고는 '초행복'이라는 제목을 붙였다. 5학년 때는 학교에서 중국에 대해 공부하면서 수묵화 족자를 그리는 수업이 있었는데, 선생님이 아이들에게 낙관도 만들라고 말했다. 낙관은 고대 중국의 그림에 찍혀 있는 화가의 인장이다. 루크는 학교에서 배운 한자들 중 태양, 어머니, 아이를 뜻하는 글자들을 조합해, 자신의 이름을 '진짜 행복한 아이'로 지었다. 루크는 내가 바라던 아이 그대로였다. 터질 듯 생기가 넘치고, 우울한 엄마보다 내키는 대로 사는 아빠를 더 닮은 아이. 루크는 이제 대학생이 되있지만 여전히 놀라운 존재다. 우리 집안의 우울증 성향이 아이에게서 조금도 드러나지 않는 것이 얼마나 다행인지 모른다.

아이라는 선물을 통해 어둠을 벗어나 가슴이 따뜻해졌다는 이야기로 글을 마무리하면 좋을 것이다. 루크를 기르면서 나는 세상에 더 안정된 뿌리를 내리게 되었지만, 그렇다고 해서 나의 우울증 문제가 마법처럼 해결된 것은 아니었다. 루크가 일곱 살 때 ADHD 진단을 받자 나는 엄마도 우울증으로 약을 먹는다, 세상에는 의사의 도움이 필요한 사람이 아주 많다고 말해 주었다. 그 외에는 아이에게 우울증에 대해 말한 적도 없고, 우울증이 우리 집에서 큰 문제가 되지도 않았다. 따라서 어느 날 아들과 집에서 점심을 먹다가 아들한테서 "엄마, 목의 그 흉터는 뭐예요?"라는 말을 들었을 때는 정말 당황해 버렸다. 한 번도 물어본 적이 없는 질문을 열여섯 살의 아들이 처음으로 던진 것이다. 나는 이미 이 책을 쓰고 있었지만, 그 질문에는 전혀 준비가 되어 있지 않았다. 그래서 아무렇지도 않은 표정을 지으려고 애쓰면서 이렇게 말했다. "어, 잊어버렸어." 루크는 이상하다는 얼굴로 나를 바라보다가 다른 이야기로 넘어갔다. 나는 아이가 자살이나 장기간에 걸친 우울증 발작으로 인해 엄마를 잃을지도 모른다는 걱정에 겁을 내지 않을 만큼 클 때까지는 아이와 그 이야기를 하고 싶지 않았다. 아이에게 나는 항상 강하고 유능하고 믿음직한 엄마로 보이고 싶었다. 지난 몇 년 동안 자살, 우울증, 약, 전기충격치료에 대한 책들을 내 책상에 점점 쌓으면서 나는 무슨 주제로 글을 쓰고 있는지 루크에게 말해 주었다. 그래서 이제는 루크도 내가 애나를 잃은 뒤 자살을 시도한 사실을 알고 있다. 그러나 당시의 자세한 사정은 이 책을 읽은 뒤에야 비로소 알게 될 것이다.

욕실 거울에서 나는 매일 그 흉터를 본다. 알아차리지 못하는 사람이 대부분이지만, 그 흉터는 이미 벌어진 일이라서 돌이킬 수 없는 과거를 항상 내게 일깨워 준다. 그것은 내가 30년이 넘도록 대부분 혼자서만 간직해 온 이야기의 흔적이다. 그러나 눈에 보이는 흉터는 무슨 일이 있었느냐는 질문을 불러내는 경향이 있다. 상대가 가까운 사람이라면 대개 어쩌다 그런 흉터가 생겼는지 알게 마련이다. 예를 들어 내 여동생 캐슬린은 롤러스케이트를 타다가 미끄러지는 바람에 그물 모양 울타리의 철사 끝에 팔꿈치 안쪽을 찔렸다. 나도 그 자리에 있었는데, 정말 끔찍한 사고였다. 내 남자 형제 톰은 궁극의 프리스비 챔피언을 가리는 대회에서 공중으로 뛰어올랐다가 누군가와 충돌해 팔에 복합골절 부상을 입었다. 그래서 판과 나사 등을 이용해 팔뼈를 다시 붙여 놓았다. 우리가 이런 사고들을 이기고 살아남았을 때, 흉터는 그 위험했던 순간의 기억을 간직한다. 암 수술 흉터일 수도 있고, 자동차 사고나 전쟁터에서 생긴 흉터일 수도 있고, 이상한 불운이나 출산의 흔적일 수도 있다.

흉터에 관한 가장 유명한 이야기는 아마 호메로스의 서사시 『오디세이아』에서 찾아볼 수 있을 것 같다. 영웅 오디세이가 알아볼 수 없는 모습으로 변해서 집으로 돌아온다. 그는 자신이 없는 동안 자신의 궁전을 차지한 자들을 공격할 계획이다. 20년 동안 그는 전쟁에서 살아남았지만 배와 부하를 잃었고, 그 밖에 헤아릴 수 없이 많은 모험과 불운을 겪었다. 어렸을 때 유모였던 노파가 그의 발을 씻기다가 허벅지의 흉터를 보고 순식간에 그의 정체를 알아차린다. 여기서 시는 과거로 훌쩍 뛰어가서 오디세이가 할아버지에게서 이름을 받은 복잡한 경위를 모두 들려준다. 그가 이 흉터를 얻은 것은 바로 그 할아버지 집에 가서 멧돼지 사냥을 하다가 다쳤기 때문이다. 그래도 그는 멧돼지를 죽이는 데 성공했다. 그것은 그가 성인이 되었음을 알리는 행동이었다. 따라서 허벅지의 흉터는 그의 이름만큼이나 분명하게 그의 정체성을 보여 주는 흔적이다. 그는 영웅이자 생존자이며, 이제 곧 자신의 집을 되찾기 위해 치러질 전투에서도 살아남을 것이다.

그러나 내 흉터는 내 정체성의 흔적이 아니다. 나는 그런 행동으로 나를 몰아간 정신 상태와 나를 동일시할 수 없다. 이 흉터는 나를 규정하는 두 가지 정신적 상처를 상징한다. 아이를 잃은 것과 나 자신을 잃은 것. 이 흉터는 내 과거의 토대가 된 병의 흔적이다. 이 흉터 때문에 나는 내 인생에서 가장 비참한 시절을 잊을 수 없다. 오히려 자살을 시도했다는 사실에 느끼는 수치심이 더 강해졌다. 병원에서 그런 일이 일어나도록 나를 방치했던 사람들에게 여전히 남아 있는 분노도 새삼 느껴진다. 내 흉터에 얽힌 이야기는 영웅적이지 않지만, 나는 영웅 오디세이 못지않은 생존자다. 깨진 유리 조각으로 목숨을 끊으려 할 만큼 절망에 빠졌던 젊은 여자가 그보다 훨씬 늙은 모습으로 아직도 이렇게 살아 있다.

아주 오랫동안 침묵 속에서 이 흉터를 견디던 나는 마침내 그때의 일을 말해도 좋다고 나 자신에게 허락했다. 이제야 알았지만, 나의 침묵은 단순히 정신적인 상처와 수치심 때문이 아니었다. 나 역시 우울장애 때문에 사람들이 겪는 일을 정면으로 바라보고 싶어 하지 않는 수많은 사람들과 공범이었다. 내 이야기는 일종의 증언이다. 이미 엄청난 피해를 입은 뒤에야 병을 진단받은 내가, 우울증인 줄 모르고 치료를 받지 않은 채 지내는 수많은 사람들의 고통과 결코 끝날 것 같지 않은 고통 속에서 도저히 하루를 더 살아 낼 수 없어서 자살로 생을 마감한 사람들에게 이 증언을 바친다. 그러나 이보다 더 중요한 나의 목적은 깊은 절망에 빠진 사람들을 격려해서 헤치고 나아갈 수 있다는 믿음을 심어 주고 싶다는 것이다. 그들이 자상하고 책임감 있는 전문가에게 도움을 청해 정말로 어둠을 헤치고 나아갈 때까지 보살핌을 믿기를 원한다. 심한 우울증에 휘둘리는 사람들은 인간의 모든 고난에 너무나 잘 들어맞기 때문에 인터넷 유행어까지 되어 버린 릴케의 시 구절을 기도문처럼 윌지도 모르겠다. "그저 계속 나아가라. 감정은 반드시 변한다."[7]

이 마지막 장을 시작하면서 나는『보이는 어둠』의 마지막 문단을 다시 생각했다. 그 문단을 처음 읽었을 때도 나는『보이는 어둠』의 이야기가 아무리 아름답게 만들어져 있다 해도 그 결말은 너무 행복해서 현실 같지 않다고 확신했다. 자살 에피소드 이후 정신적 균형을 되찾는 것이 비유적으로도 실제로도 지하 세계에서 별빛 가득한 하늘이 보이는 곳으로 나오는 것 같은 경험일 수는 있다. 그러나 다시 어둠 속으로 곤두박질칠 가능성도 상당히 존재한다. 그것은 환자가 마음대로 조절할 수 있는 일이 아니다.

스타이런 본인도 지하 세계를 한 번 더 경험해야 했다. 15년 동안 잘 지내다가 일흔다섯 살 때 전보다 훨씬 더 심각하고 더 오래가는 우울증에 빠졌다. 병원에 입원해서 전기충격치료를 받았지만 건강을 온전히 되찾지는 못했다. 유서까지 준비한 그는 자신의 전기를 쓰던 짐 웨스트에게 아무래도 자신이 자살할 것 같은데 정말로 그런 일이 생기면 그 뒤에 판매될『보이는 어둠』에 독자들을 위한 다음의 말이 반드시 실리게 해 달라고 부탁했다.[8]

『보이는 어둠』을 이미 읽었거나 앞으로 읽을 과거, 현재, 미래의 독자들이 저의 죽음에 낙담하시지 않기를 바랍니다. 1985년에 저는 이 지독한 병과의 전투에서 승리를 거둬 15년 동안 만족스러운 삶을 살았지만, 이 병이 결국 전쟁에서 이기고 말았습니다.

로즈 스타이런은 남편이 책을 낙관적으로 마무리한 것이 "사람들에게 잘못된 생각을 심어 준"[9] 꼴이 되었을까 봐 걱정했다고 말했다. 스타이런은 그때 자살하지 않고, 6년 뒤 여든한 살 때 폐렴으로 세상을 떠났다.

나도 미래에 위험할 정도로 병이 재발할 가능성을 배제할 수 없지만, 나는 15층에서 아래를 내려다본 1992년의 그날 이후로 자살을 생각한 적이 없다. 누군가 가까운 사람을 잃거나 그 사람이 병에 걸린다면, 비록 그런 가능성을 생각하고 싶지는 않지만 실제로 내가 다시 위험해질 가능성이 있다. 그래도 스물일곱 살 때처럼 병이 절망적으로 심각해지는 일은 없을 것이라고 생각하고 싶다. 세월이 흐르면서 점점 불안에서 벗어나기는 했어도, 나는 이 병이 내게 존재한다는 사실을 받아들이고 계속 경계하는 수밖에 없다. 어쩌면 이런 과제를 안고 살아가는 삶이 장기적으로 나를 더 강하게 만들어 주고, 더 많은 인내심과 유연함을 가르쳐 준 것 같기도 하다. 그래도 이 병에서 자유로이 벗어날 수만 있다면 예나 지금이나 내놓지 못할 것이 거의 없을 것 같다.

이 책을 쓰면서 나는 우울증이 내 인생에 얼마나 철저히 그림자를 드리웠는지 깨달았다. 지난 세월 동안 많이 힘들어서 포부가 얼어붙고 기운도 없을 때 나는 우울증이 또 나를 점령했다고 인정하는 대신 스스로를 실패자로, 지루하고 공허하고 창의력도 떨어지는 사람으로 간주했다. 나 자신을 가엾이 여기는 마음이 거의 없어서 자책으로 상황을 더 악화시키기만 했다. 심한 우울증에 걸린 사람은 오랫동안 쓸데없이 고통을 받는다. 이 병이 얼마나 흔한지 생각해 보면, 인간의 잠재력이 엄청나게 낭비되고 있는 셈이다. 세계보건기구는 모든 실병 중 우울증이 장애보정생존연수에서 1위를 차지하고 있다고 본다.[10] 장애보정생존연수란 건강하게 살 수 있는 시간을 병이나 징애 때문에 몇 년이나 잃어버리는지를 따진 것이다.

나도 잃어버린 그 세월을 돌려받을 수 있다면 좋겠지만, 내가 감탄하고 부러워하는 사람들만큼 성공하지 못한 것은 그 잃어버린 세월 때문이라고 이해하고 있다. 내 남편 같은 사람(남편은 나를 만난 뒤 흐른 세월 동안 책을 6권이나 쓴 문화 역사가다)이나 내 친구들 중 소설가, 시인, 언론인, 예술가 등이 바로 내가 부러워하는 사람이다. 활기 있게 많은 것을 성취하는 삶을 갈망하는 것 자체가 슬픔을 유발한다는 사실을 나는 깨닫는다. 자신이 이러저러한 이상적인 사람이 되었을지도 모른다며 끊임없이 상상하고 아쉬워하는 것도 멜랑콜리아 한자의 슬픔과 다르지 않다. 자신의 삶이 지금과 달라질 수도 있었다는 생각을 계속 마음에 품고 있으면, 지금 이런 삶을 살게 된 것이 얼마나 다행인지, 내가 얼마나 큰 위안과 축복을 받았는지 깨닫지 못한다.

우리 시대 최고의 작곡·작사가 중 한 명인 고故 레너드 코언은 거의 모든 사람이 살다 보면 스스로 망가진 것 같은 기분이 될 때가 있음을 알고 있었다. 실제로 고장 난 사람들만 그런 기분을 느끼는 것이 아니다. 자신의 결점과 부족한 점에만 집착하기보다, 불완전한 부분을 인류 공통의 자연스러운 모습으로 인정하면 된다. 레너드 코언은 다음의 가사를 우리에게 선사했다. 그의 노래 〈축가〉의 코러스 부분이다.

아직 울릴 수 있는 종을 울리고
완벽한 봉헌물을 잊어라

세상에 흠집 없는 것은 없어

그 틈새로 빛이 들어오는 법

나는 그의 훌륭한 조언을 받아들여, 빛이 들어오게 해야 한다는 것을 잊지 않고 내 남은 생애 속으로 나아갈 예정이다.

감사의 말

이 책의 첫머리에서 설명한 그 일 이후 지금까지 친구들과 가족들이 내게 가치를 헤아릴 수 없는 도움이 되었다. 특히 내 부모님 존 배리 크리건과 메리 드쿠어시 크리건의 사랑과 너그러움에 감사한다. 2년 전 아버지가 돌아가신 뒤로는 삶과 죽음에 대해 글을 쓰는 일이 한층 더 절절하게 가슴에 와 닿았다.

과거의 일들 때문에 나만큼이나 힘들었을 텐데, 그 기억을 되살릴 수 있게 도와준 톰 제이콥슨에게도 진심으로 감사한다. 이 책의 원고 전체 또는 일부를 읽어 보고 공감이 가득한 지적인 반응을 보여 준 줄리 캠폴리, 수전 치라, 모니카 코언, 노라 크리건, 해너 크리건, 제인 에저스키, 샘 스워프, 클레어 코넬, 핀턴 오툴, 마샤 와그니, 리처드 맥코이에게도 감사한다. 오랜 세월 동안 흔들림 없이 나를 지지해 준 캐런 호픈웨서도 있다. 내 친구이자 대리인인 앤 에델스틴, 편집자 질비앨로스키, 그리고 이 책의 탄생에 전문적인 지식과 관심을 보탠 드루 웨이트먼, 잉수 류, 친이 라이, 로라 스타렛, 베키 호미스키, 에린 로벳, 스티브 콜카 등 노튼 출판사의 모든 사람에게도 감사한다. 바너드대학은 여러 해 동안 내 직장이자 집이었으며, 나는 이 학교의 멋진 학생들과 동료들에게서 많은 것을 배웠다.

컬럼비아대학 도서관, 뉴욕 장로교/웨일 코넬 메디컬센터 자료실에도 감사한다.

마지막으로 제임스 샤피로와 우리 아들 루크에게 한없는 사랑과 감사를 바친다. 이 두 사람 덕분에 나는 내가 얼마나 행운아인지 항상 깨닫는다.

서문

1. National Institute of Mental Health, "Prevalence of Major Depressive Episode Among Adults," (Nov. 2017).

2. Erkki Iometsaä, "Suicide Behavior in Mood Disorders—Who, When, and Why?" 《Canadian Journal of Psychiatry》 59 (2014): 120-30; John Michael Bostwick and V. Shane Pankratz, "Affective Disorders and Suicide Risk: A Reexamination," 《American Journal of Psychiatry》 157:12 (2000): 1925-32.

1. 문제의 시작

1. Johns Hopkins Medical Institutions, "Chronic Form of Depression Runs in Families, Study Finds," 《Science Daily》 (11 Sept. 2006); F. M. Mondimore et al., "Familial Aggregation of Illness Chronicity in Recurrent, Early-Onset Major Depression Pedigrees," 《American Journal of Psychiatry》 163 (2006): 1554-60.

2. Cross-Disorder Group of the Psychiatric Genomics Consortium, "Identification of Risk Loci with Shared Effects on Five Major Psychiatric Disorders: A Genome-Wide Analysis," 《The Lancet》 381 (2013): 1371-79; NIH Research Matters, "Common Genetic Factors Found in Five Mental Disorders," (18 Mar. 2013).

3. Tony Kirby, "Ketamine for Depression: The Highs and Lows," 《The Lancet

Psychiatry》 9:2 (2015): 783–84; "Highlight. Ketamine: A New (and Faster) Path to Treating Depression," NIMH Strategic Plan for Research (2015); Michael Pollan, 「How to Change Your Mind: What the New Science of Psychedelics Teaches Us About Consciousness, Dying, Addiction, Depression, and Transcendence」 (Penguin, 2018); Lauren Slater, 「Blue Dreams: The Science and the Story of the Drugs that Changed Our Minds」 (Boston: Little, Brown, 2018).

4. Joshua Kendall, "Joshua Gordon Wants to Remake Mental Health Care, on a Budget," 《Undark》, (16 June 2017).

5. Marcia Angell, "The Epidemic of Mental Illness: Why?," 《The New York Review of Books》 (23 June 2011); "The Illusions of Psychiatry," 《The New York Review of Books》 (14 July 2011).

6. 월러스가 생애 마지막 해에 약 복용과 관련해서 내린 결정은 다음에 상세히 설명되어 있다. David Lipsky, "Afterword," 「Although of Course You End Up Becoming Yourself」 (Broadway Books, 2010), xvii–xix; D. T. Max, 「Every Love Story Is a Ghost Story」 (Viking, 2012), 297–301.

7. Tim Adams, "Karen Green: David Foster Wallace's Suicide Turned Him into a 'Celebrity Writer Dude,' Which Would Have Made Him Wince," 《Guardian》 (9 Apr. 2011).

8. Jonathan Franzen, "Farther Away: 'Robinson Crusoe,' David Foster Wallace, and the Island of Solitude," 《New Yorker》 (18 Apr. 2011).

9. Rob Bagche, "Eloquent and Sensitive Story Does Justice to Robert Enke and His Illness," 《Daily Telegraph》 (28 Nov. 2011).

10. Centers for Disease Control, "Facts about Hypoplastic Left Heart Syndrome,"; Department of Surgery, UCSF, "Pediatric Cardiothoracic Surgery: Hypoplastic Left Heart Syndrome."

11. Emily Dickinson, "After great pain, a formal feeling comes—," 「The Complete Poems of Emily Dickinson」, ed. Thomas H. Johnson (Boston: Little, Brown, 1960).

12. F. M. Boyle et al., "The Mental Health Impact of Stillbirth, Neonatal Death or SIDS: Prevalence and Patterns of Distress among Mothers," 《Social Science &

Medicine》43 (1996): 1273-82.

13. Vancouver study: Sydney Segal, Margaret Fletcher, and William G. Meeki-
    son, "Survey of Bereaved Parents," 《Canadian Medical Association Journal》
    134 (1986): 38.

14. Anne Sexton, "Wanting to Die," 『The Complete Poems of Anne Sexton』
    (Houghton Mifflin Harcourt, 1981), 142.

2. 그 뒤에 일어난 일

1. Susan Sontag, 『Illness as Metaphor』 (Farrar, Straus & Giroux, 1977), 3.

2. A. M. Leventhal and L. P. Rehm, "The Empirical Status of Melancholia: Im-
   plications for Psychology," 《Clinical Psychology Review》 25 (2005): 25-44.

3. 정신과 입원 환자의 차트 기록 방법과 관례에 대해서는 다음을 참조. Tanya
   Luhrmann, 『Of Two Minds: The Growing Disorder in American Psychiatry』
   (Knopf, 2000), 30-31.

4. 이 책에서는 내 치료에 참여했던 모든 의사들은 물론 주변 환자들 및 의료진의
   실명 대신 가명을 사용했다.

5. 이 용어는 1920년 커트 슈나이더Kurt Schneider가 생물학적 장애라는 뜻으로 (에
   밀 크레펠린Emil Kraepelin을 통해서) 처음 사용했다. Jin Mizushima et al., "Mel-
   ancholic and Reactive Depression: A Reappraisal of Old Categories," 《BMC
   Psychiatry》 13 (2013): 311.

6. Sigmund Freud, "Mourning and Melancholia," trans. James Strachey, 『The
   Standard Edition of the Complete Psychological Works of Sigmund Freud』,
   vol. 14 (London: Hogarth, 1957), 243.

7. Michael Alan Taylor and Max Fink, 『Melancholia: The Diagnosis, Patho-
   physiology and Treatment of Depressive Illness』 (Cambridge University Press,
   2006), 15.

8. 2006년 코펜하겐에서 열린 학회에서 일단의 정신의학자들은 멜랑콜리아에 관
   해 "세월의 시험을 거친 이 진단 개념이 정신과 분류에서 명확한 기분장애로 다
   시 규정되어야 한다"고 권고했다. 자세한 내용은 다음을 참조. Max Fink et al.,

"Melancholia: Restoration in Psychiatric Classification Recommended," 《Acta Psychiatrica Scandinavica》 115.2 (2007): 89-92.

9. "A Fatal Leap," 《New York Times》 (6 May 1874); "Suicide in Central Park," 《New York Times》 (30 July 1880); "Brooklyn," 《New York Times》 (10 July 1880).

10. Stanley W. Jackson, 「Melancholia and Depression: From Hippocratic Times to Modern Times」 (New Haven: Yale University Press, 1986), ix.

11. Jackson, 「Melancholia and Depression」, 30-31; Allan V. Horwitz and Jerome C. Wakefield, 「The Loss of Sadness」 (Oxford University Press, 2007), 57.

12. Jackson, 「Melancholia and Depression」, 4-5.

13. 다음에서 재인용. Jackson, 「Melancholia and Depression」, 42.

14. 다음에서 재인용. Jennifer Radden Keefe, ed., 「The Nature of Melancholy」 (Oxford University Press, 2000), 58.

15. Hannah Allen, ed. Allan Ingram, 「Patterns of Madness in the 18th Century: A Reader」 (Liverpool: Liverpool University Press, 1998), 29; Hannah Allen, 「A Narrative of God's Gracious Dealings with that Choice Christian Mrs. Hannah Allen」 (London, 1683), 13, 42-44, 72-73.

16. Timothy Rogers, 「A Discourse Concerning Trouble of Mind, and the Disease of Melancholy」 (London, 1691), i-iii, v, xi.

17. 다음에서 재인용. Jeremy Schmidt, 「Melancholy and the Care of the Soul: Religion, Moral Philosophy and Madness in Early Modern England」 (Burlington, VT: Ashgate, 2007), 118.

18. Robert Burton, 「The Anatomy of Melancholy」, ed. Holbrook Jackson (New York Review Books, 2001), 1:434, 431-32.

19. Kay Jamison, 「Night Falls Fast: Understanding Suicide」 (Knopf, 1999), 150-51.

20. 다음에서 재인용. Jamison, 「Night Falls Fast」, 151.

21. Åsa Janson, "From Statistics to Diagnostics: Medical Certificates, Melancholia, and 'Suicidal Propensities' in Victorian Psychiatry," 《Journal of Social History》 46.3 (2013): 722; Anne Shepherd and David Wright, "Madness, Suicide and the Victorian Asylum: Attempted Self-Murder in the Age of

Non-Restraint," 《Medical History》 46.2 (2002): 188.

22. T. S. Clouston, 「Clinical Lectures on Mental Diseases」 (Philadelphia: Henry C. Lea's Son & Co., 1884), 104.

23. Geetha Jayaram, Hilary Sporney, and Pamela Perticone, "The Utility and Effectiveness of 15-Minute Checks in Inpatient Settings," 《Psychiatry》 (Edgmont) 7.8 (2010): 46-49.

24. Jamison, 「Night Falls Fast」, 110.

25. Luhrmann, 「Of Two Minds」, 121; Nafees Aidroos, "Nurses' Response to Doctors' Orders for Close Observation," 《Canadian Journal of Psychiatry》 31.9 (1986): 831-33.

26. M. Bauer et al., "World Federation of Societies of Biological Psychiatry (WFSBP) Guidelines for Biological Treatment of Unipolar Depressive Disorders, Part 1: Update 2013 on the Acute and Continuation Treatment of Unipolar Depressive Disorders," 《World Journal of Biological Psychiatry》 14 (2013): 358.

27. Daniel J. Carlat, 「Unhinged: The Trouble with Psychiatry」 (Free Press, 2010), 21-24.

28. Burton, 「The Anatomy of Melancholy」, 177, 130-37.

3. 생명을 구하는 법

1. Rupert Hawksley, "One Flew Over the Cuckoo's Nest: 10 Things You Didn't Know About the Film," 《Daily Telegraph》 (28 Feb 2014).

2. 〈One Flew over the Cuckoo's Nest〉. Milos Forman. United Artists. 1975. Film.

3. Ken Kesey, 「One Flew Over the Cuckoo's Nest」 (Penguin, 2002), 179, 250, 164.

4. "The Fresh Air Interview: Ken Kesey," in Scott F. Parker, ed., 「Conversations with Ken Kesey」 (Jackson: University Press of Mississippi, 2014), 104.

5. Leonard Roy Frank et al., 《Madness Network News: A Journal of the Psychi-

atric Survival Movement》, vol. 1(2): 23 and vol 1(3): 29.

6. Thomas Szasz, 「The Therapeutic State: Psychiatry in the Mirror of Current Events」 (Buffalo: Prometheus Books, 1984); Anthony Stadlen, "Thomas Szasz," Obituary, 《Guardian》 (4 Oct. 2012).

7. Edward Shorter and David Healy, 「Shock Therapy: A History of Electroconvulsive Treatment in Mental Illness」 (New Brunswick: Rutgers University Press, 2007), 93-94.

8. David J. Rothman, "ECT: The Historical, Social, and Professional Sources of the Controversy," 《Psychopharmacology Bulletin》 22.2 (1986): 455-502.

9. 1963년 2월 28일 자 키지의 편지와 두 사람이 주고받은 서신은 다음을 참조. the official Szasz website, "The Thomas S. Szasz M.D. Cyber-center for Liberty and Responsibility", http://www.szasz.com/kesey.pdf.

10. 다음에서 재인용. John Clark Pratt's introduction to Ken Kesey, 「One Flew Over the Cuckoo's Nest」, ed. John Clark Pratt (Viking Critical Library, 1996).

11. Christopher Reed, "Ken Kesey," Obituary, 《Guardian》 (12 Nov. 2001).

12. Kitty Dukakis and Larry Tye, 「Shock: The Healing Power of Electroconvulsive Therapy」 (Penguin, 2006), 96-98.

13. Sylvia Plath, 「The Bell Jar」 (Harper Perennial, 1999), 143.

14. Linda Wagner-Martin, 「Sylvia Plath: A Biography」 (Simon & Schuster, 1987), 103; Anne Stevenson, 「Bitter Fame: A Life of Sylvia Plath」 (Houghton Mifflin, 1989), 44-47.

15. 《Observer》, 2013년 2월 2일자에 실린 Elizabeth Winder, 「Sylvia Plath in New York: Pain, Parties, and Work」 (Harper Perennial, 2014) 발췌문에서 재인용. 다음도 참조. Alex Beam, 「Gracefully Insane: Life and Death inside America's Premier Mental Hospital」 (Public Affairs Books, 2001), 153ff.

16. Plath, 「The Bell Jar」, 1.

17. Plath, 「The Bell Jar」, 215.

18. Carlat, 「Unhinged」, 164.

19. Michael Henry, M.D., of McLean Hospital, 다음에서 재인용. Daniel Fisher, "Shock and Disbelief," 《Atlantic Monthly》 (Feb. 2001), 88-89.

20. 다음에서 재인용. Max Fink, 「Electroconvulsive Therapy: A Guide for Pro-

fessionals and Their Patients」 (Oxford University Press, 2009), 4.

21. 피터 코니시Peter Cornish가 2012년 9월 6일 유튜브에 올린 동영상 〈Peter's ECT Session 2009〉는 유타주의 한 병원에서 시행된 ECT 광경을 보여 준다. 당시 가족들에게도 참관이 허락되었다. 다음도 참조. BBC 〈Newsnight video〉, "Why are we still using electroconvulsive therapy?" YouTube, published 21 Dec. 2013.

22. 「머린 원의 의미Marine One」, 〈홈랜드Homeland〉, 시즌 1, 에피소드 12. 감독 마이클 쿠에스타Michael Cuesta, 대본 알렉스 간사Alex Gansa와 하워드 고든Howard Gordon. 쇼타임 네트웍스, 2011년 12월 18일 방영. 다음도 참조. Lucy Tallon, "What Is Having ECT Like?" 《Guardian》 (13 May 2012).

23. Jamie Stiehm, "My So-Called Bipolar Life," 《New York Times》 (18 Jan. 2012).

24. Sharon Ruston, "The Science of Life and Death in Mary Shelley's 「Franken-stein」," British Library Online.

25. Mary Shelley, 「Frankenstein or The Modern Prometheus」, ed. Maurice Hindle (Penguin, 1992), 58.

26. Iwan Rhys Morus, "Galvanic Cultures: Electricity and Life in the Early Nine-teenth Century," 《Endeavour》 22.1 (1998): 7-11; André Parent, "Giovanni Aldini: From Animal Electricity to Human Brain Stimulation," 《Canadian Journal of Neurological Sciences》 31.4 (2004): 583.

27. S. A. Boudreau and S. Finger, "Medical Electricity and Madness in the Eigh-teenth Century," 《Perspectives in Biology and Medicine》 49.3 (2006): 337-38.

28. Dick Cavett, "Goodbye, Darkness," 《People》 (3 Aug, 1992).

29. Laura Hirschbein and Sharmalie Sarvananda, "History, Power, and Electric-ity: American Popular Magazine Accounts of Electro-Convulsive Therapy, 1940-2005," 《Journal of the History of the Behavioral Sciences》 44.1 (2008): 5.

30. Jennifer S. Perrin et al., "Electroconvulsive Therapy Reduces Frontal Cortical Connectivity in Severe Depressive Disorder," 《PNAS》 109.14 (2012): 5464-68.

31. Tom Bolwig, "How Does Electroconvulsive Therapy Work? Theories on Its

Mechanism," 《Canadian Journal of Psychiatry》 56.1 (2011): 13-18.

32. Gretchen Vogel, "Malaria as Lifesaving Therapy," 《Science》 342.6159 (2013): 686.

33. Deborah Blythe Doroshow, "Performing a Cure for Schizophrenia: Insulin Coma Therapy on the Wards," 《Journal of the History of Medicine and Allied Sciences》 62.2 (2007): 214.

34. Edward Shorter, 《A History of Psychiatry》 (John Wiley & Sons, 1977), 208.

35. David Healy, 「The Creation of Psychopharmacology」 (Cambridge: Harvard University Press, 2004) 71; Lothar Kalinowsky, "History of Convulsive Therapy," 《Annals of the New York Academy of Sciences》 462 (1986): 1-4.

36. B. Baran et. al., "The Beginnings of Modern Psychiatric Treatment in Europe: Lessons from an Early Account of Convulsive Therapy," 《European Archives of Psychiatry and Clinical Neuroscience》 258 (2008): 435.

37. 다음에서 재인용. Fink, 「Electroconvulsive Therapy」, 88.

38. 다음에서 재인용. Edward Shorter and David Healy, 「Shock Therapy: A History of Electroconvulsive Treatment in Mental Illness」 (New Brunswick: Rutgers University Press, 2007), 26-27.

39. 다음에서 재인용. Shorter, 「A History of Psychiatry」, 215.

40. "Autobiography of L. J. Meduna" (Part 2), 《Convulsive Therapy》 1.2 (1985): 122.

41. Shorter and Healy, 「Shock Therapy」, 28.

42. Fink, 「Electroconvulsive Therapy」, 33.

43. Solomon Katzenelbogen, "A Critical Appraisal of the 'Shock Therapies' in the Major Psychoses and Psychoneuroses III—Convulsive Therapy," 《Psychiatry》 3:3 (1940): 412.

44. B. Baran, I. Bitter, et. al., "The Birth of Biological Therapy in Hungary: The Story of László Meduna's First Patient Receiving Convulsive Therapy," 《Psychiatrica Hungarica》 23.5 (2008): 366-75. Abstract.

45. Sherwin B. Nuland, "The Uncertain Art: Lightening on My Mind." 《The American Scholar》 71.2 (2002): 128.

46. 다음에서 재인용. Bruce Wright, "An Historical Review of Electroconvulsive

Therapy," 《Jefferson Journal of Psychiatry》 8.2 (1990): 70.

47. Ugo Cerletti, "Old and New Information about Electroshock," 《American Journal of Psychiatry》 107.87 (1950): 90.

48. F. Accornero, "An Eyewitness Discovery of Electroshock," 《Convulsive Therapy》 4.1 (1988): 44.

49. Shorter and Healy, 「Shock Therapy」, 42-43.

50. Accornero, "An Eyewitness Discovery," 46.

51. Nuland, "The Uncertain Art," 128.

52. Shorter and Healy, 「Shock Therapy」, 43.

53. Cerletti, "Old and New Information," 91; Shorter, 「A History of Psychiatry」, 220.

54. Shorter and Healy, 「Shock Therapy」, 43.

55. Shorter, 「A History of Psychiatry」, 221.

56. S. Mukherjee et al., "Electroconvulsive Therapy of Acute Manic Episodes: A Review of 50 Years' Experience," 《American Journal of Psychiatry》 151.2 (1994): 169-76.

57. Shorter and Healy, 「Shock Therapy」, 144; Jan Otto Ottosson and Max Fink, 「Ethics in Electroconvulsive Therapy」 (Routledge, 2004), 7.

58. Shorter and Healy, 「Shock Therapy」, 144; Ottosson and Fink, 「Ethics in Electroconvulsive Therapy」, 7.

59. L. Rose, "Fear of ECT," 《BMJ》 2.6038 (1976): 757.

60. Shorter and Healy, 「Shock Therapy」, 145.

61. 다음에서 재인용. Daniel Smith, "Shock and Disbelief," 《Atlantic》 (February 2001).

62. James W. Thompson et al., "Use of ECT in the United States in 1975, 1980, and 1986," 《American Journal of Psychiatry》 151.11 (1994): 1657-61; Max Fink, "Electroshock Revisited," 《American Scientist》 88.2 (2000): 162-67.

63. Nancy Payne and Joan Prudic, "Electroconvulsive Therapy Part II: A Bio-psychosocial Perspective," 《Journal of Psychiatric Practice》 15.5 (2009): 371; Max Fink, 「Electroshock: Restoring the Mind」 (Oxford University Press, 1999), 103.

64. Fink, "Electroshock Revisited," 164.

65. Nancy Payne and Joan Prudic, "Electroconvulsive Therapy Part I: A Perspective on the Evolution and Current Practice," 《Journal of Psychiatric Practice》 15.5 (2009): 356.

66. J. Lew et al., "Oxygenation During Electroconvulsive Therapy," 《Anesthesia》 41.11 (1986): 1092–97.

67. Richard D. Weiner, "Clinical Applications," in M. Mankal et al., 『Clinical Manual of Electroconvulsive Therapy』 (Arlington, VA: American Psychiatric Publishing, 2010), 59–79.

68. 맥스 핑크는 2014년 11월 내 질문에 이메일로 친절하게 답변해 주었다.

69. Payne and Prudic, "Electroconvulsive Therapy Part I," 356.

70. Richard D. Weiner, "Basics," in Mankal et al., 『Clinical Manual of Electroconvulsive Therapy』, 48.

71. Payne and Prudic, "Electroconvulsive Therapy Part I," 356; Joan Prudic, "Strategies to Minimize Cognitive Side Effects with ECT: Aspects of ECT Technique," 《Journal of ECT》 24.1 (2008): 46–47.

72. 다음에서 재인용. Smith, "Shock and Disbelief."

73. 다음에서 재인용. John Jeremiah Sullivan, "Donald Ant-rim and the Art of Anxiety," 《New York Times Magazine》 (21 Sept. 2014).

74. ECT 반대 운동가 린다 안드레Linda Andre가 그의 저서에서 이 같은 주장을 한다. Linda Andre, 『Doctors of Deception: What They Don't Want You to Know about Shock Treatment』 (New Brunswick: Rutgers University Press, 2009).

75. APA Task Force on Electroconvulsive Therapy, "The Practice of Electroconvulsive Therapy: Treatment, Training, and Privileging." (Washington, DC: American Psychiatric Association, 1990).

76. Andrea Cipriani et al., "Lithium in the Prevention of Suicide in Mood Disorders," 《BMJ》 346: f3646 (2013); M. Bauer et al., "Role of Lithium Augmentation in the Management of Major Depressive Disorder," 《CNS Drugs》 28.4 (2014): 331–42.

4. 정신병원 중의 낙원

1. 화이트플레인즈 이주에 대한 자료는 다음을 참조. 《The New York Herald》, (9 Aug. 1894), (5 Aug. 1894), and (22 July 1894).

2. 《New York Times》 (18 Oct. 1894).

3. 《New York Herald》 (22 July 1894).

4. Deanna Pan, "Timeline: Deinstitutionalization and Its Consequences," 《Mother Jones》 (29 Apr. 2013).

5. 다음에서 재인용. Andrew Dolkart, 『Morningside Heights: A History of Its Architecture and Development』 (Columbia University Press, 2001), 18.

6. "Remove Bloomingdale!" 《New York Herald》 (18 Apr. 1888).

7. "Must Bloomingdale Asylum Go?" 《New York Herald》 (14 Mar. 1886).

8. "Remove Bloomingdale!" 《New York Herald》 (18 Apr. 1888).

9. 《New York Times》 (19 May 1888).

10. 《New York Herald》 (15 Aug. 1887).

11. Betsy Brown, "Scope of Proposal for Hospital Land Is Focus of Debate," 《New York Times》, 8 Jan. 1984; "The Bloomingdale Insane Asylum" on the website of the Bloomingdale Neighborhood History Group.

12. Gerald Grob, 『The Mad Among Us: A History of the Care of America's Mentally Ill』 (Free Press, 1994), 23.

13. Dolkart, 『Morningside Heights』, 14.

14. 『The New York Hospital Annual Report』, 1941, 9. Internet Archive.

15. Henry M. Hurd et al., 『The Institutional Care of the Insane in the United States and Canada』, vol. 3 (Baltimore: Johns Hopkins University Press, 1916) 135; 『The New York Hospital Annual Report』 1971, 42.

16. Hurd et al., 『The Institutional Care of the Insane』, 133.

17. Shorter, 『History of Psychiatry』, 16.

18. Lynn Gamwell and Nancy Tomes, 『Madness in America: Cultural and Medical Perceptions of Mental Illness before 1914』 (Ithaca: Cornell University Press, 1995), 35.

19. Andrew Scull, 『Social Order/Mental Disorder: Anglo-American Psychiatry in

Historical Perspective』 (Berkeley: University of California Press, 1989), 98-99.

20. Gamwell and Tomes, 『Madness in America』, 37.

21. Shorter, 『History of Psychiatry』, 8.

22. Dora B. Weiner, "Le Geste de Pinel" in Mark S. Micale and Roy Porter, eds., 『Discovering the History of Psychiatry』 (Oxford University Press, 1994), 238; Dora B. Weiner, "Philippe Pinel's 'Memoir on Madness' of December 11, 1794: A Fundamental Text of Modern Psychiatry," 《American Journal of Psychiatry》 149.6 (1992): 725-32; James C. Harris, "Pinel Orders the Chains Removed from the Insane at Bîcetre," 《Archives of General Psychiatry》 60.5 (2003): 442.

23. Roy Porter, 『Mind-Forg'd Manacles: A History of Madness in England』 (Harvard University Press, 1987), 134-35.

24. Anne Digby, "Changes in the Asylum: The Case of York, 1777-1815," 《Economic History Review》 36.2 (1983): 225.

25. 다음에서 재인용. Richard Hunter and Ida Macalpine, "Introduction," in Samuel Tuke, 『Description of The Retreat』[1813] (London: Dawsons, 1964), 1.

26. Digby, "Changes in the Asylum," 225.

27. Porter, 『Mind-Forg'd Manacles』, 223.

28. Porter, 『Mind-Forg'd Manacles』, 223.

29. Tuke, 『Description of The Retreat』; Shorter, 『A History of Psychiatry』, 21.

30. Thomas Eddy, "Hints for Introducing an Improved Mode of Treating the Insane in the Asylum," Communication to the Board of Governors, April 1815. Reprinted in 『A Psychiatric Milestone: Bloomingdale Hospital Centenary 1821-1921』 (The Society of New York Hospital, 1921), Appendix III.

31. Dolkart, 『Morningside Heights』, 14.

32. 다음에서 재인용. Hurd, 『The Institutional Care of the Insane』, 142.

33. 다음에서 재인용. Grob, 『The Mad Among Us』, 37.

34. Charles Dickens, 『American Notes for General Circulation』[1842] (Penguin, 2000), 104.

35. 다음에서 재인용. Charles Pilgrim, "Treatment of the Insane in New York," 《American Journal of Insanity》, 68.1 (1911): 8.

36. Pliny Earle, 「History, Description and Statistics of the Bloomingdale Asylum for the Insane」 (Egbert, Hovey and King, 1848), 102.

37. Julius Chambers, 「A Mad World and Its Inhabitants」 (D. Appleton and Co., 1876), 145.

38. 「The 117th Annual Report of the State of the New York Hospital and Bloomingdale Asylum for the year 1887」 (New York Hospital Society, 1888), 202.

39. Taylor and Fink, 「Melancholia: A Clinician's GuideQ, 134.

40. National Center for Injury Prevention and Control, "Suicide Rising Across the U.S." Centers for Disease Control and Prevention, 2018.

41. Yad M. Jabbarpour and Geetha Jayaram, "Suicide Risk: Navigating the Failure Modes," Focus 9.2 (2011): 186.

42. 틴틴에서 시행된 이 연구를 다음에서 재인용했다. James L. Knoll IV, "Inpatient Suicide: Identifying Vulnerability in the Hospital Setting," 《Psychiatric Times》 (23 May 2012).

43. 다음에서 재인용. Knoll, "Inpatient Suicide." See also Isaac Sakinofsky, "Preventing Suicide Among Inpatients," 《Canadian Journal of Psychiatry》 59.3 (2014): 131-40.

44. "Suicide of a Brooklyn Lady," 《New York Times》 (11 Nov. 1880).

45. "Fled Bloomingdale to Drown," 《New York Times》 (7 Aug. 1914).

46. "Mrs. Ticer Killed by Train," 《New York Times》 (5 Nov. 1916).

47. "Not Waving but Drowning," 「Collected Poems of Stevie Smith」 (New Directions, 1972).

48. 시편 22편

49. Anthony Bloom, 「Learning to Pray」 (Mahwah, NJ: Paulist Press, 1970), 26.

50. 정신병에 이렇게 다양한 측면이 있다고 보는 견해는 순전히 생물학적인 관점에서 정신의학에 접근하는 사람들의 주장과 대립하고 있다. 다음을 참조. George Makari, "Psychiatry's Mind-Brain Problem," 《New York Times》 (11 Nov. 2015); Tanya Luhrmann, 「Of Two Minds: The Growing Disorder in American Psychiatry」 (Knopf, 2000).

51. Erving Goffman, 「Asylums: Essays on the Social Situation of Mental Patients

and Other Inmates』 (Anchor, 1961).

52. 『Stigma: Notes on the Management of Spoiled Identity』 (Simon & Schuster, 1963). 이 책에서 고프먼은 '이미 수치를 당한 사람discredited'과 '어쩌면 수치를 당할 수도 있는 사람discreditable'을 구분한다. "낙인이 찍힌 사람이 이미 그 사실이 알려져서 분명히 드러난다고 보는가, 아니면 그 자리에 있는 사람들이 그 사실을 모르거나 금방 알아차리지 못한다고 보는가? 전자의 경우는 이미 수치를 당한 고통이고, 후자의 경우는 어쩌면 수치를 당할 수도 있는 고통이다. 이 차이가 중요하다."(4쪽).

5. 죽으면 어디로 가나?

1. "Pilot," 〈The Leftovers〉, HBO, (29 June 2014). 첫 번째 시즌은 톰 페로타Tom Perrotta의 소설 『The Leftovers』 (St. Martin's, 2011)를 각색한 것이다.

2. Darian Leader, 『The New Black: Mourning, Melancholia and Depression』 (Minneapolis: Graywolf Press, 2009), 8.

3. 이 책을 쓰려고 생각하면서 나는 보스니아와 르완다의 인종 청소, 시리아 내전, 코네티컷주 뉴타운에서 발생한 어린이 20명 살해 사건 등 크고 작은 사건들과 나의 경험을 현미경처럼 자세히 들여다보았다. 두 살짜리 딸을 뇌암으로 잃은 알렉산다르 헤몬Aleksandar Hemon의 이야기(『수족관에서In the Aquarium』), 2004년 해일로 가족을 모두 잃은 소날리 데라냐갈라Sonali Deraniyagala의 이야기(『천 개의 파도Wave』)도 읽어 보았다. 다 자란 자식을 잃고 그 슬픔을 표현한 책을 펴낸 데이비드 그로스만David Grossman(『시간 밖으로Falling Out of Time』)와 에드워드 히어시 Edward Hirsch(『가브리엘Gabriel』), 그리고 10대 아들을 자살로 잃은 부부를 만나 보기도 했다.

4. 젠 군터Jen Gunter는 '비탄에 잠긴 엄마가 말하면, 귀를 기울여라When a Greiving Mother Talks, Listen'(《뉴욕타임스》, 2017년 12월 21일 자)에서 아기를 사산하거나 생후 일주일 안에 잃은 여성들의 이야기를 썼다.

5. Samuel Beckett, 『Waiting for Godot』 (Grove Press, 2011).

6. International Theological Commission, "The Hope of Salvation for Infants Who Die Without Being Baptized," 2007.

7. 마이모니데스의 『미슈나 토라Mishneh Torah』, 애도의 법칙 1:6. Ron Wolfson, "Jewish Stillbirth and Neonatal Death." 다음에서 발췌. Wolfson, 『A Time to Mourn, A Time to Comfort』 (Woodstock, VT: Jewish Lights Publishing, 2008).

8. Rabbi Stephanie Dickstein, "Jewish Ritual Practice Following a Stillbirth," YD 340:30.1996a.

9. Jan Kochanowski, 『Laments』, trans. Stanislaw Baranczak and Seamus Heaney (Farrar, Straus & Giroux, 1995); Jonathan Aaron, "Across Four Centuries: Jan Kochanowski's 『Laments』," 《Harvard Review》 10 (1996): 60–62.

10. George A. Bonanno, "Loss, Trauma, and Human Resilience," 《American Psychologist》 (Jan. 2004): 21.

11. Florian Illies, 1913: 『The Year before the Storm』 (Public Affairs, 2013), 192–93.

12. Sigmund Freud, Letter from Sigmund Freud to C. G. Jung, 16 April 1909, 『The Freud/Jung Letters: The Correspondence Between Sigmund Freud and C. G. Jung』, ed. William McGuire, trans. Ralph Manheim and R. F. C. Hull (Princeton, N.J.: Princeton University Press, 1974), 218–220.

13. Lou Andreas-Salomé, 『The Freud Journal of Lou Andreas-Salomé』 (Basic Books, 1964), 169.

14. Sigmund Freud, "On Transience," 『The Standard Edition of the Complete Psychological Works of Sigmund Freud』, Volume XIV (1914-1916), trans. James Strachey (London: Hogarth Press, 1957), 304; "A Conversation between Freud and Rilke," 《The Psychoanalytic Quarterly》 XXXV (1966): 423–27. 이 글에서 레만Lehmann은 「덧없음에 대하여On Transience」의 이름 모를 시인이 릴케임을 밝혔다. 내가 레만의 결론이 옳다고 믿는 것은, 두 사람이 그날 실제로 만났을 뿐만 아니라 그날의 대화에 관한 프로이트의 묘사와 릴케의 작품 사이에 상관관계가 있기 때문이다. 다음도 참조. Matthew von Unwerth, "On Transience: Freud, Rilke, and Creativity," 《Issues in Psychoanalytic Psychology》 32 (2010): 133–46.

15. 딸과 손자의 죽음에 대해 프로이트가 보인 반응과 편지의 인용문들을 보려면, 다음을 참조. Peter Gay, 『Freud: A Life for Our Time』 (Norton, 1988), 392–93 and 421–22.

16. Sigmund Freud, 『Totem and Taboo』 (1913), 『The Standard Edition of the Complete Psychological Works of Sigmund Freud』, Volume XIII (1914-1916), trans. James Strachey, (London: Hogarth Press; 1955), 64.

17. 시간이 흐르면서 애도에 대한 프로이트의 생각이 어떻게 더 복잡하게 변해 갔는지를 논한 글을 보려면, 다음을 참조. Tammy Clewell, "Mourning Beyond Melancholia: Freud's Psychoanalysis of Loss," 《Journal of the American Psychoanalytic Association》 52.1 (2004): 43-67.

18. Freud, "On Transience," 304.

19. 내니 폰 에셔Nanny von Escher에게 보낸 편지(1923년 12월 22일 자). Rainer Maria Rilke, 『Letters of Rainer Maria Rilke』, 1910-1926, trans. Jane Bannard Greene and M. D. Herter Norton (Norton, 1948), 330.

20. 카운테스 마고 시초Countess Margot Sizzo에게 보낸 편지(1923년 1월 6일 자), Rainer Maria Rilke, 『Letters on Life』, ed. and trans. Ulrich Baer (Random House, 2005), 108-9.

21. The First Elegy, 『Selected Poetry of Rainer Maria Rilke』, ed. and trans. Stephen Mitchell (Vintage, 1984),

22. The Ninth Elegy, 『Selected Poetry of Rainer Maria Rilke』, 199.

23. The Seventh Elegy, Kathleen Komar's translation of "hiersein ist herrlich." Kathleen L. Komar, "Duisener Elegien," 『Encyclopedia of German Literature』, ed. Matthias Konzett (Chicago: Fitzroy Dearborn, 2000), 823-24.

24. Virginia Woolf, "A Sketch of the Past," in 『Moments of Being』, 2nd ed., ed. Jeanne Schulkind (Harvest, 1985), 80.

25. Joan Didion, 『The Year of Magical Thinking』 (Vintage, 2005), 43-44.

26. "Orpheus. Eurydice. Hermes." 『Selected Poetry of Rainer Maria Rilke』, 49-53.

27. 이 신화에 대한 설명은 다음을 참조했다. Walter Burkert, 『Greek Religion』 (Cambridge: Harvard University Press, 1985), 159-61; Helene P. Foley, ed. 『The Homeric Hymn to Demeter』 (Princeton: Princeton University Press, 1994).

28. Eavan Boland, "The Pomegranate," 『In a Time of Violence』 (Norton, 1994), 26.

29. Louise Glück, 『Averno』 (Farrar, Straus & Giroux, 2006) and "Pomegranate," 《Salmagundi》 22 (Spring-Summer 1973).

30. T. S. Eliot, "Marina," in 『The Complete Poems and Plays 1909-1950』 (Harcourt, Brace & World, 1971), 72-73.

31. Czesław Miłosz, "I Sleep a Lot," in 『The Collected Poems 1931-1987』 (Hopewell NJ: Ecco Press, 1988), 177-78.

6. 우울하지 않은 파란색

1. 이러한 마음속 이미지는 안셀 애덤스Ansel Adams와 프레드 아처Fred Archer가 흑백사진을 위해 만들어 낸 '존 시스템zone system'에서 가져온 것이다. 다음을 참조. https://en.wikipedia.org/wiki/Zone_System.

2. Andrew Solomon, 『The Noonday Demon: An Atlas of Depression』 (Simon & Schuster, 2001).

3. 'the blues'와 'blue devils'의 어원에 대해서는 『옥스퍼드 영어 사전』 참조.

4. M. Oz et al., "Cellular and Molecular Actions of Methylene Blue in the Nervous System," 《Medical Research Reviews》 31.1 (2011): 93-117.

5. R. H. Schirmer et al., "Lest We Forget You—Methylene Blue···" 《Neurobiology of Aging》 32.12 (2012): 32.

6. Francisco López-Muñoz and Cecilio Álamo, "Monoaminergic Neurotransmission: The History of the Discovery of Antidepressants from 1950s Until Today," 《Current Pharmaceutical Design》 15 (2009): 1563-86.

7. 다음에서 재인용. Bernhard Witkop, "Paul Ehrlich: His Ideas and His Legacy," 『Science, Technology & Society in the Time of Alfred Nobel: Nobel Symposium 52』, eds. Bernhard Witkop, E. Crawford, and P. Sörbom (Oxford: Pergamon Press, 1983), 149.

8. Dilip Jeste et al., "Serendipity in Biological Psychiatry," 《Archives of General Psychiatry》 36.11 (1979): 1175.

9. Jette E. Kristiansen et al., "Phenothiazines as a Solution for Multidrug Resistant Tuberculosis," 《International Microbiology》 18 (2015): 2; Healy, 『The Creation of Psychopharmacology』, 44.

10. Thomas Ban, "The Role of Serendipity in Drug Discovery," 《Dialogues in

Clinical Neuroscience⟩ 8.3 (2006): 335.

11. Jeste et al., "Serendipity in Biological Psychiatry," 1175.

12. David Healy, 『The Antidepressant Era』 (Cambridge: Harvard University Press, 1997), 43.

13. Healy, 『The Antidepressant Era』, 43-48; David Healy, "Roland Kuhn." Obituary. 『History of Psychiatry』 17.2: 253.

14. Healy, 『The Antidepressant Era』, 45.

15. H. E. Lehmann and G. E. Hanrahan, "Chlorpromazine: A New Inhibiting Agent for Psychomotor Excitement and Manic States," ⟨AMA Archives of Neurology and Psychiatry⟩ 71.2 (1954): 232.

16. Healy, 『The Creation of Psychopharmacology』, 225.

17. Healy, 『Antidepressant Era』, 49.

18. 이 염료를 서머블루라고 부르는 사람도 있고, 스카이블루라고 부르는 사람도 있다. 다음을 참조. Healy, "Roland Kuhn," 253; López-Muñoz and Álamo, "Monoaminergic Neurotransmission," 1568.

19. Healy, 『The Antidepressant Era』, 51-55. 쿤과 이미프라민에 대한 이야기는 주로 데이비드 힐리David Healy(48-59)를 참조했다. 이 이야기를 조금씩 다른 내용으로 기록한 글도 많다. 예를 들어 다음을 참조. Edward Shorter, 『Before Prozac』 (Oxford, 2009), 59-64; Gary Greenberg, 『Manufacturing Depression』 (Simon & Schuster, 2010), 181-84; Elliot S. Valenstein, 『Blaming the Brain』 (Free Press, 1998), 38-40.

20. Healy, 『The Antidepressant Era』, 51. 가이기와 협력할 때 쿤과 함께 일했던 알란 브로드허스트Alan Broadhurst와 힐리의 인터뷰도 참조. E. M. Tansey, D. A. Christie, L. A. Reynolds, eds., 『Wellcome Witnesses to Twentieth Century Medicine』, vol. 2 (London: Wellcome Trust, 1998), 141.

21. 다음에서 재인용. Edward Shorter, 『A Historical Dictionary of Psychiatry』 (Oxford University Press, 2005), 141.

22. Roland Kuhn, "The Treatment of Depressive States with G22355 (imipramine hydrochloride)," ⟨American Journal of Psychiatry⟩ 115.5 (1958): 459.

23. Kuhn, "The Treatment of Depressive States," 461.

24. Shorter, 『Before Prozac』, 61.

25. Kuhn, "The Treatment of Depressive States," 459.

26. Healy, 『The Antidepressant Era』, 58-59.

27. Kuhn, "The Treatment of Depres sive States," 463.

28. 이 광고 이미지를 http://www.thisisdisplay.org/collection/tofranil_geigy에서 볼 수 있다.

29. World Federation for Mental Health: "Depression: A Global Crisis" (10 Oct. 2012).

30. Healy, 『The Antidepressant Era』, 58.

31. Anisa Goforth et al., "Diathesisstress Model," in Sam Goldstein and Jack Naglieri, eds., 『Encyclopedia of Child Behavior and Development』 (Springer, 2011), 502-503.

32. Jonathan Flint and Kenneth S. Kendler, "The Genetics of Major Depression," 《Neuron》 81 (2014): 484-503.

33. Samuel H. Barondes, 『Mood Genes: Hunting for the Origins of Mania and Depression』 (Oxford University Press, 1998), 178-79.

34. Tom Inglis, 『Moral Monopoly: The Catholic Church in Modern Irish Society』 (Dublin: Gill & Macmillan, 1987), 210-14.

35. Meprospan advertisement, 《AMA: The Journal of the American Medical Association》 199.2 (1967): 226-28. 내가 여기서 묘사한 광고를 포함해서, 여러 향정신성의약품의 인쇄 광고 모음을 www.bonkersinstitute.org에서 볼 수 있다.

36. Dexedrine advertisement, 《Journal of the American Medical Association》 160.10 (1956): 79.

37. Betty Friedan, 『The Feminine Mystique』 (W. W. Norton, 1963), 26.

38. A Religious of the Cenacle, 『Stations of the Cross for Children』[1920] (Paramus, N.J.: Paulist Press, 1936).

39. 성격적인 특징과 우울증 사이에 상관관계가 있을 수 있다. 피터 크레이머Peter Kramer는 여성 우울증 환자에 대해 이야기하면서 그녀가 느낀 극심한 피로와 무기력감이 "완벽주의와 낮은 자존감 때문에 더욱 심화된다. 환자는 너무 쉽게 죄책감을 느끼며, 어떤 상황에서든 고통스러운 부분에 초점을 맞춘다. 환자는 혼자 있게 해 달라고 요구하고, 여러 사람과 어울릴 때는 아웃사이더가 된 기분을

느낀다… 이런 성향들이 증상이다. 우울증의 표준 정의는 자신이 무가치하다는 느낌, 지나친 죄책감, 우유부단을 언급한다… 교과서에 나오는 더 완전한 설명에는 사회적인 위축과 지난 일을 곱씹다가 꼼짝도 못하게 되는 증상이 언급되어 있다…. 게다가 베티는 도덕적으로 빈틈이 없다(미국에서는 이 기준을 채택하지 않았지만, 독일의 일부 정신과 의사들은 도덕성, 즉 지나치게 양심을 강조하는 태도가 우울증의 핵심적인 특징으로서 다른 모든 증상을 일으키는 원인이라고 본다)"고 썼다. 『Against Depression』 (Penguin, 2005), 72.

40. Dennis K. Kinney et al., "Prenatal Stress and Risk for Autism," 《Neuroscience and Biobehavioral Reviews》 32.8 (2008): 1519-32; Jonathan R. Seckl and Michael J. Meaney, "Glucocorticoid 'Programming' and PTSD Risk," 《Annals of the New York Academy of Sciences》 1071 (2006): 351-78; Dustin Scheinost et al., "Does Prenatal Stress Affect the Connectome?" 《Pediatric Research》 81.1 (2017): 213-26.

41. M. Weinstock, "Does Prenatal Stress Impair Coping and Regulation of Hypothalamic-Pituitary-Adrenal Axis?" 《Neuroscience and Biobehavioral Reviews》 21.1 (1997): 1-10.

42. Jim Dryden, "Depression, Overwhelming Guilt in Preschool Years Linked to Brain Changes," 《The Source》 (12 Nov. 2014); Andy C. Belden et al., "Anterior Insula Volume and Guilt: Neurobehavioral Markers of Recurrence after Early Childhood Major Depressive Disorder," 《JAMA Psychiatry》 72.1 (2015): 40-48.

43. David A. Karp, 『Speaking of Sadness』 (Oxford University Press, 1996), 57.

7. 프로작의 약속

1. 게리 그린버그Gary Greenberg는 어디서나 볼 수 있는 이 표현을 세계보건기구가 만들어 냈다고 주장한다. 이에 관해서는 다음을 참조. 『Manufacturing Depression』 (Bloomsbury, 2010), 10. 데이비드 힐리는 『The Antidepressant Era』 58쪽에서 우울증을 "정신과의 흔한 감기"라고 부른다.

2. Shorter, 『A History of Psychiatry』, 100.

3. Shorter,「A History of Psychiatry」, 105-6.

4. Horwitz and Wakefield,「The Loss of Sadness」, 77.

5. National Institutes of Health, "Same Genes Suspected in Both Depression and Bipolar Illness." 《Science Update》(28 Jan. 2010); Amy K. Kuellar et al., "Distinctions between Bipolar and Unipolar Depression," 《Clinical Psychological Review》25.3 (2005): 307-39.

6. Emil Kraepelin, "Lecture 1: Melancholia," in「Lectures on Clinical Psychiatry」(William Wood & Co., 1904), 1.

7. Hannah Decker, "Kraepelin to DSM-III," 《History of Psychiatry》18(3): 340.

8. Shadia Kawa and James Giordano, "A Brief Historicity of the「Diagnostic and Statistical Manual of Mental DisordersQ," 《Philosophy, Ethics, and Humanities in Medicine》7:2 (2012): 2.

9. John Gach, "Biological Psychiatry in the Nineteenth and Twentieth Centuries," in E. R. Wallace and J. Gach, eds.,「History of Psychiatry and Medical Psychology」(Boston: Springer, 2008), 390.

10. Decker, "Kraepelin to DSM-III," 342.

11. Adolf Meyer, Address (1921), in A QPsychiatric Mile stone: Bloomingdale Hospital Centenary 1821-1921.」The Society of New York Hospital.

12. Karl Menninger Obituary, 《New York Times》(19 July 1990).

13. 다음에서 재인용. Mitchell Wilson, "DSM-III and the Transformation of American Psychiatry: A History," 《American Journal of Psychiatry》150:3 (1993): 400.

14. Shorter,「History of Psychiatry」, 173.

15. Jeffrey A. Lieberman, QShrinks: The Untold Story of Psychiatry」(Little, Brown, 2015), 74-83.

16. Peter Kramer,「Against Depression」(Penguin, 2006), 50.

17. David Rosenhan, "On Being Sane in Insane Places," 《Science》179 (1973): 250-58.

18. 다음에서 재인용. Wilson, "DSM-III," 405.

19. 다음에서 재인용. Wilson, "DSM-III," 405.

20. R. Bayer and R. L. Spitzer, "Neurosis, Psychodynamics, and DSM-III: A His-

tory of the Controversy," 《Archives of General Psychiatry》 42.2 (1985): 187–96.

21. American Psychiatric Association, 『Diagnostic and Statistical Manual of Mental Disorders』, 3rd ed. (Arlington, VA: American Psychiatric Association, 1980), 213; Allan V. Horwitz, Jerome C. Wakefield, and Lorenzo Lorenzo-Luaces, "History of Depression" in 『The Oxford Handbook of Mood Disorders』, eds. Robert J. DeRubeis and Daniel R. Strunk. Online Publication Date: April 2016. 15.

22. Daniel Goldberg, "The Heterogeneity of "Major Depression," 《World Psychiatry》 10.3 (2011): 226–28; Jenny Chen, "Why Depression Needs a New Definition," 《Atlantic》 (4 Aug. 2015).

23. Jeffrey Mattes, Letters to the Editor, 《Archives of General Psychiatry》 38 (Sept. 1981), 1068.

24. Horwitz and Wakefield, 『The Loss of Sadness』.

25. Darrel A. Regier et al., "The NIMH Depression Awareness, Recognition, and Treatment Program: Structure, Aims, and Scientific Basis," 《American Journal of Psychiatry》 145:11 (1988): 1351–57; Horwitz and Wakefield, 『The Loss of Sadness』, 150–52.

26. 다음에서 참고한 광고. Cristina Hanganu-Bresch, 『Faces of Depression: A Study of Antidepressant Advertisements in the American and British Journals of Psychiatry 1960-2004』, PhD diss., University of Minnesota, May 2008. 272.

27. Barondes, 『Mood Genes』, 38.

28. Joseph Schildkraut, "The Catecholamine Hypothesis of Affective Disorders: A Review of the Supporting Evidence," 《American Journal of Psychiatry》 122.5 (1965): 509–22.

29. López-Muñoz and Álamo, "Monoaminergic Neurotransmission," 1575–77.

30. 칼손과 지멜리딘에 대한 정보의 출처는 다음과 같다. Shorter, 『Before Prozac』, 170–74.

31. Healy, 『The Antidepressant Era』, 168; David T. Wong et al., "The Discovery of Fluoxetine Hydrochloride (Prozac)," 《Nature Reviews Drug Discovery》 4

(2005): 764-74.

32. Interbrand Health, "How Prozac Brought Depression out of the Dark," Oct. 2017.

33. Geoffrey Cowley et al., "The Promise of Prozac," 《Newsweek》 (26 Mar. 1990), 38-41.

34. Natalie Angier, "New Antidepressant Is Acclaimed but Not Perfect," 《New York Times》 (29 Mar. 1990); Robert Whitaker, 「Anatomy of an Epidemic」 (Broadway, 2010), 288-91.

35. Peter Kramer, 「Listening to Prozac」 (Viking, 1993), xv-xvi, 15.

36. Richard Restak의 주장으로 다음에서 재인용. Fran Schumer, "Bye Blues," 《New York》 (18 Dec. 1989).

37. Project on the Decade of the Brain, Presidential Proclamation 6158, Library of Congress/ National Institute of Mental Health.

38. 다음에서 재인용. Shorter, 「Before Prozac」, 176.

39. Shorter, 「Before Prozac」, 177.

40. "What Are the Real Risks of Antidepressants?" 《Harvard Health Publications》, (Mar. 2014).

41. David Herzberg, 「Happy Pills in America」 (Baltimore: Johns Hopkins University Press, 2009), 178.

42. J. Guy Edwards, "Suicide and Antidepressants," 《BMJ》 310:205 (1995). 그러나 프로작이 출시된 직후 이 약을 이용해 자살한 사람들의 가족들은 이 약이 자살 행동을 유발했다고 주장하며 소송을 제기했다. 다음에 자세히 설명되어 있다. David Healy, 「Let Them Eat Prozac: The Unhealthy Relationship between the Pharmaceutical Industry and Depression」 (New York University Press, 2004).

43. "Turn the Volume Down on Drug Ads," editorial, 《New York Times》 (27 Nov. 2015).

44. Shorter, 「How Everyone Became Depressed」 (Oxford University Press, 2013), 98.

45. Bethany McLean, "A Bitter Pill," 《Fortune》 (13 Aug. 2001).

46. Jonathan Metzl, 「Prozac on the Couch: Prescribing Gender in the Era of

Wonder Drugs』 (Durham, NC: Duke University Press, 2003), 31.

47. Zoloft Commercial, 2001, YouTube; Kate Arthur, "Little Blob, Don't Be Sad (or Anxious or Phobic)," 《New York Times》 (2 Jan. 2005).

48. Schildkraut, "The Catecholamine Hypothesis"; Alice G. Walton, "Metabolic Problems in the Brain May Help Explain Treatment-Resistant Depression," 《Forbes》, (14 Aug. 2016); Oksana Kaidanovich-Beilin et al., "Metabolism and the Brain," 《The Scientist》 (Dec. 2012).

49. Carlat, 『Unhinged』, 12-13.

50. Carlat, 『Unhinged』, 75.

51. Alix Spiegel, "When It Comes to Depression, Serotonin Isn't the Whole Story," 〈Morning Edition〉, National Public Radio, (23 Jan. 2012).

52. R. C. Rosen, R. M. Lane, and M. Menza, "Effects of SSRIs on Sexual Function: A Critical Review," 《Journal of Clinical Psychopharmacology》 19.1 (1999): 67-85.

53. David Wallace, "The Planet Trillaphon as It Stands in Relation to The Bad Thing," 《The Amherst Review》 12 (1984).

54. 약을 처방해 주는 사람과 심리치료사가 같은 사람이 아닐 수는 있다. 이런 경우, 환자는 두 사람 모두와 긴밀하게 연락을 유지해야 한다.

55. 그 뒤 운동이 뇌 신경망의 건강에 기여한다는 사실이 연구를 통해 밝혀졌다. 다음을 참조. Gretchen Reynolds, "For Your Brain's Sake, Keep Moving," 《New York Times》 (4 Oct. 2017).

56. Virginia Woolf, 『A Room of One's Own』 (Harcourt, 1989), 34-35.

57. Lauren Alloy and Lyn Yvonne Abramson, "Depressive Realism: Four Theoretical Perspectives," in 『Cognitive Processes in Depression』, ed. L. B. Alloy (Guilford Press, 1989), 223-65. 좀 더 최근의 논의를 보려면 다음을 참조. Maria Konnikova, "Don't Worry, Be Happy," 《New Yorker》 (18 June 2014).

58. Eiji Kirino, "Escitalopram for the Management of Major Depressive Disorder," 《Patient Preference and Adherence》 6 (2012): 853-61.

59. H. Zhong, N. Haddjeri, and C. Sánchez: "Escitalopram, An Antidepressant with an Allosteric Effect at the Serotonin Transporter… Current Understanding of Its Mechanism of Action," 《Psychopharmacology》 (Berl) 219.1 (2012):

1-13. 이 연구의 저자 세 명은 모두 렉사프로의 제조사 룬드벡과 연결되어 있지만, 룬드벡과 아무 연관이 없는 학자들도 비슷한 결론에 도달했다.

60. Bun-Hee Lee and Yong-Hu Kim, "The Roles of BDNF in the Pathophysiology of Major Depression and in Antidepressant Treatment," 《Psychiatry Investigation》 7.4 (2010): 231-35.

61. Laura Blue, "Antidepressants Hardly Help," 《Time》 (26 Feb. 2008).

62. Angell, "The Epidemic of Mental Illness: Why?" 《The New York Review of Books》 (23 June 2011).

63. Steven Hyman et al., "Initiation and Adaptation: A Paradigm for Understanding Psychotropic Drug Action," 《American Journal of Psychiatry》 153.2 (1996): 151-62; Whitaker, 「Anatomy of an Epidemic」, 164-69.

64. Giovanni Fava and E. Offidani, "The Mechanisms of Tolerance in Antidepressant Action," 《Progress in Neuro-Psychopharmacology & Biological Psychiatry》 35.7 (2011): 1593-602.

65. Peter Kramer, 「Ordinarily Well」 (Farrar, Straus & Giroux, 2016); 「Against Depression」 (Penguin, 2006).

66. 신경 가소성 가설은 우울증이 뇌 안의 신경 접속 장애이며, 항우울제는 원인이 되는 과정 중 적어도 일부에 맞서서 환자를 보호해 주고 그 과정들을 되돌리는 역할을 한다고 주장한다. Chittaranjan Andrade and N. Sanjay Kumar Rao, "How Antidepressant Drugs Act: A Primer on Neuroplasticity as the Eventual Mediator of Antidepressant Efficacy," 《Indian Journal of Psychiatry》 52 (2010): 378-86; Gianluca Serafini, "Neuroplasticity and Major Depression: The Role of Modern Antidepressant Drugs," 《World Journal of Psychiatry》 2.3 (2012): 49-57.

67. Richard Friedman, "Ask Well: Long-Term Risk of Antidepressants," 《New York Times》 (3 May 2013).

68. Kramer, 「Ordinarily Well」, 222.

69. Jonathan Price et al., "Emotional Side-effects of Selective Serotonin Reuptake Inhibitors: Qualitative Study," 《British Journal of Psychiatry》 195.3 (2009): 211-17; Randy Sansone and Lori A. Sansone, "SSRI-Induced Indifference," 《Psychiatry》 (Edgmont) 7.10 (2010): 14-18.

70. Friedman, "Ask Well: Long-Term Risk of Antidepressants."

71. Richard A. Friedman, "A Dry Pipeline for Psychiatric Drugs," 《New York Times》, (19 Aug. 2013); Mary O'Hara and Pamela Duncan, "Why 'Big Pharma' Stopped Searching for the Next Prozac," 《Guardian》 (27 Jan. 2016).

8. 감정은 반드시 변한다

1. Phillip Lopate, 『To Show and to Tell』 (Free Press, 2013), 86.

2. William Styron, 『Darkness Visible』 (Vintage, 1992), 84.

3. John Milton, 『Paradise Lost』, 1:63-67.

4. Milton, 『Paradise Lost』, 4:75.

5. Sara Cedar Miller, 『Central Park: An American Master piece』 (Abrams, 2003), 63-67.

6. John 5:2-4, King James Bible. (한글 번역은 한글 개역판 성경을 인용했다―옮긴이)

7. Rainer Maria Rilke, 『The Book of Hours』 1:59, in 『A Year with Rilke』, ed. and trans. Anita Barrows and Joanna Macy (HarperOne, 2009).

8. 『Selected Letters of William Styron』, ed. Rose Styron with R. Blakeslee Gilpin (Random House, 2012), 640.

9. 다음에서 재인용. Tim Teeman, "Rose Styron, The Truth about Life with Her Husband, Literary Legend William Styron," 《Daily Beast》 (3 Apr. 2016).

10. World Health Organization, "Depression Fact Sheet," February 2017.

북트리거 포스트

북트리거 페이스북

내면의 방

우울의 심연에서 쓰다

1판 1쇄 발행일 2020년 10월 15일

지은이 메리 크리건 | 옮긴이 김승욱
펴낸이 권준구 | 펴낸곳 (주)지학사
본부장 황홍규 | 편집장 윤소현 | 팀장 김지영 | 편집 전해인
기획·책임편집 김지영 | 디자인 정은경디자인
마케팅 송성만 손정빈 윤술옥 이예현 | 제작 김현정 이진형 강석준 방연주
등록 2017년 2월 9일(제2017-000034호) | 주소 서울시 마포구 신촌로6길 5
전화 02.330.5265 | 팩스 02.3141.4488 | 이메일 booktrigger@naver.com
홈페이지 www.jihak.co.kr | 포스트 http://post.naver.com/booktrigger
페이스북 www.facebook.com/booktrigger | 인스타그램 @booktrigger

ISBN 979-11-89799-31-1 03180

이 도서의 국립중앙도서관 출판예정도서목록(CIP)은 서지정보유통지원시스템
홈페이지(http://seoji.nl.go.kr)와 국가자료공동목록시스템(http://www.nl.go.kr/kolisnet)에서
이용하실 수 있습니다. (CIP제어번호: CIP2020038148)

북트리거

트리거(trigger)는 '방아쇠, 계기, 유인, 자극'을 뜻합니다.
북트리거는 나와 사물, 이웃과 세상을 바라보는 시선에 신선한 자극을 주는 책을 펴냅니다.